Lay Vor uns die Hoffnung

Rupert Lay

Vor uns die Hoffnung

Walter-Verlag, Olten und Freiburg im Breisgau

Gesamtherstellung in den Werkstätten
des Walter-Verlags
Printed in Switzerland

ISBN 3-530-51151-X

Inhaltsverzeichnis

Vorwort

In diesem dritten Band meiner «Vorträge und Aufsätze» sind fünf Vortragsreihen (meist zu drei Vorträgen) aus den Jahren 1970–1973 zusammengefaßt. Wie schon die beiden vorherigen Bände («Zukunft ohne Religion?», «Der neue Glaube an die Schöpfung») wollen sie nicht Zustimmung oder Ablehnung evozieren, sondern zum kritischen Nachdenken anregen. Sie möchten Ortungshilfen vor Zukunft sein – einer Zukunft, der wir in Hoffnung und Furcht, in Angst und Hoffnungslosigkeit begegnen. Solche Ortungshilfe scheint um so wichtiger zu sein, als Desorientierung vor Gesellschaft, Geschichte, Zukunft und Religiosität um sich greift.

Der erste Beitrag versucht in die Theorie und Praxis des Hoffens einzuführen, seine Gefährdung durch innere und äußere Instanzen darzustellen. Der zweite möchte in der Darstellung des Glaubens hoffender Ketzer das legitime Anliegen christlicher Utopie herausstellen, die besser aufgehoben zu sein scheint im Glauben der Ketzer als in dem der großen organisierten Kirchen. Der dritte Beitrag stellt Voraussetzungen der Entwicklung einer Strategie auf dem Weg zum menschlichen Menschen vor, die um den Begriff «Befreiung von Entfremdung» kreisen. Er zeigt entmenschlichende Situationen der Gegenwart auf, um für ein tatkräftiges Hoffen zu motivieren. Der vierte Beitrag geht das Problem der «versehrten Gegenwart» von einer anderen Seite an: Die Manipulation als Instrument der Herrschaft des Menschen über den Menschen soll auf ihre Bedingungen und Hintergründe untersucht werden, nicht um vor dem Angriff auf die

Menschlichkeit zu kapitulieren in der Projektion der unheimlichen «Antiutopie» von einer total beherrschten Welt, sondern um Wege aufzuzeigen, die es uns – vielleicht in letzter Minute – ermöglichen, doch noch hoffend in eine humanere Welt auszugreifen, ohne der Gefahr zu erliegen, vor den harten Ansprüchen der Gegenwart in ein utopisches Wolkenkuckucksheim zu flüchten. Der letzte Beitrag versucht die Strukturen einer «neuen Religiosität» vorzustellen, die es uns erlauben, das legitime Anliegen christlicher Religiosität ins 21. Jahrhundert zu retten, ohne vor dieser Welt und ihren Ansprüchen zu kapitulieren und ohne ins religiöse Getto zu gehen.

Einiges mag zu pessimistisch gezeichnet erscheinen. Doch sollte der Leser bedenken, daß manches Übel nur deshalb nicht bemerkt wird, weil wir uns daran gewöhnt haben. Der Tenor der Beiträge ist jedoch optimistisch: Der Verfasser ist der Überzeugung, daß die Menschheit, in einer gewaltigen Anstrengung aller ihrer geistigen Kräfte, in der Lage ist, eine humane Welt zu schaffen, in der auch christliche Religiosität – allerdings in veränderter Form – ihren Platz hat.

Die Vorträge sind ein Plädoyer für den Anspruch der Befreiung, doch gilt es sorglichst zu unterscheiden zwischen dem, was da auf dem Markt der Gedanken unter dem Etikett «Befreiung» angeboten wird, und den realistischen Möglichkeiten der Befreiung des Menschen aus verschiedenen Formen der Knechtschaft und Unfreiheit. Sie möchten helfen, das kritische Bewußtsein zu stärken, Knechtschaft, die unter dem Anspruch der Freiheit firmiert, zu erkennen und zu beheben. Es ist also nicht Ziel dieses Buches, eine leicht resignierende Analyse der Mängel des Gegenwärtigen zu geben, sondern zur Veränderung dieser Welt zu motivieren, die unter dem Schein von Wohlfahrt und relativer sozialer Sicherheit, ja unter dem Schein der Freiheit, Knechtschaft ausübt. Es kommt nicht darauf an, diese Welt um eine neue Interpretation ihrer selbst zu bereichern, sondern sie zu verändern.

Solche Veränderung ist jedoch nicht zunächst und primär eine Veränderung der Gesellschaft, sondern der Menschen in Gesellschaft.

Die Edition der Vorträge folgt den Regeln, die schon bei der der beiden vorhergeschickten Bände beachtet wurde:

1. Der Vortragstext blieb selbst dann unverändert, wenn der Verfasser heute auch einiges anders sagen würde. An manchen Stellen wurde der vom Band abgenommene Text geglättet. Mitunter wurde auch das Ergebnis der Diskussionsbeiträge berücksichtigt und entsprechend eingearbeitet. An dieser Stelle möchte der Verfasser den vielen hundert Zuhörern danken, die es durch aktive Diskussionsteilnahme ermöglichten, manches deutlicher zu sehen und zu sagen.
2. Es ließ sich nicht vermeiden, daß manches nicht recht zusammenstimmen will. Doch mag man dem Verfasser zugute halten, daß sich seine Ansicht im Laufe der Jahre modifizierte und präzisierte. Wenn nötig, vor allem wo es um Begriffsbestimmungen geht, wurde jedoch korrigierend eingegriffen, um Wiederholungen von Bestimmungen zu vermeiden, die durch Abweichungen in den verschiedenen Beiträgen nur verwirrend wirken könnten.
3. Gestrichen wurden sachliche Wiederholungen, wenn es ohne Schaden für das Verständnis des Zusammenhangs möglich war. Auch Zusammenfassungen vorhergehender Vorträge in einer Vortragsreihe wurden gestrichen.
4. Zitate wurden verifiziert (und wenn nötig korrigiert) und mit Quellenangaben versehen.

Wenn auch nicht immer ausdrücklich gesagt und auf den ersten Blick ersichtlich, ist der Hintergrund aller Beiträge christlich orientiert. Der Verfasser ist der Ansicht, daß ein sich auf seine Grundlagen besinnendes Christentum als einzige «Weltanschauung» in der Lage ist, die Probleme der Zukunft menschlich zu lösen. So möchte er ein Wort Teilhards de Chardin als Resümee seiner Darlegungen verstehen:

Da er einen Augenblick lang unter uns erschienen war, hat der Messias sich nicht nur sehen und berühren lassen, um sich noch einmal, noch lichthafter und unsagbarer in den Tiefen der Zukunft zu verlieren.

Er ist gekommen! Doch jetzt müssen wir immer noch und von neuem hoffen – nicht mehr nur eine auserwählte Gruppe, sondern alle Menschen – mehr als je.

I Furcht und Hoffnung

«Es kommt darauf an, das Hoffen zu lernen.»
E. Bloch

Dunkel weitet sich Zukunft vor uns. Und allemal ist das Gehen ins Dunkel Wagnis. Über der Zukunft scheint noch nicht das Licht der aufgehenden Sonne. Das Land der Zukunft, das Noch-Nicht, kennt keine Wegweiser, die dem Wandernden den Weg zu sicherem Ziel wiesen. Wer in dieses Dunkel geht, muß damit rechnen, zu straucheln, zu irren, sich zu verirren. Dennoch muß dieser Weg gegangen werden. Andernfalls treibt uns ein blindes Fatum ins Zukünftig hinein – ein Fatum, dem wir hilflos ausgeliefert sind, das wir passiv erwarten. Hoffen ist auf diesem Unweg nicht möglich. Angst ist da zuhause, nistet sich ein und macht das Gehen unmöglich, überläßt es dem Getriebenwerden. Doch der Homo viator sollte gehen – und nicht getrieben werden wie ein Stück Vieh ins bloß Ungewisse.

1. Was ist Hoffnung?

Hoffnung ist nicht Affekt [1], kein «Gefühl», sondern die menschliche Grundhaltung vor Zukunft, die in dieser Zukunft neue Städte siedelt. Der Mensch ist Mensch nur im Vor, nur Mensch, wenn er ins Vor Ziele stellt und sie mit aller Tatkraft zu erreichen trachtet. Hoffnung ist also niemals leer, niemals abwartend. Hoffnung umgreift das Gegenwärtig und trägt es verändert hinein ins Land «Noch-Nicht», in Utopia. Hoffnung ist nicht bloßes Tagträumen, das den Widrigkeiten des Gegenwärtigen ausweicht in ein besseres Zukünftig, denn Träume können Wünsche, Sehnsucht ausmalen, nicht aber Welt, Gesellschaft, Selbst verwandeln – es sei denn hinein in eine paranoide Wahnwelt. So bedarf denn das Träumen seiner Hermeneutik. Es will ausgelegt sein, geprüft werden auf seine Realisierbarkeit; fordert Strategien ein, es zu realisieren.

a) Abstraktes und konkretes Hoffen

Hoffen, das nicht in Sein und Bewußtsein des Gegenwärtig gründet, das absieht von einer Rechtfertigung seiner möglichen Realisierung, ist abstrakt, weil abgezogen von der Realisation. Es erlaubt keine Strategien zur Erreichung des Hoffnungszieles, ja fordert sie nicht einmal. Abstraktes Hoffen kann, weil bloße Flucht vor der Gleichzeitigkeit, nicht appellieren an die gleichzeitige Geschichte.

Dennoch hat auch abstraktes Hoffen sein relatives Recht. Die abstrakten Utopien Robert Owens [2], Charles Fouriers [3], Claude Henri Saint-Simons [4] wurden, nachdem sich gesellschaftliches Sein und Bewußtsein gründlich wandelten, wenigstens zum Teil zu konkreten. Wenn auch ihr utopischer Humanismus mit sozialistischem Vorzeichen nicht mit dem Gegenwärtigen zusammenzupassen *schien,* ist doch das Urteil über das Gegenwärtige durch ihn gesprochen: der Bann über das Vorhandene. Eine Gegenwart, die solche Utopien provoziert, verurteilt sich selbst in ihnen und durch sie. Das «Denken ins Rechte» wird angefordert. Weil abstrakte Utopien (nicht wie Ideologien, die das Bestehende rechtfertigen und zu stabilieren trachten) sich nicht der bloßen Gegenwart, sondern einem neuen, anderen, «besseren» Sein wie Bewußtsein verpflichtet fühlen, stehen sie stets im Widerspruch zum Bestehenden und seinen Anwälten. Die Paranoia wird zum Anwalt des Normalen – denn nicht das Sein, sondern das Seinsollende verdient das Prädikat «normal». Normal ist das «Denken ins Rechte».

Die konkrete Utopie hat es in manchem leichter. Sie kann die Möglichkeit ihrer Erfüllung aufweisen (wenn auch nicht beweisen). Ihr Ausgang ist das Ausmachen des Seinsollenden aus der Negation der unbestrittenen, weil sich der Humanisierung der Menschheit sperrenden Übel des Gegenwärtigen. Zwar enthält das Andersseinsollen noch keine positiven Inhalte, doch ermöglicht es, eine Vielzahl von konkurrierenden *positiven* Utopien zu entwickeln. Die konkrete Utopie ist also niemals, wie K. R. Popper meint [5], dogmatisch, intolerant. Sie weiß, daß sie nur in der Negation mit anderen Utopien gemeinsam geht – nicht aber in der Position. Eine dogmatische Position würde voraussetzen, daß in jenem Land Utopia, das noch unentdeckt und unerforscht, von keines Menschen Fuß beschritten, Wegmale stünden. Das aber wäre ein Rückfall ins Abstrakte, denn das Unbekannte kennt keine verpflichtenden Weiser. Unbekannt aber ist Zukunft allemal. So mancher der verschiedenen Marxismen, der aus Marxens modellhaften Erklärungen für das Entstehen des Kapitalismus [6] einen dogmatischen, schon ins Zukünftig wissenden Historischen Materialismus konstruierte, wird sich sehr wohl das Prädikat «abstrakt» gefallen lassen müssen.

Doch gemeinsam bleibt den konkreten Utopien nicht nur die Kritik am Bestehenden, sondern auch so manche Strategie, bestehendes Übel zu überwinden.

Doch hat es auch konkrete Utopie heute nicht leicht. Sie ist weder dem etablierten Marxismus noch dem westlichen Spätkapitalismus immanent. Ist einmal das Bestehende zementiert und ideologisch abgesichert, raubt es dem Individuum die Fähigkeiten eines großen Hoffens. Es mag nur noch wünschen, was ihm gegeben wird oder gegeben werden könnte. Es wirft sein Wünschen im Hoffen nicht mehr über sich hinaus, wird in radikaler Entfremdung glücklich im Haben, dem materiellen wie geistigen Besitzen, verliert sein utopisches Bewußtsein und damit etwas, das es erst zum Menschen macht. Friedrich Nietzsche hat in seinem Zarathustra diese Situation klassisch beschrieben:

So will ich ... vom Verächtlichsten sprechen: das aber ist der letzte Mensch. Und also sprach Zarathustra zum Volke: Es ist an der Zeit, daß der Mensch in sich ein Ziel stecke. Es ist an der Zeit, daß der Mensch in sich den Keim seiner höchsten Hoffnung pflanze ... Wehe, es kommt die Zeit, wo der Mensch nicht mehr den Pfeil seiner Sehnsucht über den Menschen hinauswirft ... Ich sage euch, man muß noch Chaos in sich haben, um einen tanzenden Stern gebären zu können ... Wehe, es kommt die Zeit, wo der Mensch keinen Stern mehr wird gebären können. Wehe, es kommt die Zeit des verächtlichsten Menschen, der sich selbst nicht mehr verachten kann. Sehet, ich zeige euch den letzten Menschen. Was ist Liebe? Was ist Schöpfung? Was ist Sehnsucht? Was ist Stern? – so fragt der letzte Mensch und blinzelt. Die Erde ist dann klein geworden, und auf ihr hüpft der letzte Mensch, der alles klein macht. Sein Geschlecht ist unaustilgbar wie der Erdfloh: der letzte Mensch lebt am längsten. «Wir haben das Glück erfunden», sagen die letzten Menschen und blinzeln.[7]

Wie ist die Erde doch klein geworden, denn «wir haben das Glück erfunden». Wo sind noch Menschen, die den Pfeil ihrer Sehnsucht über das Menschliche hinauswerfen, die noch so viel Chaos in sich bergen, daß sie einen tanzenden Stern gebären könnten? Das «Wehe» Nietzsches ist unserer Zeit gesprochen. Das Glück, das erfundene, und die Gegenwärtigkeit morden unsere Hoffnung. Doch noch ist sie nicht verendet. Noch ist die «Schöne neue Welt» nicht wirklich. Noch gibt es Menschen, die ihr Recht anmelden auf Liebe und Leid, auf Furcht und Hoffnung, auf ihr Leben und ihren Tod. Noch gibt es Menschen, die ausziehen, das Hoffen zu lernen. Und Hoffen kann man lernen. Sicher ist es schwer, heute das Hoffen zu lernen. Eine Menschheit, die in vielen Ländern der Erde dem «Keine Experimente» ihre Stimme gibt, hat es nötig, wieder das Wagen zu lernen – und mit ihm das Hoffen. Schwer wird es sein – und vielleicht fast abstrakte Utopie –, das Träumen von einer Welt mit Menschen, die auch um den Preis des Scheiterns bereit sind, Hoffen zu lernen. Es ist das die Utopie von einer menschlichen Menschheit. Doch wie lernt man Hoffen?

b) Das kleine und das große Hoffen

Das Große will am Kleinen geübt sein. Das kleine, alltägliche Hoffen ist noch nicht gestorben unter uns. Das Kind, das auf einen neuen Ball hofft, der Junge, der von einem Motorrad träumt, die vielen Erwachsenen, die auf Gesundheit, besseres Einkommen, bessere Wohnung ... hoffen, sind ungezählt. Vermutlich gibt es keinen gesunden Menschen, der nicht zu jeder Zeit auf irgend etwas hofft. Hofft, wohlgemerkt, nicht bloß wartet in Passivität. Doch schon dieses kleine Hoffen, und mag es im Augenblick auch so groß sein, daß neben ihm alles andere Hoffen verschwindet, weist über sich selbst hinaus. Ist das Ziel der Hoffnung erreicht oder erweist sich sein Erreichen als unmöglich, stirbt die Hoffnung – aber sie geht nicht unter. Sehr bald zumeist beginnt das Spiel ums Hoffen von neuem. Anderes wird erhofft. Hoffen kommt niemals an ein Ende. Zumindest gilt das vom kleinen Hoffen.

Dieses Niemals-zu-Ende-Kommen des kleinen verweist auf ein großes Hoffen: Ein Hoffen, dessen Ziel so groß ist, daß es niemals in diesem Leben erreicht werden kann. Dieses Hoffen, daß größte, zu dem ein Mensch fähig ist, ein Hoffen, das von keinem kleinen Hoffen eingeholt werden kann, wollen wir *absolutes Hoffen* nennen, weil es nicht mehr von irgendeiner anderen Hoffnung umgriffen oder überstiegen werden kann. Das kleine Hoffen bezieht sich immer irgendwie aufs große. Das sollte dem bewußt werden, der auszieht, das Hoffen zu lernen, denn das kleine Hoffen sollte im Dienst des großen stehen, sollte sich ihm unterordnen. Aber wer weiß schon noch etwas von seinem großen Hoffen: einem Reich universeller Freiheit und Liebe etwa? Und wer ist schon noch in der Lage, sein kleines Hoffen am großen, dem absoluten, auszurichten, es ihm zu unterwerfen? Das aber gilt es zu lernen.

Ein Mensch ist so groß, wie seine absolute Hoffnung groß ist. Fehlt sie ihm, ist er wahrlich ein Erdfloh: bloß der Gegenwärtigkeit verpflichtet und orientierungslos. Des Menschen Leben ist soviel wert, wie er bereit ist, hoffend zu wagen.

Die dumme Spruch- und Schlagerweisheit: «Wer nichts wagt, der nichts gewinnt», transzendiert ihre eigene Platitude – nicht in baren Unsinn, sondern in Sinn hinein. Hoffen heißt wagen, absolutes Hoffen fordert absolutes Wagnis ein – ein «Alles auf eine Karte setzen», ein «Alles oder Nichts». Da ist kein Platz für zögernde Rückversicherer, die auch dann noch gewinnen wollen, wenn absolute Hoffnung sich als abstrakt herausstellen sollte, die bereit sind, sich und die Menschheit noch über ihren Tod hinaus zu betrügen. Hoffnung, absolute Hoffnung vor allem, gibt Sinn, denn Hoffnung sagt, warum man lebt, wozu man lebt, erklärt die Gegenwart als erste Phase des Zukünftig und macht, daß Leid und Leben, Täuschung und Enttäuschung, Versagen und Verraten erträglich werden – nicht, erträglich werden in einem Achselzucken oder im Vergessen, sondern aus der Kraft der Hoffnung, die im Leid, mit dem der Mensch sich niemals leicht abfinden sollte, Aktivitäten freisetzt, es zu überwinden im hoffenden Handeln, im engagierten Weg nach Utopia.

Absolutes Hoffen und absolute Sinnorientierung fallen zusammen. Sie siedeln an den Grenzen des Religiösen. «Wo Hoffnung ist, da ist Religion» und, so meint E. Bloch, «wenn dieser Satz gilt ..., dann wirkt das Christentum, mit seinem kräftigen Startpunkt und seiner reichen Ketzergeschichte, als wäre hier das Wesen der Religion endlich hervorgekommen.» [8] Aber der Satz läßt sich nicht umkehren, denn auch die Religionen kennen – wie noch zu zeigen sein wird – etablierte Denkstrukturen, die sich im Gegenwärtigen wohl fühlen und allem Utopisch-Prophetischen feind sind [9].

Das absolute Hoffen läßt sich sicherlich nicht bloß aus dem Archetypischen erklären, nicht aus vorverbalen, vorbegrifflichen Bildern, die die Menschheit in ihren frühen Zeiten im Unbewußten sammelte und bis aufs Heute bewahrte. Doch sind die Bilder großer Utopie nicht selten archetypischer Art: der Drachentöter, der Retter in Knechtsgestalt und seine Enthüllung, der Weg aus dem Dunkel ins Licht. Solche utopische Bilder sind archetypische Utopie selbst.
Hoffnung gedeiht nur, wenn der Mensch seine Nichtidentität, seine Unversöhnheit in und mit der Gegenwart erfährt. Das Sich-selbst-ganz-Besitzen schließt Hoffnung aus. Hoffnung *ahnt* um das Entworfensein und sucht das Wohin, Hoffnung *weiß* um das Unvollendete und sucht die Vollendung. Wissen aber ist anderes als Fühlen. Nur der Mensch in der Revolte gegen das Un (Unvollendete, Unrichtige, Unrechte, Unmenschliche) hofft, ja Hoffnung ist eben diese Revolte selbst, die sich niemals zufriedengeben kann mit dem Jetzt und dem Zuhandenen, die ausgreift in aktiver und nicht nur schmollender Protestation in das Gegen-Un: in Vollendung und Recht und Menschlichkeit. Hoffnung ist stets transzendent. Die horizontale Transzendenz der Hoffnung, die im Vor das Hoffnungsziel ahnt *und* weiß, ist, wie das Wissen um das Unversöhnte des Menschen mit sich selbst, mit Gesellschaft und Welt, Voraussetzung des Hoffens wie der Religion. Das Wähnen in der Identität, das Heimischsein im Jetzt ist der Tod der Religion wie der Hoffnung. Man mag das Ziel absoluter Hoffnung «Gott» nennen – auf Begriffe soll es nicht ankommen –, dann ist wesentlich jeder Religion das «Gott im Voraus».

c) Aktives und passives Hoffen

Hoffnung fordert Handlung ein, oder sie ist ein Scheck auf die Zukunft, der niemals eingelöst werden mag, selbst wenn er gedeckt ist. Es gibt auch abstraktes Hoffen, das zum Handeln fordert. Robert Owens Utopie mag davon zeugen, aber auch die so mancher Marxisten. Meist endet der Schwung des Hoffens in der Wähnung, daß Utopie abstrakt sei. Die großen utopischen Träumer des 16. und 17. Jahrhunderts zeugen davon: Thomas Morus, Thomas Campanella und so manche ihrer Zeitgenossen träumten sich aus den Widrigkeiten des Gegenwärtig in ein abstraktes Utopia hinein. Wolkenkuckucksheime können wohnliche Refugien des Träumens sein. Welt und Gesellschaft verändern sie nicht.

Doch ganz richtig ist auch das nicht: Wenigstens Campanellas «Sonnenstaat» [10] sollte nicht barer Traum bleiben. 1609, sieben Jahre nach der Niederschrift des utopischen Entwurfs und noch 14 Jahre ehe er in Frankfurt zum ersten Male gedruckt wurde, begannen einige Jesuitenmissionare mit dem Aufbau der Guarya-Reduktionen (im Staat Paraná des heutigen Brasilien) – und regierten sie nach dem «ius indicum», eine Verfassung, die in manchem an die in Campanellas Sonnenstaat erinnert: die Indianer wählten ihre eigenen Autoritätsträger, das Kazikat (die militärische Exekutive) war erblich, der Boden und seine Erträge waren Eigentum der Gemeinde, der Handel beschränkte sich auf den Vertrieb der eigenen Produkte und diente ausschließlich der Deckung des eigenen Bedarfs an Metallen und zur Bestreitung der an die Krone zu entrichtenden Steuern. Es bestand allgemeine Schulpflicht mit besonderer Betonung der musischen Fächer. Die Religion durchwaltete das ganze Leben ... Doch die Utopie war, obschon aktiv geworden, abstrakt. Sie wurde nicht verstanden, veränderte nicht das Bewußtsein der Vielen. Ein spanisch-portugiesisches Heer brach 1756 den letzten Widerstand der Indianer, die um ihre Reduktionen und ihre Verfassung kämpften. Der Traum vom Sonnenstaat war und blieb ausgeträumt. Die menschliche Gesellschaft war an den Jesuitenreduktionen vorbeigegangen. Sie hatten weder Sein noch Bewußtsein der Herrschenden verändert, sondern nackte Feindaggression ausgelöst.

So blieb der Traum des Thomas Campanella ein bloßer Traum, der, ausgeträumt, keine Spuren hinterließ (außer den Ruinen von Kirchen, die heute noch von Touristen besichtigt werden). Die Entwicklung des sozialkritischen Bewußtseins ging andere Wege: nicht Verfassungen und Gegenverfassungen bestimmten die Diskussion, sondern die aufkommende Lehre von politischen Naturrecht. Dieser Strang revolutionären Denkens hatte mehr Erfolg: 1789 setzte den großen politischen Utopien der Vergangenheit ein endgültiges Ende. Sie wurden als ohnmächtige Protestationen gegen bestehende Mißstände zu Kuriositäten, denn sie widersprachen der politischen Vernunft der Gleichzeitigen. Ihr Appell verhallte wirkungslos.
Fr. Engels und K. Marx sprechen über solche Utopien ein klassisch gewordenes Urteil:

Die «Idee» blamierte sich immer, soweit sie von dem «Interesse» unterschieden war. Andererseits ist es leicht zu begreifen, daß jedes massenhafte, geschichtlich sich durchsetzende «Interesse», wenn es zuerst die Weltbühne betritt, in der «Idee» oder «Vorstellung» weit über seine wirklichen Schranken hinausgeht und sich mit dem menschlichen Interesse schlechthin verwechselt.» [11]

Die Spannung zwischen Idee und Interesse entscheidet über die Art der Utopie. Ideen ohne handlungsleitendes Interesse werden zu abstrakten Utopien, d. h. zu wilden, vagabundierenden Ideen und Ideensystemen, die Welt und Gesellschaft weder verändern können noch wollen; Ideen mit handlungsleitendem Interesse führen zu konkreten Ideologien, werden übersetzt in Tat, können aber immer noch an konkretem «massenhaftem» Sein und Bewußtsein vorübergehen, bleiben abstrakte Utopien, die zwar vorübergehend Erfolg haben *können* (vgl. etwa die Reduktionen), aber sicher keinen bleibenden Erfolg haben werden. Nur wenn Idee und Interesse zusammenfallen und Idee sich zugleich nicht ablöst von den realen Möglichkeiten der Entwicklung von Sein und Bewußtsein, wird die Utopie konkret sein *können*, wird, wenn erkenntnisleitendes und handlungsleitendes Interesse zusammengehen, Sein wie Bewußtsein bleibend verändern *können*. Über das Zusammen und Auseinander von Ideologie und Utopie ist seit K. Mannheim viel geschrieben worden. Wir wollen uns nicht in diese Diskussion einschalten. Eines mag aus dem Vorhergesagten jedoch festgehalten werden: Der Inhalt jeder beginnenden Ideologie ist utopisch, doch sind solche Utopien abstrakt, denn sie verwechseln ideologisches Interesse mit allgemeinmenschlichem. Andererseits verweist auch ein solches schlechtes Noch-Nicht auf den Grundzug alles Menschlichen – auch der Ideologien –, auf den Grundzug des Utopischen. Ideologie des Noch-Nicht, aber eines durchaus Seinsollenden, verbirgt sich hinter allem klassenorientierten utopischen Bewußtsein, angefangen von dem des Spartakus bis zu dem K. Marxens. Für sich genommen aber bleibt der Satz Marxens wahr und richtig: «Es wird sich zeigen, daß die Welt längst einen Traum von einer Sache besitzt, von der sie nur das Bewußtsein besitzen muß, um sie wirklich zu besitzen.» [12]

2. Hoffnung und Furcht

«Hoffen, über dem Fürchten gelegen, ist weder passiv wie dieses, noch gar in ein Nichts gesperrt... Die Arbeit gegen ... die Umtriebe der Furcht ist gegen ihre Urheber, ihre großenteils sehr aufzeigbaren, und sie sucht in der Welt selber, was der Welt hilft.» [13] Diese Sätze E. Blochs scheinen das Fürchten zu verkennen. Furcht ist weder passiv, noch kann man Hoffnung als Arbeit wider Furcht bestimmen. Das Gegen ins Noch-Nirgendwo des Zukünftig kennt nicht nur Hoffnung, sondern auch Furcht. Wie Hoffnung ist Furcht Grundhaltung des Menschen vor Zukunft. Der wesenhaft von Zukunft her und den Inhalten, die er in ihr siedelt, bestimmte Mensch wird nicht der optimistischen

Illusion verfallen, als ob Hoffnungsziele auch nicht erreicht werden könnten, als ob Zukunft nur eitel Freude bringe. So werden Furcht und Hoffnung eines: Wer hofft, fürchtet auch immer, daß das Erhoffte nicht wirklich wird; wer fürchtet, hofft immer, daß das Befürchtete nicht eintreffen mag. Furcht ruft nicht zur Hoffnung auf, sondern begleitet sie.

Beiden gemeinsam ist ihr utopischer Charakter: auch Gegenutopien haben ihren Sitz im Leben. Franz Kafkas «Strafkolonie» (1919), Samjatins «Wir» (1920), Aldous L. Huxleys «Schöne neue Welt» (1932), G. Orwells (= Eric Arthus Blairs) «1984» (1949) ... entwarfen solche Gegenutopien und wurden mit Eifer rezipiert – ein Zeichen für das in Menschen schlummernde *Wissen,* daß Zukunft auch Übel bergen und entbergen kann.

Die konkrete Gegenutopie hängt ebenso mit Wirklichkeit zusammen wie konkrete Utopie. Sie ist mehr als moralischer Appell, mehr als das Aufweisen abstrakter Möglichkeit. Das prophetische Pathos von einer besseren Welt mag ebenso zu Handlungen auffordern wie der antiutopische Anruf. Dieses Zusammen macht Blochs Notiz: «Wissend-konkrete Hoffnung ... bricht subjektiv am stärksten in die Furcht ein, leitet objektiv am tüchtigsten auf die ursächliche Abstellung der Furcht-Inhalte hin» [14], wahr und bedeutsam.

Es sei hier nicht der pessimistischen Tendenz das Wort geredet, die das noch von Goethe positiv behandelte Faustmotiv unter der Feder Thomas Manns zu einem negativen Ausgang nötigt, nicht der Reaktion des Nihilismus gegen die Humanität. Aber Furcht darf nicht verniedlicht werden: Jener, der einst auszog, das Fürchten zu lernen, hätte über dem Fürchten auch das Hoffen gelernt. Hoffnung ohne Furcht bringt eine vorzeitige Versöhnung der Menschen mit der Zukunft, damit aber auch mit der Gegenwart, der gesellschaftlichen wie kosmischen, und sich selbst. Aber der Homo viator ist nicht versöhnt noch zu versöhnen mit sich, mit Gesellschaft und Welt, sondern lebt sein Leben

in Zerrissenheit zwischen Sein und Sollen, zwischen Haben und Wünschen, zwischen Wachen und Träumen, zwischen Realitätsadaptation und Wahn – er ist ein antithetisches Wesen. Die Antizipation des Futurs macht das Futur noch nicht heimisch, noch nicht zuhanden, denn es ist eine Antizipation, die das Noch-Nicht aus dem Nicht ins Bewußtsein nimmt, nicht aber Nicht ins Sein. Antizipatorisches Bewußtsein kann immer ideologisch sein, kann immer an Zukunft vorübergehen, danebengehen, niemals Sein treffen; antizipatorisches Bewußtsein hat immer eine reale Chance, Ideologien zu produzieren. Das kann Gegenwart nicht, noch nicht entscheiden. Darüber entscheidet allein der Gang des Seins durch die Geschichte und in der Geschichte.
All das zeigt, daß *reine* Hoffnung, allenfalls zu Recht in der absoluten realisiert, in concreto immer ideologisch ist, immer dogmatisch wirkt, denn sie hat den Bezug verloren zum Nicht-erfüllt- Werden, dem immer bloß Möglichen. Sie setzt Wegweiser ins Niemandsland zwischen Heute und dem transzendenten Zielpunkt des absoluten Hoffens. Solche Wegweiser aber setzt bloße Idee, denn sie stehen nicht da. *Reine* Hoffnung, Hoffnung ohne Furcht, ist illusionär, nicht visionär-prophetisch. Anders allerdings die Angst.

3. Hoffnung und Angst

Angst wird immer da, wo der Mensch seine dunklen, nicht verarbeiteten Erlebnisse und Erfahrungen der Vergangenheit ins Zukünftig wirft. Während Furcht und Hoffnung thematische Inhalte ins Zukünftig setzen, wohl wissend um ihre Inhalte, bleibt die Angst unthematisch, siedelt keine Wohnungen, weder wünschenswerte noch vermeidenswerte, ins Zukünftig. Angst ist nicht Erkenntnis, sondern reine Emotion. Dennoch ist auch

Angst menschlich – Zeichen seiner Unversöhntheit mit dem Jetzt *und* dem Noch-Nicht. Aber über Hoffen und Furcht kann Angst verschwinden. Die Angst, die große, die Angst vor dem Leben, hat ihre Heimat vor allem in der Pubertät, dem Klimakterium – den großen orientierungslosen Wendepunkten der eigenen psychischen Struktur. Angst weiß noch nicht, was kommen sollte oder kommen könnte. Angst ist Zeichen von Desorientierung, des Sich-verirrt-Habens in den Irrgärten des Zukünftig. Nicht Sinn und Ziel geben Richtung, wie die Sinnbegabung durch Hoffnung, gleich einer Kompaßnadel, Orientierung im weiserlosen Niemandsland Utopia ermöglicht.

Da gibt es auch die pathologische Angst, oft als Regression in Haltungen und Stimmungen der Zeit essentieller Orientierungslosigkeit. Gerade Zeiten des Umbruchs, die die Orientierung am bloß Vergangenen so leicht machen, die Zeiten nostalgischer Schwermut, neigen dazu, das unthematische Entsetzen unbewußt ins Zukünftige zu projizieren. Pubertät wird zur Alterserscheinung, indiziert den nahenden Untergang einer vergangenen Zeit und das Noch-Nicht-Wissen um die Grundstrukturen der zukünftigen. Die Desorientierung des gegenwärtigen Seins wirft lange Schatten, Schatten in einer untergehenden Sonne, voraus und desorientiert das utopische Bewußtsein in Angst und Bangen.

Während Furcht und Hoffnung sich thematisch kollektivieren können, vermag Angst sich kaum zu sozialisieren. Sie bleibt Angst des Individuums. Es bleibt sich selbst, seiner Gegenwart und seiner Angst überlassen.

«Das Wovor der Angst ist das In-der-Welt-Sein als solches.» Angst fürchtet sich nicht vor In-Welt-Seiendem. Ihr Wovor bleibt unbestimmt. «Nichts von dem, was innerhalb der Welt zuhanden und vorhanden ist, fungiert als das, wovor Angst sich ängstigt ... Die Welt hat den Charakter völliger Unbedeutsamkeit ... Im Wovor der Angst wird das ‹Nichts ist es und nirgends› offenbar.»[15] Diese klassisch gewordene Darstellung der Angst durch M. Heidegger benennt zum einen den universellen Charakter der Angst und zum anderen ihr unthematisches Ziel. Die Weltlosigkeit der Angst zeigt aber zugleich auch ihre «pathologische» Situation auf. Sie ist nicht von außen, sondern von innen *(endogen* bedingt, wenn man die Sprache der Psychiatrie liebt). Nicht überein gehen wir jedoch mit M. Heidegger, wenn er Angst als Bedingung der Möglichkeit von Furcht behauptet[16].

Angst hat der Mensch vor dem Tode, das er nicht als Sterben, nicht also als einen Prozeß, wohindurch sich Leben wandelt, versteht. Tod, der als Nichts und Nirgends verstanden, Weltlichkeit radikal im Enden transzendiert, Tod nicht als Teil des Lebens in Welt, sondern als unweltliches Ende von Weltlichkeit begriffen, produziert Angst, die große, absolute Angst. Fürchten kann sich nur der vor dem Tod, der an ein Nachher glaubt, in dem vorgestellte Inhalte zuhause sind. Das Leben zum Tode ist das Leben zur Angst, das nicht selten zum Leben aus Angst wird. Das Sterben, als Tod denunziert, produziert Angst. Und Angst will, damit man leben kann, verdrängt sein, wie der Tod.

Solche Verdrängung ist eines der Charakteristika einer sich ängstigenden – bis zur Grenze des Pathologischen sich ängstigenden – Menschheit, die den Sinn und damit auch das Wissen um das Nachher verloren hat. Da hilft auch nicht das Wort Marxens, der Tod sei nichts als «ein harter Sieg der Gattung über das Individuum»[17]. Angst bleibt da, wird nicht aufgehoben in Furcht und Hoffnung. Angst aber ist Entfremdung, Zeichen radikaler ontologischer Entfremdung, allemal. Das sich vor dem unausweichlichen Tod ängstigende Individuum wird Weltlichkeit und mit ihr seine gesellschaftliche Ordnung und Bedeutung verlieren. Es wird sich selbst, Gesellschaft und Welt fremd – weil Angst in die Unweltlichkeit verweist.

4. Hoffnung und Hoffnungslosigkeit

Der große Widerpart der Hoffnung heißt Hoffnungslosigkeit. Hoffnungslosigkeit verweigert den Blick in die Zukunft, den hoffenden, den fürchtenden, ja selbst den ängstigenden. Sie ist in Vergangenheit und Gegenwart gebunden. Zumeist ist es die Negation alles Sinnes, des nachsinnenden wie des besinnenden, der zur Hoffnungslosigkeit verführt.

a) Nostalgie

Die Sehnsucht nach der «guten alten Zeit», das sich in der Vergangenheit verlierende Träumen nach Rückwärts, tötet Hoffnung. Zurück bleibt eine Leiche: Hoffnungslosigkeit. Bedenkenswert der Satz G. W. F. Hegels: «Wenn die Philosophie ihr Grau in Grau malt, dann ist eine Gestalt des Lebens alt geworden, und mit Grau in Grau läßt sie sich nicht verjüngen, sondern nur erkennen; die Eule der Minerva beginnt erst mit der einbrechenden Dämmerung ihren Flug.»[18] Das «Leiden am Alter» leuchtet die Vergangenheit aus, Heimweh nach Jugend stellt sich ein – doch nicht die Farben der wirkenden Vergangenheit, sondern die des wirklichkeitsenthobenen Träumens geben den alten guten Bildern Farbe und Firnis. Das Gegenwärtige bleibt grau und malt seine Ansprüche, seine Vorstellungen mit Grau ins Grau. Das Altern ist so sinnlos geworden wie das Alter. Allein der Vogel der Minerva huscht heimlich durch die anbrechende Nacht.

Ganz summarisch kann deshalb gesagt werden: zum bloßen Leiden am Alter ... gehört ein Tropf, der es erfährt, und eine spätbürgerliche Gesellschaft, die sich verzweifelt auf Jugend schminkt ... Und Gesellschaften, die nicht wie die heute untergehende bürgerliche vor jedem Blick aufs Ende zurückscheuten, besaßen und sahen im Alter eine blühende Frucht, eine sehr wünschenswerte und begrüßenswerte.[19]

Heimweh nach der Vergangenheit – wie sie in den letzten Jahren wieder einmal ins westlich-europäische Denken einbricht – kündet das Sterben einer großen Zeit an. Die Sonne geht unter über dem Westen, und fern im Osten geht sie auf. Ob, wie E. Bloch meint, die kapitalistische Basis den Traum vom Vergangenen ins Bewußtsein ruft, mag man bezweifeln. Kaum bestreiten aber läßt sich das Faktum des Heimwehs nach Jugend für eine Menschheit, die das Fortschreiten ermüdete bis hin zur Erschöpfung.

b) Das Absurde

Das Erleben der Schrecken des Zweiten Weltkrieges (horribile dictu: denn wie mag man gigantische Kriege numerieren, Abzählen macht das Schreckliche vertraut, zuhanden) führte vor allem im französischen Existentialismus zu einer Eruption der Hoffnungslosigkeit. Das vordergründig zugedeckt Zerrissene, Unversöhnte, Unheimische des Menschen, der sich versöhnt, heimisch zu fühlen begann, wurde wieder offenbar. Bomben und Brand, Konzentrationslager und Terror zerrissen die dünne Decke, die das Unmenschliche versteckte und die Illusion einer heilen Welt vorgaukelte. In einer Orgie der Vernichtung, der kein utopisches Denken Sinn zu geben vermochte, zerbrach eine Welt. Doch Abgründe der Angst wollen gefüllt sein. Sie wurden gefüllt mit Schutt des Krieges, denn anderes als Schutt und Trümmer gab es nicht. Die Antwort auf Angst und sinnlosen Tod war schon Jahrzehnte zuvor gesprochen von Søren Kierkegaard.

Kierkegaard kam noch durch das Absurde zu Gott: «Welches ist das Absurde? Das Absurde ist, daß die ewige Wahrheit entstanden ist in der Zeit, daß Gott entstanden ist, geboren, gewachsen ist usw., daß er entstanden ist ganz wie der einzelne Mensch, nicht zu unterscheiden von einem einzelnen Menschen.» [20] Doch stets bleibt auch ihm die Angst eines Fehlers: «... und tief in der

Gottesfurcht lauert wahnwitzig die launische Willkür, die weiß, daß sie selbst Gott hervorgebracht hat.»[21] Nein, das Absurde kann den Menschen, der nicht nur durch die Katastrophen seiner individuellen Entwicklung geschritten ist, sondern in den Flammen einer nahezu universellen Katastrophe kaum das Leben rettete, nicht mehr zum guten Gott führen. Er muß, mit seiner Angst allein gelassen, andere Methoden finden, sich wenigstens das Gegenwärtige zuhanden zu machen.

Er fand sie in der Entdeckung seiner (auch immer noch absurden) Freiheit, die keinen Sinn und keine Hoffnung duldet, da Sinn und Hoffnung verpflichten, unfrei machen. Absurd aber blieb die Freiheit, weil sie kein Wozu und kein Warum kannte.

Je mehr ich hoffe, je mehr ich mich von einer mir gehörigen Wahrheit ... beunruhigen lasse, je mehr ich schließlich mein Leben ordne und dadurch beweise, daß ich ihm einen Sinn unterstelle, um so mehr Schranke schaffe ich mir, in die ich mein Leben einzwänge ... Das Absurde klärt mich über diesen Punkt auf: es gibt kein Morgen. Das ist von nun an die Begründung meiner tiefen Freiheit.[22]

Hoffnung wird zum Grund der Trauer[23], ihr Gegenteil ist das Absurde. Nur «ein Mensch, der keine Hoffnung mehr hat und sich dessen bewußt ist, hat keine Zukunft mehr»[24] – und darum geht es: die Gegenwart ist meist noch erträglich, nur die Schatten der Zukunft machen es unerträglich, klagen Selbstmord ein.

«Der Hoffnung beraubt sein heißt noch nicht: verzweifeln»[25], im Gegenteil, die Verzweiflung kommt aus der Zukunft, aus der Erkenntnis, daß alles Hoffen unerfüllbar ist, da nur Angst und Schrecken im Noch-Nicht hausen. Glücklich wird nur der Mensch sein, der ohne allen Blick in Zukunft leben kann – wie einst der Sage nach Sisyphos, wenn er der bloßen Gegenwärtigkeit lebt und das Absurde seines Lebens akzeptiert:

Sisyphos lehrt «uns die größere Treue, die die Götter leugnet und die Steine wälzt. Auch er findet, daß alles gut ist. Dieses Universum, das nun keinen Herrn mehr kennt, kommt ihm weder unfruchtbar noch wertlos vor. Jedes

Gran dieses Steins, jeder Splitter dieses durchnächtigten Berges bedeutet allein für ihn eine ganze Welt. Der Kampf gegen Gipfel vermag ein Menschenherz auszufüllen. Wir müssen uns Sisyphos als einen glücklichen Menschen vorstellen.»[26]

Eine Lebenslüge das Ganze? Ich denke nicht. Ich kenne Menschen, die aus der Erkenntnis der Sinnlosigkeit und deren Akzeptation ihr Leben nicht nur bewältigen, sondern Großes leisten. Die Vergabe des Sinns an die Sinnlosigkeit *kann* Freiheit schaffen, ähnlich wie die Bereitschaft zum Selbstmord Freiheit und Dynamik geben kann. Wer sein Leben ohne Sinn lebt, wer bereit ist, sich an das Sinnlose, das Absurde vorbehaltlos auszuliefern, kann ein freier Mensch werden – aber glücklich sein dürfte er nie. Sicherlich kann der sinnlose Kampf gegen Gipfel ein Menschenherz ausfüllen – aber menschlicher wird er kaum. Das Lachen, die Leichtigkeit des Spiels – nicht des Verspieltseins (solches kennt das Leben des Menschen, der mit seinem selbstgewählten Tod zusammen lebt, sehr wohl) – werden kaum aufkommen im Haus des Absurden. Mag sein, daß Angst mit Hoffnung und Furcht schwinden. Aber Sisyphos war *kein* glücklicher Mensch!

Das Leben an den Abgründen der Verzweiflung fordert zu große Aufmerksamkeit, um leicht und froh sein zu können. «Fürsten ohne Reich», wie Sisyphos, sind arme, armselige Fürsten. Herrscher über sich – und sonst gar nichts. Letzte Menschen, die keinen Stern mehr gebären können, Menschen, die fragen, was Hoffnung sei und Liebe und dabei blinzeln, sind in all ihrer Freiheit unmenschliche Menschen. Ihnen bleibt für die Zukunft nichts als die Revolte, die Auflehnung. Mag sein, daß diese «Auflehnung ... dem Leben seinen Wert» gibt. Mag sein, daß der Mensch in der Revolte in «dieser Auflehnung ... Tag für Tag bezeugt seine einzige Wahrheit: die Herausforderung»[27]. Aber sollte das alles sein, was den Menschen zum Menschen macht? Was bedeutet Freiheit ohne Warum und Wofür?

J.-P. Sartre hat das Thema «Freiheit ohne Wofür» zu Ende gespielt. Menschsein heißt Freisein. Und Freisein ist nur möglich nach der Befreiung von allen inneren Banden, die Banden an Sinn, ans Du, an Gott. In seinem Gespräch mit Ägist, einem Menschen der vollständigen unmenschlichen Gegenwärtigkeit, unmenschlich nicht wegen seiner Unfreiheit, sondern seiner totalen Hoffnungslosigkeit, bemerkt Jupiter über den freien Orest: «Wenn einmal die Freiheit in einer Menschenseele aufgebrochen ist, können die Götter nichts mehr gegen diesen Menschen.»[28] Orest wird uns in «Les mouches» ganz ähnlich wie Ägist als Mensch ohne Hoffnung vorgestellt, aber im Gegensatz zu Ägist hat er fehlende Hoffnung kompensiert durch Freiheit. Er fühlt sich an keines Menschen und keines Gottes Gesetz gebunden, er weiß nicht um Sinn – und *handelt* im Gegensatz zu Ägist, der fast passiv seinen Tod erwartet. Solche hoffnungslose Freiheit ist ansteckend: Ägist vermerkt ganz richtig: «Er [Orest] weiß, daß er frei ist, dann genügt es nicht, ihn in Fesseln zu legen. Ein freier Mensch ist wie ein räudiges Schaf in einer Herde. Er wird mein ganzes Königreich anstecken und mein Werk verderben.»[29] Und nicht nur das: in seinem gewaltigen Kampfgespräch gegen Jupiter geht Orest als Sieger hervor.

Jupiter: Ich habe dir deine Freiheit gegeben, damit du mir dienst.
Orest: Ich bin weder Herr noch Knecht, Jupiter, ich *bin* meine Freiheit. Kaum hast du mich erschaffen, so habe ich schon aufgehört, dein eigen zu sein.
Jupiter: Deine Freiheit ist nichts als Räude, die dich juckt, sie ist nichts als eine Verbannung.
Orest: Warum soll ich ihnen [den Leuten von Argos] die Verzweiflung ersparen, die mich erfüllt, da sie doch auch ihr Los ist.
Jupiter: Was sollen sie damit anfangen?
Orest: Was sie wollen, sie sind frei, und das menschliche Leben beginnt jenseits der Verzweiflung.[30]

Dieser geraffte Dialog, der das Kampfgespräch beendet, ist charakteristisch für hoffnungslose Freiheit, die nichts weiß von Sinn

(außer vielleicht der trüben Ahnung, daß der Mensch allein in absoluter Freiheit Mensch werden kann). Anstelle der Hoffnung tritt zunächst Verzweiflung. Aber auch sie ist nur Durchgang. Denn menschliches Leben, das freie menschliche Leben, beginnt erst jenseits der Verzweiflung, da auch noch Verzweiflung – wie die Angst – Zwänge ausübt – vor allem den Zwang, sich auf ungeheuerliche Weise ausschließlich dem Gegenwärtigen verpflichten zu müssen. Ägist überschreitet nicht die Schwelle der Verzweiflung in das absolute Reich völliger Freiheit, in das menschliche Leben hinein – aber Orest geht diesen Schritt durch die Verzweiflung in die Freiheit hinein. Aber um welchen Preis? Die Erinnyen der Stadt, die Schuld der Stadt, die einen Mörder und Ehebrecher als Herrscher akzeptierte, werden sein. Die Göttinnen der Rache werden ihn von nun an begleiten. Das ist der Preis der Freiheit.
Sicherlich hat das Schicksal der Tantaliden, das Drama unausweichlicher Schuld und göttlicher Rache, die dramatische Phantasie der großen Poesie beflügelt – aber Sartre dürfte zu den wenigen gehören, die – wenn auch unvollständig – den Teufelskreis von Schuld und Sühne zu sprengen suchen. Es gelingt ihm, indem er seinen Orest frei werden läßt von aller Hoffnung, von allem Sinn, von allen Göttern. Aber es bleiben die Erinnyen. Wieder die Frage: Eine Lebenslüge das Ganze? Und wiederum: Ich denke nicht. Tatsächlich gibt es Menschen, die in der Befreiung von Gott (man denke an Nietzsches Seiltänzer im Zarathustra) von Sinn und Hoffnung frei werden. Aber es war das nicht eine Befreiung vom fatum, sondern eine fatale Freiheit.
Auch die emanzipatorische Eruption des Prometheus enthält, wie alle Ausbrüche aus dem Gefängnis der Hoffnung und der Furcht, der Angst und der Verzweiflung, die Einsicht der Herrschaft einer höheren Macht:
«Hat mich nicht zum Manne geschmiedet
Die allmächtige Zeit

Und das ewige Schicksal,
Meine Herrn und Deine?»[31]

Kann sich Orest wirklich befreien zur absoluten Freiheit, ohne frei zu werden von der «allmächtigen Zeit» und dem «ewigen Schicksal»? Was bedeutet «die allmächtige Zeit» anderes als den Zwang fortzuschreiten, und sei es auch nur hin zum Tode? «Allmächtige Zeit» kann – wenn überhaupt – nur zuhanden werden in Furcht und Hoffnung. Chronos, den Vater der Götter, zu besiegen, ist unmöglich. Arrangement, nicht feiges, sondern Menschlichkeit vor dem seine Kinder fressenden Chronos bewahrendes, rettendes scheint nur möglich zu werden, wenn der Mensch sich im Zukünftig seiner Wohnung seine Heimat, sein Haus baut, wenn er sich auswirft ins Zukünftig. Nur der Hoffende besiegt die «allmächtige Zeit», entreißt ihr ihre Allmacht, ist nicht bloß ausgeliefert, geworfen wie verworfen in und vor Zukunft. Orest bleiben in seiner prometheischen Auflehnung gegen Jupiter nicht nur die Erinnyen. Jupiter mag besiegbar sein. Nicht aber Chronos für einen Hoffnungslosen. Jupiter besiegt die Freiheit, Chronos die Hoffnung.

Was bedeutet «das ewige Schicksal», in «Les Mouches» durch das Motiv von Schuld und Sühne repräsentiert. Auch Orest bricht nicht aus aus dem fatalen Ring – auch er macht sich schuldig, zwar nicht mehr an Jupiter, doch vor dem «ewigen Schicksal». Die «Erinnyenszene» zeigt, daß auch Sartre nicht an die Freiheit vom «ewigen Schicksal» glaubt:

1. Erinnye: Orest bleibt bei uns, und für lange, glaube ich, denn seine kleine Seele ist zäh . . .
Orest: Ich bin ganz allein.
1. Erinnye: o nein, o Allerliebster unter den Mördern, ich bleibe bei dir . . .
Orest: Bis zum Tode werde ich allein sein. Nachher . . .[32]

Noch glaubt sich Orest mit seiner Freiheit allein. Aber das fatum greift schon aus, ihn zu begleiten. Seine Freiheit bleibt absurd.

Die Befreiung, versucht um das Opfer des Glaubens, der Hoffnung und der Liebe, scheitert. Jenseits der Verzweiflung mag zwar Freiheit locken, doch es ist eine Freiheit ohne Hoffnung und ohne Liebe, eine unmenschliche Freiheit.

Dennoch hat das Wort Sartres: «Das menschliche Leben beginnt erst jenseits der Verzweiflung» manches für sich. Ich möchte meinen, daß ein Mensch erst zum Menschen wird, wenn er die Verzweiflung durchschritten und sie hinter sich gelassen hat. Hier kann ihm zwar die absurde Scheinfreiheit Orestens begegnen, doch auch die Hoffnung. Die Vision von einer absoluten Freiheit bleibt stets absurd – nur die relative Freiheit, die sich mit den Zwängen des Gegenwärtigen und Zukünftigen, der «allmächtigen Zeit» und «dem ewigen Schicksal» nicht nur abfindet, sondern sie einsehend akzeptiert, ist menschliche Freiheit. Von hierher erhält das Wort Engels', nach dem Freiheit Einsicht in die Notwendigkeit ist[33], ihr relatives Recht. Relativ bleibt das Recht zu solcher Bestimmung, als sie alle Willkür aus Freiheit ausschließt – Willkür oder doch Willkürliches ist aber immer im großen Hoffen, im Warten auf Utopia.

Entscheidung gründet in Freiheit, fordert Freiheit an. Entscheiden ist aber in allem Hoffen. Wer hofft, entscheidet sich für Eines und gegen Anderes, entscheidet sich für Werte oder gegen Übel, setzt Prioritäten und entscheidet sich gegen den Anspruch einer absoluten Gegenwart. All das kann immer nur in Freiheit geschehen, wenn es Hoffen sein soll und nicht bloßes Träumen in einen kommenden Tag hinein. Merkwürdig, daß es gerade die Forderung nach absoluter Willkürfreiheit ist, die so manche der großen Existentialisten in die absurde Hoffnungslosigkeit führte – in die Hoffnung auf Verzweiflung. J.-P. Sartre läßt in seinem «Nekrassow» Georges zur Landstreicherin sprechen:

Ich hatte das ungewöhnliche Glück, über eine Brücke zu kommen und gleichzeitig verzweifelt zu sein; ein solches Zusammentreffen ist selten. Der Beweis dafür ist, daß ich nicht mehr auf der Brücke stehe. Ich hoffe – ich sage ausdrücklich: *ich hoffe,* daß ich noch verzweifelt bin.[33] Das ist absurde Hoffnung.

Hoffnungslos ist auch bloßes Warten, passives Abwarten, denn Hoffnung schließt Handlung forderndes Wissen, erkenntnis- wie handlungsleitendes Interesse ein. Das hoffnungslose bloße Warten hat im dichterischen Werk Samuel Becketts in der langen Reihe seiner Theaterstücke literarischen Ausdruck gefunden. Schon in «Molloy» (1951) wird die Einzelperson in ein ichloses Etwas aufgehoben. Nihilismus und absurdes Hoffen verdichten sich in «Warten auf Godot» zu unauflösbarer Einheit. Das Nichts, das hoffnungslose Warten, hoffnungslos weil auf das Nichts wartend, weil das Warten um des Warten willens geschieht, nimmt dramatische Gestalt an.
Das «Endspiel» endlich ist die konsequente Fortsetzung dieses Weges ins Nichts: Alle menschlichen Funktionen erlöschen, Sprache, Fühlen, Bewegung, Denken enden im lebendigen Tod. Denken und Handeln werden funktions- und sinnlos. Das Warten endet bei Menschen, die längst im Tod verschwanden, ohne es zu wissen. Das absurde Warten verschlingt die absurde Freiheit.
Da mag der in Zukunft greifende Haß des Orest bei Sartre noch menschlich erscheinen. Aber Sartre läßt die fünfzehn Jahre Haß, fünfzehn Jahre währendes Sinnen auf Rache, die – wenn auch korrumpiert – noch den *Schein* der Hoffnung mit sich hat, enden im Vollzug der Rache. Die mordlüsternde Rache, die Hoffnung zur Rache endet im Vollzug der Rächers. Rache ist damit nicht mehr Sache Orestens, sondern die der Göttinnen der Rache geworden. Der Vollzug der Rache, und mit ihm das Verschwinden aller Hoffnung, macht Orest frei.
Hier stellt sich die Frage, ob denn destruktive Hoffnungsziele, wie Rache, vollzogener Haß, nicht schon Hoffnung *von vornherein* zerstören. Ich denke nicht. Es gibt so etwas wie eine diaboli-

sche Hoffnung. Sie kann zu großen Taten führen, aber stets korrumpiert solche Hoffnung den Hoffenden, macht ihn klein.

5. Hoffnung und Entfremdung

Entfremdend sei eine Situation (etwa die «gesellschaftlicher Verhältnisse»[34]) genannt, die den Menschen sich selbst, der Geschichte, der Gesellschaft, der «Welt» *fremd macht.* Ihre Folge ist die *entfremdete* Situation, in der der Mensch sich selbst, der Geschichte, der Gesellschaft, der «Welt» *fremd ist.* Eine genauere Bestimmung des materialen Gehalts der Begriffe «entfremdend» und «entfremdet» setzt die Entwicklung einer Anthropologie voraus, die feststellt, wer der Mensch ist, wer es sein soll: kurzum, eine Theorie, die es uns erlaubt festzustellen, was «menschlich*er*» bedeutet. Ich werde im Rahmen des dritten Beitrages noch ausführlicher auf diese Zusammenhänge eingehen. Hier sei vorläufig bestimmt: Menschlicher ist eine Situation, die es erlaubt, stark und wirkungsvoll kritisch zu motivieren, so daß der konkrete Mensch – und nur um den geht es uns – sich mit den bewußten oder unbewußten Handlungsimperativen aus Es (dem Grund der Triebmotivationen), Überich (dem Grund der gesellschaftlich bedingten, dann aber internalisierten Handlungsmotivationen) und dem Selbstaußen (dem gesellschaftlichen, dem «kosmischen», dem geschichtlichen) so auseinandersetzen kann, daß er diesen Imperativen nicht zwanghaft gehorchen muß, sondern eine kritische Instanz (das «Ich») ausbildet, an deren Normierungen er primär sein Handeln orientiert oder doch orientieren kann. Die im Ich gründenden Normierungen sind nun nicht barer Willkür überlassen, sondern müssen sich orientieren am konkreten Es und Überich des Selbst sowie an seiner konkreten gesellschaftlichen, historischen und «kosmischen» Situation, seinen Begabungen, Fähigkeiten, seiner Antriebsstruktur (nach

Richtung und Intensität). Solche Orientierung geschieht zumeist im Rückbezug auf eine implizit gegebene Antwort auf die Frage nach dem *Sinn* des eigenen Lebens (nach seiner Funktion in Gesellschaft, «Welt» und Geschichte). (Vgl. dazu den Exkurs «Grundzüge einer Strukturpsychologie» Seite 80–84.)
Offensichtlich verhindert eine entfremdende Situation die Ausbildung des «Ich». Eine Gesellschaft mit ichschwachen Individuen ist also verdächtig, entfremdende Situationen zu begünstigen. Es stellt sich uns die Frage, in welchem Umfang und wann Hoffnung und Furcht, Angst und Hoffnungslosigkeit entfremdend wirken, wann und wo sie der Entfremdung des Selbst entgegengesetzt sind und welche gesellschaftliche Basis solche entfremdenden Situationen begünstigen oder vermindern.

a) Hoffnung und «Ich»

Ich habe schon ausgeführt, daß Hoffnung stets Zukunft mit Sinn begabt. Diese Sinnbegabung hat ihren Grund in der Sinnbegabung, die das «Ich» zuallererst begründet. Wurde das «Ich» *nicht* realitätsorientiert aufgebaut, kommt es zu neurotischen oder neurotisierenden Situationen, die sich in der Unfähigkeit des Selbst anzeigen, sich an Realität zu orientieren. Die reaktiven wie aktiven Handlungen eines solchen Menschen geben auf Grund der radikalen Fehlinterpretation der Realität an Wirklichkeit vorbei, werden «abstrakt». Es kommt zu *destruktiven* Individual- und Sozialkonflikten.
Von solchen destruktiven Konflikten sind sorglichst *konstruktive* Konflikte zu unterscheiden, die mit einiger Notwendigkeit immer dann auftauchen, wenn das «Ich» als Handlungsgrund über Motivationen zu Handlungen führt, die den Forderungen (Geboten und Verboten) des Es, des Überich und der Umwelt widersprechen und zugleich das Ich realitätsorientiert aufgebaut wurde. Das Fehlen solcher Konflikte signalisiert in der Regel mangelnde Ichstärke (oder auch mangelnde Antriebstärke bzw.

ein ungenügend ausgebildetes Überich).
Offensichtlich begünstigt ein realitätsorientiert gebildetes «Ich» die Bildung konkreter Utopien, während ein «abstraktes» Ich auch zu abstrakter Utopienbildung führt. Die Frage nach dem Lebenssinn bezieht sich nicht nur auf das Gegenwärtig, sondern auch auf das Zukünftig. Wurde die Sinnfrage realitätsverschoben (an Realität vorbei) beantwortet, werden auch ins Zukünftig abstrakte Utopien gesiedelt. Gleiches gilt auch fürs Fürchten, ist doch die Furcht eine Zwillingsschwester der Hoffnung. Wie aber steht es bei Angst und Hoffnungslosigkeit?

b) Angst und Hoffnungslosigkeit als Entfremdung?

Daß anonymes Dunkel im kommenden Tag zu Hause ist, entspricht menschlicher Erfahrung. Heil wie Unheil erwarten uns – Heil und Unheil, das nicht vorauszusehen, nicht vorauszuahnen ist, und deshalb nicht Inhalt unseres utopischen Entwurfs in Zukunft sein kann. Daran vorbeischauen, hieße Realität übersehen. Angst hat also ihren legitimen Ort in menschlichem Zukunftwarten. Aber sie darf nicht Handeln bestimmen. Angstbestimmtes Handeln ist allenfalls zufällig realitätsorientiert. Der dunkle Gegenstand von Angst muß zunächst Konturen annehmen, muß Inhalt von Furcht werden, ehe er menschliches Handeln einfordert. Diese Angst ist sicher nicht entfremdend.
Aber es gibt auch eine pathologische Angst. Die Angst, die sich – oft unbewußt – formuliert in der Feststellung: «Es kann nur noch schlechter werden.» Solche Angst, nicht selten Ergebnis neurotischer und damit entfremdeter Fehlorientierung, entfremdet. Der Sich-Ängstigende flieht aus dieser Welt in eine selbstgezimmerte Scheinwelt. Paranoides Träumen ist oft die Folge. Die panische Angst vor der Zukunft ist nicht selten Ergebnis des nicht bewältigten eigenen Sterben-Müssens. Der abstrakte Traum von ewiger Jugend ist entfremdende Folge entfremdenden Bewußtseins.

Ähnliches gilt für die Hoffnungslosigkeit. Insofern der Mensch stets vor Zukunft lebt, bedeutet das Verdrängen des Zukünftig immer ein Ausweichen in eine abstrakte Welt, ist stets entfremdend. Hoffnung ist stets menschlich*er* als Hoffnungslosigkeit.
Hoffnungslosigkeit als entfremdende und entfremdete Situation hat ihre Gründe. Ich habe schon auf die Hoffnungslosigkeit in der Gestalt der absurden Hoffnung verwiesen: Sie hat ihren Grund (wenn auch nicht ihren einzigen) in dem Erlebnis einer furchtbaren Vergangenheit, die für das Zukünftig jede Besetzung verbietet, wenn Gegenwart erträglich bleiben soll. Die Projektion einer absurden Vergangenheit in die Zukunft gebiert absurde Hoffnung mit einiger Notwendigkeit. Und woher das Recht nehmen, für die Zukunft Besseres zu erwarten als das in Vergangenheit durchlittene?
Doch ist Hoffnungslosigkeit auch in anderen gesellschaftlichen Verhältnissen begründet als denen unmenschlichen Auseinanders in mordenden Kriegen. Ja selbst solches anonyme Morden im Krieg, die Destruktion um der Destruktion willen, Entfremdung also, hat wie jede Entfremdung ihre Ursachen. Entfremdung setzt entfremdende Situationen voraus. Einige dieser entfremdenden Situationen, die mit einiger Nötigung zu entfremdeten Situationen führen, seien vorgestellt.

c) Entfremdende Autorität

Wenn sich Menschen gleicher Überzeugung oder ähnlicher Interessen zu genügend großen Gruppen zusammenfinden, entsteht über psychosoziale Mechanismen Autorität. Solche Autorität ist funktional bestimmt durch das gemeinsame Ziel der Gesellschaft. Änderungen in Sein und Bewußtsein der Gesellschaft fordern also im Regelfall eine Änderung der Funktion der Autorität, verbunden nicht selten mit einer Änderung der Autoritätsträger.
Wird aber eine Gesellschaft für die Autoritätsträger zum Selbst-

zweck, entfremdet sie sich ihrer Funktion. Zugleich entfremdet sich Autorität zur *Macht.* «Macht» ist keine funktionale, anthropologisch notwendige Ordnungsstruktur mit entsprechender Ordnungsfunktion, sondern besitzt ein Eigenleben, einen scheinbaren Wert für sich. Autorität hat sich von ihrer Herkunft und ihrer Aufgabe abgelöst, sich entfremdet. Das sollte nun zum Verschwinden der durch Macht regulierten Gesellschaft führen. In der Regel ist es aber nicht so, weil viele Mitglieder der Gesellschaft ihre Zugehörigkeit zu ebendieser Gesellschaft (über Überichmechanismen gesteuert) als Wert an sich verstehen und deshalb Mitglieder bleiben. Eine solche entfremdete Gesellschaft wirkt entfremdend auf Sein und Bewußtsein ihrer Mitglieder ein.

Welches sind nun die Charakteristika einer Machtstruktur?

1. Macht hat es nicht nötig (im Gegensatz zur Autorität), sich zu begründen, denn sie besitzt ein Eigenleben, das in seiner Faktizität keiner Begründung bedarf.

2. Macht ist nicht mehr transparent, will heißen: sie befiehlt, verbietet, gibt Weisungen... ohne daß der «Untertan» (das Komplement zu «Machtträger») wüßte, warum eigentlich so und nicht anders. Endlich verstummt selbst die Frage nach dem «Warum». Dieses Fragen wird von den Machthabern systematisch verketzert, weil es die Rechtmäßigkeit und Notwendigkeit der Machtstruktur in Frage stellt. Der nicht-fragende Untertan ist stets liebstes Kind aller Machthaber gewesen. «Untertan», das ist der von einer weitgehend anonymen, nicht mehr transparenten Macht external gesteuerte Mensch.

3. Macht gibt sich ahistorisch, denn sie versucht den Seins- und Bewußtseitszustand für dauernd zu fixieren, der sie als (legitime) Autorität hervorgebracht hat. Das bedeutet, daß dem Machtträger jedes Denken unangenehm sein wird, das sich ins Zukünftig mit seinen anderen, geänderten Seins- und Bewußtseinsverhältnissen entwirft.

Die entfremdende Rolle der sich der Gegenwart und recht erst dem Zukünftig entfremdeten Macht ist offensichtlich:

1. Der Untertan wird durch dauernde Außensteuerung zu infantilem Verhalten genötigt. Er entwickelt Verhaltensmuster, die Menschen eigen sind, die (noch) nicht ein gegen Überichimperative kritisches Bewußtsein (getragen vom Ich) ausgebildet haben. Der von Macht Betroffene wird sich, wenn er nicht in der Lage ist, sich aus den gesellschaftlichen Verstrickungen einer Sozietät, die machtreguliert ist, zu lösen, vor allem dann infantil (regressiv) reagieren, wenn er psychischen Belastungen ausgesetzt ist und die Repression erheblich wird.

Infantilisierung (mit der Tendenz zu regressivem Verhalten) ihrer Mitglieder, d. h. Verhinderung der ichgesteuerten Personalisierung des menschlichen Individuums, aber auch die Verhinderung ihrer eigenen Evolution ist eine der verheerenden Folgen einer entarteten Gesellschaft, die machtreguliert funktioniert. Des weiteren wird die Ausübung der Macht als repressiv empfunden – das führt mit ziemlicher Notwendigkeit zu aggressiven Verhaltensweisen. Eine latente aber dauernde Aggressionsstimmung ist also eine der Folgen der Autoritätsentfremdung. Solche Stimmung richtet sich vor allem gegen nicht emotional-positiv besetzte Personen, Gesellschaften, Situationen, will sie physisch, psychisch, moralisch, gesellschaftlich vernichten oder doch demütigen. So wird dann auch solche Aggression – das liegt nicht im Wesen der Aggression als solcher – inhuman, weil inhumanes menschliches Verhalten begünstigend, ja anfordernd.

Macht produziert also aggressionsgestimmte Menschen und Sozialgebilde, die zudem noch – zumindest in Extremsituationen – regressiv reagieren, d. h. Verhaltensweisen zeigen, die aus der ontogenetischen oder phylogenetischen Frühzeit der Menschen stammen. So gestimmte Personen oder Strukturen sind aber ein Luxus, den sich eine Menschheit nicht leisten kann, die das ABC der Vernichtung nicht nur stammelt, sondern perfekt beherrscht. Die Forderung nach Beseitigung von Gesellschaften, die, von erheblichem Einfluß, machtorientiert funktionieren, ist keine bloße Forderung nach Beseitigung von entfremdenden Strukturen oder eine bloße Forderung nach Humanisierung von Menschen und Menschheit, sondern ein Postulat, das aufgestellt werden muß, damit Menschheit überlebe. Das Gleichgewicht des Schreckens ist kein zureichender Garant für das Überleben der Menschen, sondern nur die Beseitigung Humanisierung verhindernder gesellschaftlicher Gebilde. Das *kann* die Forderung nach Revolution implizieren.

2. Der Untertan wird in seiner Gegenwartsfixierung, die zumeist noch ein Festmachen auf einer Stufe *vorzeitiger* Gegenwärtigkeit bedeutet (einer Gegenwärtigkeit, die eingefrorene Vergangenheit ist und nur durch permanente Unterkühlung des evolutiven Druckes nach Vorwärts am Leben gehalten werden kann), seines Hoffens beraubt. Er wird, wie die Bewohner von Argos in eine gettohafte Scheinwelt eingesperrt, in der allenfalls noch die Fliegen bevorstehenden Umsturz künden. Selbst sie werden ihm in einer «schönen neuen Welt» genommen werden.

Hoffen ist verpönt in einer Gesellschaft, die für sich beansprucht, wenigstens prinzipiell und partiell universal zu sein, allen Ansprüchen gerecht werden zu können. Utopie ist stets abstrakt und «utopisch», ein Schimpfwort. «Das ist ja utopisch» wird zur Wendung, um Hoffnungen als abstrakt zu qualifizieren, die allenfalls und bestenfalls als bares Tageträumen in eine bessere Zukunft zu belächeln sind. Die Utopiedenunziation trifft alle, die sich mit dem Gegenwärtigen nicht zufriedengeben mögen, die auf Strategien sinnen, eine menschlichere Welt zu gründen im Heute. «Systemüberwinder» ist heute ganz ähnlich wie «Utopist» ein Schimpfwort geworden – und doch sind alle großen Parteien in der BRD angetreten, einen Traum zu verwirklichen: die SPD den vom Reich der Freiheit, die CDU (insofern christlich) den vom Gottesreich der Liebe, die FDP den vom Reich der Freiheit und Gleichheit. Doch was ist aus diesen Träumen geworden? Alle Parteien wollten das Bestehende aufs Bessere hin überwinden, alle Parteien entwarfen im Schwung und in der Hoffnung des Anfangs utopische Programme.[35] Wer aber heute solche Programme zu den seinen macht, gilt als Utopist, als Systemüberwinder, als staatsgefährdendes Subjekt, dem die besondere Aufmerksamkeit der politischen Polizei sicher ist.

d) Entfremdende Religiosität

Da ich von der Kritik an entfremdeter und entfremdender Religiosität im folgenden Beitrag handeln werde, kann ich mich hier auf einige wenige Notizen beschränken.

Die Geschichte der Religionen kennt ungeheuere Protuberanzen der Hoffnung, wie sie in solcher Ausgeführtheit niemals und nirgends sonst vorkommen. Ge- und entworfen ist unendlich sich dehnende Vor-Uns, das – gemäß der Feuerbachschen Religionskritik – den Wunschträumen der Religionen von uns aus übergeworfen wurde und uns in Gestalt des vollkommenen Menschen entgegenkommt, zielt stets auf absolute Hoffnung, große Utopie. Doch schon Feuerbach begann das Große klein zu machen, nachdem es zuvor von etablierter Religiosität noch kleiner gemacht worden war.

Ehe Religiosität entfremdend wirkt, muß sie entfremdet worden sein, muß zu einem Gebilde aus Menschenhand geworden sein, das sich – ein Eigenleben beginnend – gegen seinen Schöpfer richtet. Dieser Satz bedarf einer Begründung, zumal kaum mehr der Mensch als «ens religiosum» definiert werden kann. Um den Weg in die Entfremdung nachzugehen, wäre der Weg der Religionen, besser: des religiösen Bewußtseins und seiner Manifestationen im Sein, zu gehen. Das können wir hier aus mancherlei Gründen nicht. Zum einen liegen lange Wegstrecken im dunkeln, zum anderen gibt es zu diesem Thema zahlreiche geistvolle

Publikationen von Religionswissenschaftlern, Ethnologen, Anthropologen und Theologen.
Eines scheint mir jedoch zureichend im Hin und Her der Meinungen gesichert zu sein: Religiosität, selbst in der Form des Totemismus (ein Individuum oder eine Gruppe steht in einer engen «mystischen» und daher nicht rationalisierbaren Beziehung zu einer biologischen Spezies oder einer Naturerscheinung) und Fetischismus (Verehrung und Glaube an die Kraft von Gegenständen oder Figuren – oft in menschlicher Gestalt –, die als Sitz eines Geistes und Träger übernatürlicher Kräfte und Wirkungen angesehen, gebraucht und verehrt werden) ist relativ spät in der Phylogenese des menschlichen Bewußtseins entstanden. Obschon die heutigen Formen von Totemismus und Fetischismus[36] nicht religiöse Primärleistungen sein dürften, sondern Degenerationen höherer Formen der Religiosität (Theismen verschiedener Ausprägung), bin ich der Meinung, daß es sich bei diesen Formen sekundärer Religiosität um Regressionen auf Frühformen religiösen Bewußtseins handelt.
Die Ausbildung religiösen Bewußtseins – besonders des theistischen – setzt die Fähigkeit, erhebliche Abstraktionsleistungen zu vollbringen, voraus. Ursache- und Wirkungszusammenhänge müssen sehr viel deutlicher erfaßt werden können, als es etwa bei der Herstellung primitiver Geräte notwendig ist. Zudem ist die Entstehung und Entwicklung religiösen Bewußtseins an die Fähigkeit gebunden, recht abstrakte Inhalte mitzuteilen und zu tradieren. Das aber setzt eine entwickelte Sprache voraus. Die Menschheit dürfte erst vor einigen Jahrhunderttausenden (etwa zur Zeit des Homo erectus erectus) diese notwendigen (wenn auch nicht zureichenden) Bedingungen für die Ausbildung religiösen Bewußtseins entwickelt haben. Da nun aber schon für den Homo erectus erectus, dem «Javamenschen», Anzeichen von Totemismus oder Fetischismus (bzw. Kultkannibalismus) vorliegen[32], wird die Erfüllung der Bedingungen, religiöses Be-

wußtsein anzubilden, zeitlich fast zusammenfallen mit dem Auftauchen von Religion.

Wir dürfen etwa für die letzten 10 Prozent der Menschheitsgeschichte religiöses Bewußtsein annehmen. Der Grund für die Realisation der Fähigkeit zur Ausbildung religiösen Bewußtseins dürfte von S. Freud richtig beschrieben worden sein: «Als die Menschen zu denken begannen, waren sie bekanntlich genötigt, die Außenwelt anthropomorphisch in eine Vielheit von Persönlichkeiten nach ihrem Gleichnis aufzulösen.»[38] Im Gegensatz zu Freud und Feuerbach (und in seiner Folge: Marx) möchte ich jedoch annehmen, daß religiöses Bewußtsein nicht bloße Projektion, nicht wesentlich entfremdet ist. Wenn die Menschheit einige Jahrhunderttausende lang religiös auf natürliche und gesellschaftliche Ereignisse reagierte, hätte sie sich, wenn die das gesamte Handeln beeinflussende Religiosität an Wirklichkeit vorbei gewesen wäre, kaum so in Wirklichkeit einrichten können, daß sie eben diese Wirklichkeit zunehmend effektiv beherrschen lernte. Folgendes Diagramm möge das Gemeinte veranschaulichen:

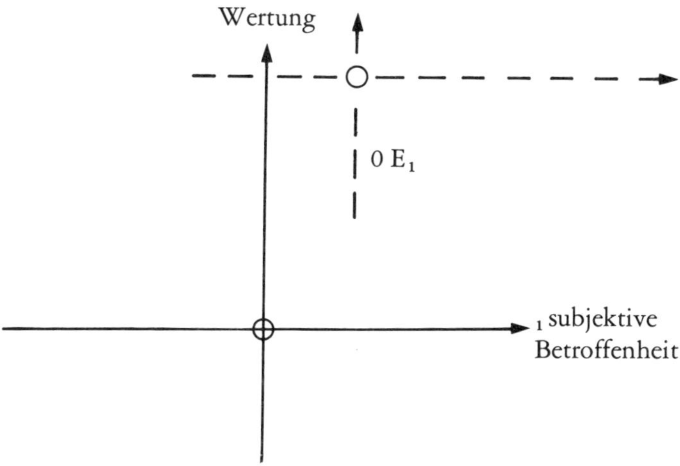

Ein und dasselbe Ereignis (E_1) wird durch Verlagerung des Koordinatenursprungs (religiös nach unreligiös) anders bewertet. Religiös mag es positiv gewertet, unreligiös negativ bewertet werden, religiös mag die subjektive Betroffenheit positiv, unreligiös negativ ausfallen (der Nullpunkt der Abszisse markiert totale Gleichgültigkeit, negative Betroffenheit meint positive Feststellung der Unerheblichkeit des Ereignisses). Das mag bedeutungslos erscheinen. Doch setzt sich die Interpretation (über Interessen) in Handlungen reaktiven Typs (reaktiv auf das Ereignis) um. Da aber gibt es nur eine optimale Reaktion. Die religiös bestimmte ist nun im Regelfall sehr viel anders als die unreligiös bestimmte.
Es wäre nun falsch, aus dem Gesagten einen «Gottesbeweis» heraushören zu wollen. Behauptet wird einzig und allein, daß religiös bestimmte Interpretationen von Ereignissen nicht zu entfremdeten Konsequenzen (Reaktionen) führen müssen.
Wann aber ist religiöses Bewußtsein entfremdet? Dann, wenn es in konkreten, historisch stets wechselnden Situationen zu «falschen» (an Wirklichkeit vorbeigehenden) Reaktionen führt. Die Religiosität ist also einzubetten in das Gesamt von Bewußtsein, das sich als Wiedergabe des kosmischen, historischen, gesellschaftlichen, ökonomischen ... Seins versteht. Einmal richtiges Bewußtsein kann, bei und nach Veränderung des Seins, zu falschem werden. Ähnlich wie die Religiosität eines Kindes nicht zureicht, sich in den Realitäten der Erwachsenenwelt richtig zu orientieren – sowenig genügt auch die unserer Ahnen nicht, um sich in unserer Welt zurechtzufinden.
Die entscheidende Frage lautet: Ist eine Situation denkbar, in der *alles* religiöse Bewußtsein notwendig entfremdet ist? Ich möchte diese Frage verneinen. Offensichtlich entspricht dem religiösen Bewußtsein stets ein irgendwie geartetes nichtempirisches Sein. Dieses Sein «an sich» (ist es nicht «an sich», wäre zu aller Zeit jedes religiöse Bewußtsein entfremdet) spiegelt sich, gebro-

chen an den bewußtseinsrelevanten Erfahrungen der Erscheinungswelt, im Bewußtsein wider. «Gebrochen» kann aber nicht heißen, daß religiöses Bewußtsein, obschon einst nicht mit bloßen, von aller Realität abstrahierten, «Ideen» identisch, plötzlich bloß abstrakte Ideen hervorbringen *müßte.* Zugestanden sei, daß heute (und wohl zu vielen Zeiten der Menschheitsgeschichte) oft, entweder solche abstrakten religiösen Ideen konstruiert werden oder nicht mehr auf Wirklichkeit abzubildende, nicht mehr in Wirklichkeit effiziente Handlungen aus religiösen Motivationen, aus der Geschichte des religiösen Bewußtseins bis ins Heute fixiert werden. Das mag daran liegen, daß religiöse Vorstellungen, weil als erheblich werthaft und den Menschen betreffend empfunden, über das Maß der Entwicklung von Sein und Bewußtseinsinhalten nicht-religiöser Art hinaus beibehalten werden. Der Grund kann aber ein anderer sein: Ähnlich wie profane Gesellschaften, bilden auch religiöse eine Autoritätsstruktur aus, die sich von ihrer Basis (den Gläubigen mit ihrem religiösen Bewußtsein) entfremden kann. Um ihrer selbst willen, um nicht unterzugehen, kann sie versuchen, das religiöse Bewußtsein ihrer Mitglieder zu fixieren auf den Stand, den es hatte, als eben diese Autoritätsstruktur hervorgebracht wurde.

Es wäre denkbar, daß Träger von Machtfunktionen in einer religiösen Gesellschaft diese Selbsterhaltung durch die materiale Fixierung von religiösen Inhalten (Dogmen) versuchen, um über solche Fixierungen von Bewußtseinsinhalten das religiöse Bewußtsein auf einen bestimmten Stand seiner Entwicklung zu fixieren. Wir stünden dann in der Situation, daß externale Zwänge ein Festhalten an ungleichzeitigem religiösem Bewußtsein besorgen, das nicht mehr in der Lage ist, effektiv Realität zu meistern, sondern zu Handlungskonsequenzen führt, die an der gegenwärtigen Wirklichkeit vorbeizielen.

Entfremdete Religiosität führt also zu erheblichen Frustrationserlebnissen. Die ungleichzeitige (dem Heute nachorientierte)

Religiosität abstrahiert sich von den konkreten Problemen des Jetzt.

Was aber hat das mit Hoffnung zu tun? Entfremdende Religiosität ist – wie ich gezeigt zu haben hoffe – stets bare Ideologie (das verantwortslose Spielen mit zu abstrakten Bewußtseinsinhalten, «Ideen», oft gewaltigen gewordenen Systemen mit der Behauptung, sie seien im Heute gültig und zutreffend, man habe auch heute sein Handeln nach deren Inhalten auszurichten) oder aber schlechte Ungleichzeitigkeit. Eine Religion, die nicht mehr ausgreift ins Zukünftig, die permanente Ablösung von Gestern und Heute nicht nur nicht mehr predigt, sondern auch von ihren «Gläubigen» Vergangenheitsorientierung verlangt, gerät mit ziemlicher Notwendigkeit ins ideologische Abseits. Nur eine Religiosität, die nicht nur ums absolute Hoffen weiß, sondern auch Strategien dazu anbietet, seine Inhalte zu realisieren, und sich selbst diesen Strategien unterwirft, wird von der Anklage der Unmenschlichkeit, der ideologischen Unwirklichkeit, der abstrakten Utopie (denn Utopie läßt sich nicht durch bloßes Abwarten erreichen) freigesprochen werden können. In einem folgenden Beitrag werde ich untersuchen, ob und in welchem Umfang sich die christlichen Großkirchen dem Anspruch permanenter Ablösung vom Vergangen und Gegenwärtig (noch) stellen, oder ob die Orthodoxie, der christliche Glaube, daß wir das vor uns liegende Gottesreich nur durch eigenes Mittun erreichen (das gilt für jeden Einzelnen und für uns alle insgesamt) inzwischen ins Lager der Heterodoxie abgedrängt wurde. Sollte das der Fall sein, werden die Gründe, die das Hoffen töteten, ganz die gleichen sein, die die religiösen Gesellschaften mit einer undynamisch gewordenen Autoritätsstruktur (die sich vielleicht zur Machtstruktur entfremdete und von hier her entfremdend auf das religiöse Bewußtsein einwirkt) stabilisieren.

Der Prophetismus Marxens versteht sich als Protestation gegen eine bestehende, unmenschliche, weil entfremdende, in Frühformen stabilisierte Religiosität, die in und durch ihre Statik auch andere Sozialgebilde (politische, ökonomische...) fixiert. Religiosität als «Opium des Volkes» verhindert in der Tat Hoffen, ersetzt die Sehnsucht nach einer besseren Welt ins reine Träumen, das kein Morgen kennt. Stabilisierte das Christentum eine Sklavenhaltergesellschaft, eine Feudalgesellschaft, den Kapitalismus? Ist Christentum nichts anderes als Projektion falschen (weil schlechten) und unmenschlichen (weil entfremdeten und entfremdenden) Seins in Bewußtsein? Diese Fragen, gestellt in humanistischer Absicht, willens, die Menschheit auf eine kommende bessere Welt aktiv und energisch zu orientieren, dürfen nicht schon von vornherein als blasphemisch abgetan werden. Sie verdienen es, daß man sich gewissenhaft mit ihnen auseinandersetzt. Denn selbstverständlich ist nur weniges auf dieser Erde.

e) Entfremdende Ökonomie

Karl Marx sah deutlich die Gefahren, die ökonomische Situationen ins Inhumane zu führen drohen. Seine Entfremdungstheorie setzt eine bestimmte Theorie über die Funktion der Arbeit und der menschlichen Natur voraus. Arbeit ist ihm primären Sozialkontakt stiftende Interaktion. Das «menschliche Wesen ist kein dem einzelnen Individuum innewohnendes Abstraktum. In seiner Wirklichkeit ist es das Ensemble der gesellschaftlichen Verhältnisse.» [39] Diese Definition ist zu Recht umstritten – und dennoch faßt sie etwas Rechtes: Sie besagt[40]:

– «Der Mensch ist nicht das *Produkt* der sozialen Verhältnisse, sondern die menschliche Natur *ist,* was die sozialen Relationen sind.» Mit der Veränderung der sozialen Bezüge ändert sich auch die menschliche Natur.

– Die menschliche Natur ist nicht die *Summe* der gesellschaftlichen Verhältnisse, «sondern das Ensemble dieser Beziehungen». Die sozialen Beziehungen sind also nicht additiv, sondern komplexiv als organisierte Ganzheit zu sehen.

– Gesellschaftliche Verhältnisse sind nicht notwendig identisch mit interpersonellen. In der kapitalistischen Gesellschaft werden etwa die interpersonellen Relationen zugunsten von Sachrelationen (Warenrelationen ...) aufgegeben.

Nun fordert Marx, daß die Arbeit, insofern sie in der kapitalistischen Wirtschaft zur Ware und damit zur Sache geworden ist, die nicht mehr ihre Primärfunktion erfüllen kann, zu inter-personalen Relationen zu führen, überwunden wird, damit die Form der Arbeit, die auch die menschliche Natur verdinglicht, die nur im Wir gefunden werden kann und keine Verdinglichung verträgt (wie sie in der Verdinglichung den Menschen für sich, für Gesellschaft, für Geschichte zur bloßen Sache macht, ihn also, indem sie ihn seiner Natur entfremdet, zugleich auch sich selbst, seiner Geschichte, der Gesellschaft ... entfremdet), beseitigt wird[41]. Arbeit soll den Menschen zum Menschen machen, ihn sich und Gesellschaft und Welt ... jedoch nicht entfremden. Arbeit ist menschlich (Menschen schaffend), wenn sie folgende Bedingungen erfüllt[42]:

– Der Mensch in der Arbeit seine Lebenstätigkeit selbst zum Gegenstand seines Wollens und seines Bewußtseins machen kann[43].

– Der Mensch durch Arbeit seine Fähigkeiten in umfassender Weise ausdrücken kann.

– Der Mensch in seiner Arbeit seine gesellschaftliche Natur realisieren kann.

– Der Mensch nicht Arbeit rein instrumental als *Mittel* (etwa zum Erwerb des notwendigen Lebensunterhalts) betrachten kann.

Der Grund für die Entfremdung der Arbeit von ihrem Ideal ist zum einen die mit der kapitalistischen Wirtschaftsform notwendig gegebene Arbeitsteilung (besser: die arbeitsteilige Arbeit) und zum zweiten die Bildung von Privateigentum mittels Kapital (= «das Privateigentum an den Produkten fremder Arbeit»;

«aufgespeicherte Arbeit»[44]), die beide zwingend zur entfremdenden Arbeit führen, d. h. zur Arbeit, die – zur Sache geworden – versachlicht: die menschlichen Relationen, und damit die Termini der Relationen, vor allem aber den Arbeiter.

Beide, Arbeitsteilung wie Privateigentum durch Kapital (Marx meint in seiner Kritik am Privateigentum zunächst immer das «kapitalistische Privateigentum») gilt es zu überwinden. Die erste durch gesellschaftliche Organisation der Arbeit[45], das zweite durch Beseitigung des Kapitals und seines Ersatzes durch «gesellschaftliches Geld»[46].

Die Entfremdungstheorie Marxens hat vieles für sich. Man wird wohl kaum leugnen können, daß *dieser* Aspekt der Kapitalismuskritik nicht unberechtigt ist. Doch hat – nach Marx – die ökonomische Entfremdung sehr viel radikalere Ausmaße angenommen, als Marx es noch ahnen konnte. Anstelle der Religion tritt ein neues Opium des Volkes: der Konsum.

Zweifelsfrei ist die herrschende Konsumideologie, nach der Konsum für sich schon einen Wert darstellt, bis hin zu Exzessen, die den Menschen nach seiner Fähigkeit zu konsumieren *werten,* eine Konsequenz spätkapitalistischer Wirtschaft, die darauf angewiesen sein kann, Produktion – und damit auch Konsumtion – unaufhörlich zu steigern. Das geschieht auf der Konsumtionsseite durch mitunter raffinierte Methoden der Bedürfniswekkung. Ein einmal vorhandenes Bedürfnis will aber, obschon *künstlich* erzeugt, befriedigt werden und führt zur Konsumtion von Überflüssigem, damit wiederum den Mechanismus Produktion – Distribution – Konsumtion anheizend. Daß das Spiel nicht beliebig weitergespielt werden kann, scheint offensichtlich. Marx hat davon einiges im Aufweis der Antinomien der kapitalistischen Wirtschaftsformen geahnt[47].

Aber ein anderes ist ärger: *Hoffnung wurde zur Konsumtionshoffnung,* über der das große Hoffen kleinlich verschwindet. Das «Mir geht es gut» des «Konsumbürgers» ist Ausdruck der Zufriedenheit mit dem Gegenwärtigen. Die zur Ware, zur Sache entfremdeten Produkte menschlicher Arbeit, erworben mit entfremdender Arbeit (die sich als Ware verkaufen läßt und Geld einbringt), verdunkeln den Blick und das Wissen um Entfremdung. Der entfremdete Mensch beginnt sich durch und wegen seiner Entfremdung in der Entfremdung wohl zu fühlen. Er verspürt keine anderen Bedürfnisse mehr als den Konsum. Jeder Verweis auf die Unmenschlichkeit dieser Situation wird als störend empfunden und entweder als Querulantentum oder Revoluzzertum denunziert. Was der Atheist für den in entfremdender Religiosität lebenden Menschen des 18. und 19. Jahrhunderts war, ist der Kritiker an der Konsumideologie für uns Heutige: ein unangenehmer Außenseiter, einer der «Gesellschaftsveränderer», vor dem sich die Gesellschaft selbst unter Einsatz ihrer Justiz schützen zu müssen glaubt. Nun waren Kritiker niemals besonders angenehm, solche aber, die das liebgewordene Opium «Opium» nennen, die die schönen Suchtträume stören, sind ausgesprochen unangenehm.

Eine unmittelbare Konsequenz der Bewertung des Konsums als nicht reiner ökonomischen Funktion, sondern als Anthropologikum, ist der Zwang zur konsumermöglichenden Leistung. Das geschundene Wort von der «bösen» Leistungsgesellschaft erhält mehr als ein Körnchen Wahrheit. Auch «Leistung» wird aus der ökonomischen Funktionalität zum anthropologischen Wert hochstilisiert. Die Qualität eines Menschen wird nach seiner Konsumtion ermöglichenden Produktion oder Distribution gemessen und damit quantifiziert, zur meßbaren *Sache* gemacht. Betroffen ist eine Arbeitssituation, die K. Marx so beschrieb:

Der Arbeiter fühlt sich ... erst außer der Arbeit bei sich und in der Arbeit außer sich. Zu Hause ist er, wenn er nicht arbeitet, und wenn er arbeitet, ist er nicht zu Hause. Seine Arbeit ist daher nicht freiwillig, sondern gezwungen, *Zwangsarbeit.* Sie ist daher nicht die Befriedigung eines Bedürfnisses, sondern sie ist nur ein *Mittel,* um Bedürfnisse außer ihr zu befriedigen.[48]

«Leistungsprinzip» und «Lustprinzip» sind nicht miteinander in Einklang, sondern klaffen auseinander. Nun ist ein solches Auseinander sicher schon für sich nicht human. Seine radikale Inhumanität zeigt sich jedoch erst in den Folgen für das Bewußtsein. Es wird hoffnungslos, es mag keine tanzenden Sterne mehr gebären. Es möchte in Ruhe gelassen werden, erstarrt endlich in Passivität, die selbst noch in der Unterhaltung Rezeption sucht und zur Produktion unfähig wird. Konsum- und Leistungszwang gefährden das Hoffen, sobald nicht mehr gegen Zwänge aufbegehrt wird, solange solche Zwänge als notwendige Übel zum «guten Leben» akzeptiert werden. Aufbegehren will immer Zukunft, lebt aus der Hoffnung, wenn es nicht Aufbegehren aus blanker Verzweiflung ist. Nicht ohne Grund begegnen wir so vielen Leichen, die sich von Toten nur darin unterscheiden, daß sie noch nicht wissen, daß sie gestorben sind. Leere Hüllen, «übertünchte Gräber», in denen eigentlich Menschlichkeit wohnen sollte, aber nur selbstgerechte Gegenwärtigkeit lebt. Schon längst Gestorbene, die nicht mehr wissen, daß das Leben sich nur vor Zukunft, d.h. in Hoffnung, leben läßt. Nicht einmal die schale Hoffnung des Herzogs von Gloster mag mehr aufkommen:

«Gloster: But shall I live in hope?
Anne: All men, I hope, live so.»[49]

Der «gehabte Mensch» ist der ökonomische entfremdete Mensch. Zumeist ist er vom Haben gehabt, vom Besessenen besessen. Nicht mehr Herr seines Besitzens, wird er zum Sklaven von Überichmandaten, die eine spätkapitalistische Gesellschaft entwickelt: Leistung und Konsum. Von beiden, von Sachen also, gehabt, wird er selbst zu Sache. Nicht ungestraft kann man sich von Sachen haben und besitzen lassen. Das Haben der Sache, das Besessenwerden durch die Sache, bindet immer in die Gegenwärtigkeit der Sache, des Gegenstandes ein und macht damit den Habenden zu ihrem Gegenstand, entmenschlicht ihn durch Ver-

gegenständlichung zur Sache. Eine Sache aber hofft nicht, sondern macht alles, was sie anfaßt, selbst zur Sache. So leben wir in einer Sachenwelt, in einer Welt, die vom Haben und Gehabtwerden durchherrscht wird. Die Menschlichkeit verkümmert zu Funken unter der Asche, und es sind schon Stürme nötig, um diese Asche fortzuwehen und Menschlichkeit, wenn auch nicht zum Lodern, so doch wenigstens zum Glimmen zu bringen.
Wir werden bedenken müssen, ob der Kult des Machbaren, das Opfer der Menschlichkeit in Prometheus, im Habenwollen seine Wurzel hat oder in einer Verkehrung menschlichen Bewußtseins: der technischen Vernünftigkeit. Ich möchte annehmen, daß zwischen beiden Typen entfremdenden Bewußtseins eine enge Verbindung besteht. Bleiben wir also noch etwas beim entfremdenden Haben. Wie kann die entfremdete Situation des Gehabtwerden (von Sachen) aufgehoben werden? Die radikalste Lösung ist der (ökonomische) Kommunismus mit seinem Verbot privaten Habens, insofern es irgendwie entfremdend wirken könnte. Der Kommunismus hat eine lange und seriöse Geschichte. Wir wollen sie hier nicht ins einzelne verfolgen, sondern nur einige kommunistische Utopien anzudeuten versuchen.

1. Der Kommunismus Platons

In seiner Politeia entwirft Platon das Idealbild eines aristokratischen Staatswesens, das allein in der Lage ist, der kommenden Verschlechterung des politischen Seins und Bewußtseins Einhalt zu gebieten. In strenger Arbeitsteilung scheidet er drei Klassen: die der Gewerbetreibenden, die der Krieger und die der Regenten. Die Differenzierung geschieht durch verschiedenartige Erziehung. Den Regenten und Kriegern ist keine «produktive» Arbeit möglich – sie sind angewiesen auf die Besoldung durch den dritten Stand. Doch um ihre handlungsleitenden Interessen auf das Staatswohl (und nicht auf das Eigenwohl) zu lenken, fordert Platon für Regenten und Krieger einen strikten Kommunismus, der ihnen jedwelches Privateigentum verbietet (416d ff.; 464b ff.), ja er geht so weit, Ehe und Familie für diese beiden Stände zu verbieten, damit nicht über solche Bindungen individuelles Interesse öffentliches korrumpiert. Die Frauen- und Kindergemeinschaft (457c ff.) hat K. Marx, der seinen Platon recht gut kannte, nicht sonderlich geschätzt: «Man darf sagen, daß dieser Gedanke der Weibergemeinschaft das ausgesprochene Geheimnis dieses noch ganz rohen und gedankenlosen Kommunismus (ist).»[50]

Aristoteles hat in seiner «Politik» gewichtige Gründe gegen den Kommunismus Platons angeführt, die auch heute noch bedenkenswert sind: Platon fordere die Gütergemeinschaft, um dem Staat die Gerechtigkeit zu schaffen. Darauf antwortet Aristoteles in seiner «Politik»:

Selbst wenn dies der Idealzustand einer Gesellschaft ist, ist noch nicht erwiesen, daß er erreicht wird, wenn *alle* dasselbe mein und dein nennen ... Dies «alle» hat nämlich einen zweifachen Sinn: Einmal kann gemeint sein «jeder einzelne», dann könnte schon eher geschehen, was Platon möchte: denn dann wird jeder denselben Jungen für seinen Sohn, dieselbe Frau für seine Gattin und alles andere für seines halten. Doch in praxi wird das anders aussehen: Sie werden alles als Gemeingut ansehen, für das niemand sich verantwortlich fühlt ... Was den meisten gehört, wird nicht sorgfältig behandelt, das Gemeingut, nur insofern es den einzelnen angeht. Das Übrige wird vernachlässigt werden, so als gehöre es einem anderen (II, 2; 61b). – Zwei Umstände sind es, die den Menschen sorgen und lieben lassen: das Eigentum und das Erhoffte (II, 4; 62b).

Wohl aber plädiert Aristoteles für Eigenbesitz bei gemeinsamer Nutzung (II, 5; 63a).

2. Der Kommunismus der frühen Christen

«Alle Gläubiggewordenen hielten fest zusammen und hatten alles gemeinsam. Sie verkauften ihre Habe und verteilten den Erlös unter alle nach Maßgabe der Bedürftigkeit jedes Einzelnen» (Apg 2,45). Dieser enthusiastische Kommunismus ist nur verständlich aus der (irrigen) Erwartung der unmittelbar bevorstehenden Wiederkunft Christi. Er demonstriert jedoch auch, daß es im Christentum nicht mehr auf Besitz ankommt, denn die «letzte Zeit» bedarf nicht der individuellen Absicherung der materiellen Zukunft. Dieser eschatologische Kommunismus als Ausdruck des befreienden Endes bringt auch Paulus zum Ausdruck:

Das sage ich Euch, liebe Brüder: «Die Frist ist nur noch kurz bemessen.» In Zukunft sollen die Verheirateten so leben, als seien sie unverheiratet, die Weinenden, als weinten sie nicht, die Fröhlichen, als wären sie nicht fröhlich, die Besitzenden, als besäßen sie nichts, die mit der Welt Verkehrenden, als hätten sie nichts mit ihr zu tun; denn die Welt in ihrer jetzigen Gestalt geht ihrem Untergang entgegen (1 Kor 7, 29–31).

Doch mit der Erkenntnis, daß die Wiederkunft Christi auf sich warten lasse, gaben schon bald auch die frühen Christen ihren Kommunismus auf. Erwerbsstreben, Habenwollen wurde zum Ausdruck enttäuschter Hoffnung. Nur in den christlichen Orden blieb noch etwas vom kommunistischen Ideal erhalten: «Allen ist alles gemeinsam.» Sie verstehen ihre Armut eschatologisch. Stirbt das große Hoffen auf die neue Welt in den Orden, entfernen sie sich stets von ihrem Eigentumslosigkeitsideal. Eigentumslosigkeit des einzelnen bedeutet stets ein labiles Gleichgewicht seiner ökonomischen Bedürfnisse – schon geringfügige Störungen der Kraft des Hoffens stören diesen Zustand –, er geht, wie Aristoteles richtig sah, in den stabileren des Privateigentums über.

3. Der Kommunismus der Staatsutopien

Indessen ... scheint mir ... in der Tat, daß es überall da, wo es noch Privateigentum gibt, wo alle alles nach dem Wert des Geldes messen, kaum je möglich sein wird, gerechte und erfolgreiche Politik zu treiben, es sei denn, man wäre der Ansicht, daß es dort gerecht zugehe, wo immer das Beste den Schlechtesten zufällt, oder dort glücklich, wo alles nur an ganz wenige verteilt wird und auch diese nicht in jeder Beziehung gut gestellt sind, die übrigen jedoch ganz übel. (Thomas Morus, Utopia)[51]

Die echte Gemeinschaft aber mache alle reich und arm: reich, weil sie alles haben, arm, weil sie nichts besitzen; und dabei dienen sie nicht den Dingen, sondern die Dinge dienen ihnen ... Bei den Sonnenstaatlern sind die Frauen im Gehorsam und im Bett gemeinsam, jedoch nicht durchweg und nicht nach Art der Tiere, die jedes Weibchen, das ihnen begegnet, annehmen, sondern lediglich der gesunden und leistungsfähigen Nachkommenschaft wegen ...[52]

Alles ist bei ihnen Gemeinbesitz. Die Verteilung liegt in den Händen der Behörden ... Sie behaupten, der Eigentumsbegriff komme daher, daß wir unsere eigenen Wohnungen und eigene Kinder und Frauen haben. Daraus entsteht die Selbstsucht ... Wenn wir aber die Selbstsucht aufgeben, so bleibt bloß noch die Liebe zur Gemeinschaft übrig. (Thomas Campanella, Der Sonnenstaat)[53]

Hier ist kein Geld nichtsnutz, obwohl das gemeinsame Wesen seine Schatzkammer hat; und darum sind die Einwohner glückselig zu achten, da keiner dem anderen an Reichtum überlegen ist. (Johann Valentin Andreä, Christianopolis)[54]

Und weil auch Reichtum und Eigentum der Güter in der bürgerlichen Gesellschaft einen großen Unterschied machen und daraus Geiz, Neid, Unterdrükkung und tausend andere Ungelegenheiten entspringen, verwarf er auch das Eigentum an Gütern, nahm solches dem gemeinen Mann ganz hinweg und wollte haben, daß alle Ländereien und Reichtümer der Nation dem Staat sollten gehören, welcher allein vollkommen darüber sollte schalten und walten ... Alle die Güter des Staats gehören ihnen zu; und ein jeder von ihnen kann sich so glücklich achten als der reichste Monarch der Welt. (Denis de Vairasse, Geschichte der Sevaramben)[55]

Alle Güter sind gemeinschaftlich; die Früchte der Bäume, die Kräuter der Erde, die Milch der Herden sind in solcher Menge vorhanden, daß so bescheidene und genügsame Menschen nicht nötig haben, sie zu teilen. (François Salignac de la Mothe Fénelon, Abenteuer des Telemach)[56]

Dem Grundgesetze gemäß ist es den Bürgern untersagt, untereinander irgend etwas zu kaufen, zu verkaufen oder zu tauschen. Benötigt jemand beispielweise etwas Gemüse oder Früchte, so hat er sich das für einen Tag erforderliche Quantum aus der öffentlichen Halle zu holen, an welche diese Dinge von den Produzenten abgeliefert werden. (Morelly, Gesetzbuch der Natur)[57]

Von Bekanntmachung gegenwärtigen Reskripts an, sollen alle Güter unserer

Brüder und Mitbürger gemeinschaftlich sein, und die Arbeit gleich ausgeteilt werden, jedoch jeder von der jetzigen Generation seine gewöhnliche Beschäftigung fortsetzen ... (Restif de la Bretonne, Der fliegende Mensch)[58]

Allen diesen und vielen anderen utopischen Entwürfen ist gemeinsam, daß sie der Entfremdung durch privates Eigentum mittels seiner Aufhebung begegnen. Aber alle diese Utopien, obschon Kritik an Gegenwart, blieben wirkungslos, weil abstrakt. Erst K. Marx war der Ernstfall. Er versuchte von der abstrakten in die konkrete Utopie auszugreifen. Gleichzeitig verurteilte er den «utopischen Sozialismus» seiner Geistesahnen:

Die Bedeutung des kritischen-utopischen Sozialismus und Kommunismus steht in umgekehrten Verhältnis zur geschichtlichen Entwicklung. In demselben Maße, worin der Klassenkampf sich entwickelt und gestaltet, verliert diese phantastische Erhebung über denselben, diese phantastische Bekämpfung desselben allen praktischen Wert, alle theoretische Berechtigung.[59]

Hoffnung ist nicht mehr Sache der Träumer, sondern der Kämpfer. Mit Träumern hat sich eine enthoffte Welt noch abgefunden, aber der Kampfruf des «Manifest» erzeugte Angst: «Ein Gespenst geht um in Europa – das Gespenst des Kommunismus. Alle Mächte des alten Europa haben sich zu einer Hetzjagd gegen das Gespenst verbündet, der Papst und der Zar, Metternich und Guizot, französische Radikale und deutsche Polizisten.»[60]
K. Marx zog aus, das alte Europa das Fürchten zu lehren, aber es ängstigt sich nur. Das prophetische Pathos Marxens und seiner frühen Anhänger und Freunde aber starb. Die Klassenkampfideologie erwies sich vor dem Hintergrund soziologischer, ökonomischer und soziolinguistischer Einsichten als brüchig. So war es denn eher das Pathos denn die Wahrheit, eher die Theorie denn die Praxis, die dem Marxismus seine Erfolge brachte. Vor den Folgen aber hat das alte Europa doch auch nur wieder das Ängstigen gelernt, nicht aber das Fürchten. Lernte es das Fürchten, lernte es das Hoffen. Das Potential des utopischen Bewußtseins scheint erschöpft zu sein – das gilt für das alte Europa wie

für das «neue». Marxismus hat sich durch den fatalen Schein der Macht blenden lassen. Die Mesalliance von Hoffnung und Macht hat bislang noch niemals Hoffnung eingebracht, sondern ihren Untergang.

6. Über Utopiedenunziation

Die Utopiedenunziation, das abwertende «Das ist ja utopisch» (meint: «Du spinnst ja»), richtet sich gegen Utopie wie Antiutopie[61] in ähnlicher Weise. Es gibt ein der reinen, nackten Gegenwart verpflichtetes oder, nostalgisch, der Vergangenheit nachsinnendes – oft auch nur nachjammerndes – Denken, dem alles utopische Bewußtsein verdächtig ist der geistigen Abwegigkeit, der schizoiden Wahnflucht, des Weltverbessertums, der Revoluzzerei. Solches Denken wird nicht nur von etablierten Machtstrukturen und ihren blinden Dienern und Untertanen gehütet, nicht nur innerhalb entfremdeter Ideologien. Es tritt auf mit dem Anspruch des «gesunden Menschenverstandes» oder der «Realpolitik». Der Vorwurf des «ideologischen Defizits» aus dem Mund der verketzerten Utopisten gilt als ehrend. L. Kolakowski schreibt einmal:

Der Antagonismus zwischen der Philosophie, die das Absolute verewigt, und der anderen Philosophie, die die anerkannten Absoluta in Frage stellt, scheint unheilbar zu sein, wie auch der Gegensatz zwischen Konservativismus und Radikalismus auf allen Lebensgebieten unheilbar ist. Es ist der Antagonismus der Priester und der Narren, und beinahe in jeder geschichtlichen Epoche waren die Philosophie der Priester und die Philosophie der Narren die zwei Formen der Geisteskultur.[62]

Sicherlich ist der Gegensatz zwischen konservativ und progressiv tatsächlich (warum eigentlich?) weitgehend parallelisierbar zu dem von unutopisch und utopisch. Sicherlich ist nicht alles Antiutopische konservativ, das wäre zu einfach. Es gibt auch Anti-

utopien, die alles andere sind als konservativ. Manches im etablierten Marxismus zeugt davon. Anderseits gilt es, das konservative Denken nicht zu verketzern. Nur aus der Spannung zwischen konservativem, erhaltendem, und progressivem, voranschreitendem Bewußtsein und Denken wächst konkrete Utopie. Fortschrittsgläubigkeit endet in der Regel im abstrakt Utopischen, ist der Gegenwart entfremdet wie der Zukunft.
Die antiutopische Verteidigung der Gegenwart – nicht zu verwechseln mit konservativem Denken – ist jedoch immer entfremdet, ist reine Idee, Ideologie, denn sie löst sich stets von der anthropologischen Basis ab; sind doch Mensch und Menschen, ja alles Menschliche sehr viel eher von Zukunft her zu bestimmen denn als Ergebnis vergangener Ereignisse. Umgekehrt gibt es einen Liberalismus, der, obschon er sich ganz unutopisch («realpolitisch», «pragmatisch», «von der Notwendigkeit der Stunde her entscheidend») gebärdet, dennoch mit einem guten Schuß Dystopie (vgl. Nietzsches «letzter Mensch» oder Huxleys «Schöne neue Welt») legiert ist und von hier her ein absurdes Recht herleitet, sich selbst – in Erkrankung utopischen Bewußtseins – progressiv zu nennen. Es ist nicht einfach, diese progressive Antiutopie zu verdammen, es sei denn, man appelliert an Emotionen. Der berühmte Dialog zwischen dem Funktionär der neuen schönen Welt, Mustapha Mannesmann, und dem «Wilden» mag das belegen:

W. «Ich brauche keine Bequemlichkeiten. Ich will Gott, ich will Poesie, ich will wirkliche Gefahren und Freiheit und Tugend. Ich will Sünde.
M. Kurzum, Sie fordern das Recht auf Unglück.
W. Gut denn, ich fordere das Recht auf Unglück.
M. Ganz zu schweigen von dem Recht auf Alter, Häßlichkeit und Impotenz, dem Recht auf Syphilis und Krebs, dem Recht auf Hunger und Läuse, dem Recht auf ständige Furcht vor dem Morgen, dem Recht auf unsägliche Schmerzen jeder Art? . . .
W. Alle diese Rechte fordere ich.
M. Wohl bekomm's!»[63]

Die Position des «Wilden» scheint von Wort zu Wort unhaltbarer. Doch fordert das Recht auf Gott, auf Poesie, auf Freiheit zwingend das Recht auf Unglück (all der von Mustapha genannten Formen) ein. Man wird sich entscheiden müssen, ob man die «schöne neue Welt», in der alle Menschen über dem Fürchten auch das Hoffen verlernten, über dem «Glück» das «Unglück», über dem unbemerkten Zwang die Freiheit, über der Erfahrung der Abwesenheit Gottes auch den Glauben an Gott..., als Antiutopie abtun möchte. Manche Fortschrittsideologen, vor allem liberalistischer Denkherkunft, werden sich da nicht ganz leicht tun. Doch vor unserem anthropologischen Hintergrund ist das Urteil einfach –vielleicht zu einfach: Die «schöne Welt» ist inhuman, weil sie das Hoffen, das Lieben, das Leiden und alles das tötet, was den Menschen zum Menschen macht; sie ist inhuman, weil sie Menschen eine versöhnte Welt und Gesellschaft vorgaukelt, die es nur geben kann, wenn Menschen zu medizinisch regulierten Automaten einer von fremden Interessen bestimmten, an einem fremden Ideal orientierten und normierten Gesellschaft geworden sind. Der Mensch, der glücklich sein *muß,* ist kein menschlicher Mensch auf dieser Erde. Der hat das Recht auf Unglück, weil er nur im Unglück Glück erfahren kann, weil er sich als stets mit sich selbst, mit Welt und Gesellschaft Unversöhnter in Spannung, im Auseinander, im Gegensatz, im Widerspruch zu sich selbst, zu Welt und Gesellschaft erfährt und weiß. In diesem Wissen aber liegt der Grund von menschlichem Glück und Unglück.

Im Gegensatz zur «progressiven» antiutopischen Kritik will die konservative Utopiekritik das Bestehende vor dem Anspruch des Zukünftigen bewahren (wenn sie nicht schon hoffnungslos zukunftsblind geworden ist). Das Argument der Nicht-Realisierbarkeit verbindet sich mit der Verdächtigung eines *totalen* Anspruchs des Utopischen.[64]

Der Totalitarismusverdacht des utopischen Denkens, dem man

mit K. R. Poper einen zwangshaften Absolutheitsanspruch zuschreibt, der nichts mehr von Fürchten in jeder Hoffnung, ein Fürchten, das Hoffnung immer in seinem universellen Gültigkeitsanspruch relativiert, weiß, ist in den letzten Jahren zum Allgemeingut der Utopiekritik geworden. Was hier «Totalitarismus» aber meint, bleibt dunkel. Offensichtlich sollen Emotionen angesprochen werden, die aus der Erfahrung des *politischen* Totalitarismus der Vergangenheit und Gegenwart gespeist werden. Solche Utopiedenunziation ist aber offensichtlich unredlich.

Im Absolutheitsanspruch jedes Totalitarismus stirbt das Hoffen (wie das Fürchten), wird das *mögliche* Noch-Nicht der konkreten Utopie zum Jetzt des Zukünftig pervertiert. Hoffnung ist nicht Wissen, sondern setzt eine bestimmte Form des Für-Wahr-*Haltens* (also des Glaubens) voraus. Aber Utopiekritik verwendet hemmungslos die mit dem behaupteten Totalitarismusanspruch des utopischen Denkens (das wohl total, das heißt den ganzen Menschen in seinen Grundorientierungen bestimmend sein kann und soll, niemals aber totalitaristisch werden darf) verbundenen Assoziationen, um Utopie, insofern sie auf alle Menschen, nicht nur auf die «Gläubigen» zielt, suspekt zu machen. Solcher Versuch hat eine gewisse Berechtigung, denn die totalitaristischen Systeme (Nationalsozialismus, Staatskommunismus) haben tatsächlich Unmenschliches in ihren Ansprüchen an sich. Aber sie sind nicht mehr utopisch aus Hoffnung. Im Nationalsozialismus wie im etablierten Kommunismus starb das Hoffen einen kläglichen Tod, den Tod, der es immer trifft, wenn es sich mit politischer Macht verbündet.

So ist denn der Begriff «Utopie» zur festen Vokabel der sogenannten Realpolitiker geworden, die sich von jedem Hoffen lossagen und nicht ahnen, daß sie sich damit vom Geist (und nicht nur dem Heiligen) lösen, wie auch von Menschlichkeit, mit ihrem Anspruch auf Hoffen.

Zudem hält sich solche Realpolitik für frei von allen Ideologien, insofern sie sich nicht an einer «Idee» vom Zukünftig orientere, sondern am zuhandenen greifbaren Jetzt. Aber wie steht es um die Realität des Jetzt? Es ist schon vergangen, lebt nur noch in Gedanken, ehe es sich recht merklich machte. Das bemerkte Gegenwärtige sind die Spuren des Jetzt. Die Wirklichkeit, d. h. der dem Menschen *vor*handene Wirkraum ist immer ausgelegt ins Zukünftig, ja ist immer *auch* zukünftig. Der utopische Gehalt der Wirklichkeit kann nicht unterschätzt werden. Nur eine Politik, die, belastet mit erheblichem Defizit an «theoretischem Denken», real sein will, wird das leugnen. «Theoretisch» meint hier nicht etwa abstrakt, sondern «reflektierend an menschlicher Sache orientiert». Die menschliche Sache aber schließt auch immer ihr eigenes Zukünftig mit ein.

Heinrich Leo[65] prägte den Begriff «Ideokratie», um das utopische Bewußtsein zu treffen. Die Realisation von Utopien sei die von Ideen. Die Herrschaft von Ideen sei aber abzulehnen, weil sie im Gefolge von Revolutionen auftrete und Revolutionen den organischen Gestalt- und Funktionswandel der sozialen und politischen Gebilde störe, und weil sie – und das ist eine Neuauflage der Totalitarismusdenunziation – in der radikalen Tendenz, die utopischem Denken stets eigen sei, zur Tyrranis des Denkens führe. Da ist so ziemlich alles beisammen, was Hoffnungslosigkeit an Argumenten gegen Hoffnung zusammentragen kann: die Angst vor der Dynamik des Denkens, die Angst vor radikaler Veränderung: die Angst vor Anspruch auf Menschlichkeit.

Sicher ist utopisches Denken auf seine Weise radikal. K. Marx hat dazu richtig bemerkt:

... auch die Theorie wird zur materiellen Gewalt, sobald sie die Massen ergreift. Die Theorie ist fähig, die Massen zu ergreifen, sobald sie *ad hominem* demonstriert, und sie demonstriert *ad hominem,* sobald sie radikal wird. Radikal sein ist die Sache an der Wurzel fassen. Die Wurzel für den Menschen aber ist der Mensch selbst[66].

Radikale Utopie ist also nichts anders als humane Utopie. Der Radikalismusvorwurf mündet ein in Humanismusdenunziation. Nun kann man zwar den Zwang des Denkens verurteilen, sollte sich aber erinnern, daß als Alternative die Dummheit bleibt. Aller Utopiedenunziation ist gemeinsam mangelndes Vertrauen in die Macht menschlicher Vernunft, die zwar ihre immanenten und externalen Grenzen hat, dennoch aber den Menschen zum Fortschreiten, dem vernünftigen, verantworteten Schreiten hinein in Zukunft zwingt. Die Hoffnungslosigkeit der Utopiekritik legiert sich regelmäßig mit Antiintellektualität, da es ja – so schon H. Leo – die Intellektuellen seien, die gefährliche Ideen gebären. Als Muster muß da immer wieder die Französische Revolution herhalten, in deren Folge Ideen (Demokratie, Herrschaft der Vernunft, Gleichheit, Freiheit und Brüderlichkeit aller Menschen) gezeugt wurden, die eine unerträgliche Tyrannis über die etablierten politischen und sozialen Gestalten auszuüben begannen. Solche Kritik – Triumphalismus der Dummheit – entsteht aus der nackten Angst vor sich zur Verwirklichung drängenden Ideen. Das Getriebenwerden herrscht über das Fortschreiten – aber Herden werden getrieben, Menschen sollten fortschreiten in Zukunft.

Zugleich verweist solche Utopiekritik darauf, Utopie sei Irreales, Wirklichkeitsfremdes. Damit ist das Paradox der Dummheit vollständig. Die Angst vor der Wirklichkeit der Ideen verbindet sich mit dem Vorwurf ihrer Unwirklichkeit. Belustigung über und Angst vor utopischen Ideen ist ein Charakteristikum der Ewig-Heutigen. Primitiv wie das Denken ist auch das Argumentieren der Utopiedenunziation: Da wird das utopische Bewußtsein mit seinen Inhalten als bare Spekulation über reine Möglichkeiten verworfen, wird das unwissenschaftliche Vorgehen des utopischen Ausdrucks behauptet. Eine «bessere Welt» sei der menschlichen Natur inadäquat, weil sie radikal und wesentlich verderbt sei. Das soll den christlichen wie marxistischen Utopiebegriff in gleicher Weise treffen, hat aber nicht einmal entfernt verstanden, was marxistische und christliche Utopie bedeutet. Daß die Voraussetzungen dieser «Argumente» nachweislich falsch sind, stört weniger. Die Dummheit gesteht dem utopischen Denken allenfalls den error bona fide zu, es sei allenfalls ein gut gemeintes Bildungsinstrument, das den Einzelnen «bessern» könne. Nun aber ist die Bühne der Utopie alles andere denn eine moralische Anstalt. Utopie ist weder metaphysisches Fernweh, noch Urbild des Unerreichbaren, kann nicht nur Zeugnis geben von den Mängeln des Gegenwärtigen und der Kraft, sie zu erkennen. Die großen utopischen Entwürfe des Christentums und des Marxismus fordern Aktion ein, eine wirklichkeitsorientierte «Gewalt» – eine Gewalt, von der Jesus sagt, daß sie sich des utopischen Reiches bemächtigt. (vgl. Mt 11,12)

J. Habermas verweist zu Recht darauf, daß der Feldzug gegen utopisches Denken strategisch auf zwei Feldern operiert: Auf dem einen wird die Bedeutung der Geschichte und der Geschichtlichkeit einfachhin geleugnet:

> Darauf läuft jeder anthropologische Platonismus hinaus, der für die optimalen Bedingungen des Überlebens, eines aus sich gesteigerten oder aus sich entarteten Lebens die konstanten Maßstäbe vorgibt. Auf der anderen Linie wird die kaum zu leugnende Erfahrung geschichtlichen Wandels negiert: Sie stellt sich darum auch auf diesen Sachverhalt ab: anstelle der direkten Verneinung tritt indirekt eine Art Überrundung der Geschichte. Das eschatologische Denken setzt auf die Wiederkunft eines mythologischen Zeitalters ... Geschichtsphilosophie wird metahistorisch überboten; und die historisch überschaubare Situation braucht sich der rationalen Erörterung ihrer objektiven Möglichkeiten nicht mehr zu stellen[67].

Wer um die Vergangenheit weiß, nicht um die tote, sondern um die in der Gegenwart lebendige, wer Geschichte und Geschichtlichkeit ernst nimmt, wird sich kaum des Ausgreifens ins Futur verschließen. Geschichte ist mit dem Heute allemal nicht am Ende. Die Position des idealtypischen «letzten Historikers» ist eine methodische Fiktion, nicht aber mögliche Basis, das

Menschliche zu verstehen und zu realisieren. Sicher hat die Utopiekritik stets und immer ihr relatives Recht, weil der Weg ins Weiserlose prüfend und fragend gegangen sein will. Sie hat auch da ihr Recht, wenn sie nicht die utopischen Entwürfe selbst, sondern die gesellschaftlichen und politischen Bedingungen und Situationen kritisch untersucht, die Utopien Inhalt und Farbe geben. Das Utopische erwächst immer aus der Erfahrung von Mängeln im Gegenwärtig, ist also auch ein Indikator dieser Mängel (in Sein und Bewußtsein). Utopie ist *auch* Gegenwartskritik, und man sollte diese oft sehr implizite und angedeutete Kritik auf die Ebene des Ausdrücklichen und Bewußten heben. Doch gilt es zu bedenken, daß Gegenwartskritik, wie die utopische, dem Noch-Nicht verpflichtet bleibt, weil sie sich nur als konstruktiv legitimieren kann, wenn sie nicht in der Aufzählung der Mängel stecken bleibt, sondern Ziele und Strategien, diese Ziele zu erreichen, zugleich angibt. Ziele aber sind, insofern sie Nicht-Realisiertes betreffen, utopisch.

Während konservative «Realisten» zumeist ihre Utopiekritik mit idealtypischen Inhalten wie «illusionär» oder «eschatologisch» (im ausschließlich und spezifisch theologischen Sinn des Wortes) ausstatten, ist der Idealtypus «Totalitarismus» des liberalistischen «Realisten» liebstes Requisit. Utopie, die nicht abstrakt bleiben oder werden will, impliziert eine Reihe von Handlungsanforderungen, Planungen, Strategien – und dagegen hat der Liberalismus von jeher etwas einzuwenden. Der denunziatorische Hinweis auf «Zwangsplanungen», die den Einzelnen oder ganze Gruppen zwingen, sich «verplanen» zu lassen, obschon sie das Planziel gar nicht als ihres akzeptieren, verfälscht das utopische Anliegen gründlich. Planung und Zwang ist eben nicht dasselbe – und utopisches Planen zielt ab auf die zwanglose Veränderung des Bewußtseins in humanisierender Absicht. Zwänge können utopische Bewußtseinsprozesse nicht in Gang setzen, können das zielstrebige Fortschreiten in Zukunft nicht initiieren. Die produktive Kritik gegenüber dem Gegenwärtigen kann nicht erzwungen werden, weil Zwang und Gewaltanwendung gar sehr viel eher etablierte Vorstellungen in einer Art Trotzreaktion fixieren denn überwinden.

K. R. Popper ist zum Propheten auch dieser Art von Utopiekritik geworden. Für ihn ist – liberalistisch – Utopie totaler Planentwurf, der sich nur mittels revolutionärer Gewalt realisieren lasse. Auch seine Kritik ist nicht konsistent. Zum einen denunziert er (etwa am Beispiel der Politeia Platons) Utopie als unhistorischen Totalentwurf, zum anderen (etwa am Beispiel des Marxismus) als Historizismus. Wissenschaftstheoretisch versucht er seine Ablehnung des utopischen Denkens zu begründen, indem er zunächst einmal – unrichtig – Utopie auf historische Prognosen reduziert. Daß Aussagen über Utopia nicht historische Prognosen sind, mag zwar nicht aus der syntaktischen oder semantischen Struktur der Aussagen abzulesen sein, doch ist der Unterschied erhebbar, sobald man das Woher der beiden Aussagetypen (historische Prognose und utopische Aussage) miteinander vergleicht und die pragmatische Dimension berücksichtigt. Die historische Prognose ist eine – zugestanden – problematische Extrapolation der Gültigkeit einer Theorie über Geschichte (als realem Verlauf). Man mag zu Recht bezweifeln, ob historische Theorien – in Analogie zu naturwissenschaftlichen – zum Zweck der *Erklärung* von historiographisch erhobenen Daten möglich oder fruchtbar sind. Erst recht wird die Analogie der naturwissenschaftlichen Theorie mit der geschichtswissenschaftlichen problematisch, wenn man aus der letzteren, ähnlich wie aus ersterer, eine Prognose über zukünftige Beobachtungsdaten gewinnen möchte. Anders jedoch die utopische Aussage: Sie will keine zukünftigen Fakten beschreiben, sondern in kritischer Auseinandersetzung mit der Gegenwart *Ziele* im Zukünftig ausmachen. Der Ausgang der utopischen Aussage ist nicht ein zu erklärendes, sondern ein zu kritisierendes Faktum. Der Inhalt der utopischen Aussage ist somit nicht ein zukünftiges Faktum, sondern eine Zielangabe. Die historische Prognose ist – bestenfalls – eine Extrapolation über Trendüberlegungen und eine historische Theorie (meist mit erheblichen philosophischen Voraussetzungen und Implikaten). Die utopische Aussage jedoch *berücksichtigt* allenfalls Trends und historische Theorien (zumeist als Implikate einer universelleren geschichtsphilosophischen oder geschichtstheologischen Konzeption). Extrapolation geht aus vom Gegenwärtigen, Utopisches vom Zukünftigen, auch wenn es sich am Gegenwärtigen orientiert und als konkret (d. h. realisierbar) demonstriert. Historische Prognosen gehören in das weite Gebiet der Futurologie. Futurologie setzt einen Evolutionsmechanismus voraus, Utopie setzt durch ihre Wert- und Zielvorstellungen Evolution in Gang. Popper verwechselt eifrig geistes- und naturwissenschaftliche Exegese mit Soziologie. Richtig bemerkt H. Marcuse:

> Der etikettierende Gebrauch des Wortes «Totalitarismus» für die Plantonsche, Hegelsche, faschistische, Marxsche Philosophie dient leicht dazu, das historische Bindeglied zwischen Totalitarismus und seinem Gegenteil zu verdecken und die historischen Gründe, die den klassischen Humanismus dazu brachten, in sein Gegenteil umzuschlagen[68].

Brechen wir hier unsere Kritik der üblichen Utopieschelte ab. Sie basiert im Regelfall auf irgendwelchen Formen konservativen oder liberalistischen Egoismus' Einzelner oder Gruppen. Utopie fordert in der Tat Ablösung von allen Formen des privaten wie öffentlichen Egoismus, fordert ein Hinauswerfen der Interessen des gegenwärtigen Nutzens in die Zukunft, bedeutet also immer Ablösung vom Ich und seiner Gegenwärtigkeit. Utopie bricht in Gegenwärtigkeit geschlossene Welt in die dunkle Transzendenz des Zukünftig auf. Nicht das utopische Bewußtsein führt – wie K. R. Popper meint – zur geschlossenen Gesellschaft, sondern die Einbindung des Bewußtsein in das Gefängnis der Gegenwärtigkeit. Die offene Gesellschaft ist nicht eine Gesellschaft frei von Zielen, sondern eine Gesellschaft, die ihre Gegenwart verläßt um der Hoffnung willen.

7. Utopie und Revolution

Revolution bedeutet, «die vorgefundenen Dinge praktisch anzugreifen und zu verändern»[69]. Verallgemeinernd läßt sich sagen, daß für den Marxismus Revolutionen radikale (d. h. ursprünglich und unmittelbar den Menschen betreffende) qualitative (und nicht nur quantitative) Umgestaltungen gesellschaftlicher (und politischer) Verhältnisse durch eine kollektive Anstrengung aller oder einer Gruppe (etwa einer Klasse) zum Zweck gesellschaftlichen Fortschritts hin auf eine total humanisierte Gesellschaft sind. Die Anwendung von Gewalt ist nicht typisch oder notwendig für eine Revolution, kann sich aber dann als nötig erweisen, wenn eine nach Sein und Bewußtsein anstehende qualitativ neue gesellschaftliche Form von den etablierten Kräften in ihrer Entwicklung so behindert wird, daß die Beseitigung eben dieser Kräfte einziges Mittel zur Durchsetzung des Neuen ist. Das gilt nach Marxscher Ansicht für alle Revolutionen, deren Basis der Klassenkampf ist.

Fr. Engels betont, «daß jeder revolutionären Erschütterung ein gesellschaftliches Bedürfnis zugrunde liegen muß, dessen Befriedigung durch überlebte Einrichtungen verhindert wird»[70]. Der politische Zusammenbruch wird durch eine philosophische Revolution eingeleitet[71]. Der Grund sozialer Revolutionen ist für K. Marx ein aufgekommener Gegensatz der materiellen Produktivkräfte der Gesellschaft mit vorhandenen Produktionsverhältnissen. «Aus Entwicklungsformen der Produktivkräfte schlagen diese Verhältnisse in Fesseln derselben um.»[72] Revolutionen sprengen Fesseln der Produktionsverhältnisse, in die sie sich selbst eingebunden haben. Beim «jungen Marx» stehen die sich selbst widersprüchlich gewordenen Produktionsverhältnisse als revolutionsauslösender Motor noch nicht im Vordergrund. Für ihn ist Revolution ein Aufbegehren gegen die auf die Spitze getriebenen Formen ökonomischer Entfremdungsformen. Der «*völlige Verlust* des Menschen [kann] nur durch die völlige Wiedergewinnung des Menschen» aufgehoben werden[73]. «In Deutschland kann *keine* Art der Knechtschaft gebrochen werden, ohne *jede* Art der Knechtschaft zu brechen.»[74] Er endet seine «Einleitung in die Kritik der Hegelschen Rechtsphilosophie» mit dem utopischen Satz: «Wenn alle inneren Bedingungen erfüllt sind, wird der deutsche Auferstehungstag verkündet werden durch das Schmettern des gallischen Hahns.»[75] Doch wäre es falsch, zwischen den beiden Revolutionstheorien einen scharfen Trennungsstrich zu ziehen. Die «Ökonomisierung» der Revolutionstheorie in den späteren Schriften bedeutet nicht eine Enthumanisierung des Anliegens. Man sollte nicht vergessen, daß um die Mitte des 19. Jahrhunderts die Ökonomie eine ähnliche Rolle für die theoretische Entwicklung einer humanisierten Welt spielte wie heutzutage die Soziologie, die Psychologie und die Pädagogik. R. Heiss bemerkt richtig:

> Aus der naiven und strahlenden Utopie (vor Marx) wuchs die zweite Utopie, die der radikalen Revolution. Auch sie ist noch Träger der Hoffnung, sie bewahrt die helle Utopie des Reichs der Freiheit. Aber gleichzeitig zeigt sie ein anderes, aggressives Gesicht. Sie bekennt sich zur «Gewalt als Geburtshelfer der Geschichte». Hat Clausewitz den berühmten Satz geschrieben, nach dem der Krieg die Fortsetzung der Politik mit anderen Mitteln ist, so versteht sich die Revolution als die Fortsetzung der Utopie mit anderen Mitteln.[76]

Doch steht dahinter die Kehre der utopischen Theorie vom Idealismus zum Materialismus. Nicht die *bloße* Veränderung des Bewußtseins allein revolutioniert, wennschon sie die notwendige Voraussetzung der revolutionären Utopie ist, sondern es kommt darauf an, durch kollektives Tätigwerden das gesellschaftliche Sein zu treffen, um es zu verändern[77].

Die Theorie des revolutionären Einsatzes zur Erreichung utopischer Ziele hat manches für, anderes gegen sich. Dagegen steht vor allem der Totalitarismusverdacht. Revolution bedeutet im Regelfall (d.h. solange es antagonistische Klassen gibt) die Ausübungen von Zwängen gegen die herrschende Klasse. Die liberalistische Utopiedenunziation hat hier ihre scheinbare Legitimität. Scheinbar kann die Legitimität, als menschliches Zusammen niemals zwanglos sein. Der radikale Ausbruch aus einer entfremdeten (und deshalb entfremdenden) Situation hat allemal das Recht zum Zwang bis hin zur Anwendung von Gewalt. Niemand hat das Recht, sein Leben und das anderer so einzurichten, daß es in behebbaren Entfremdungen endet. Die entfremdende Situation ist eine ausgesprochene Zwangssituation, gegen die, um sie zu beseitigen, die Verwendung von Zwängen durchaus angebracht sein kann. Die latente Anwendung von Gewalt, wie sie entfremdende soziale und politische Strukturen ausüben, fordert die Anwendung von offener Gewalt an, um sie zu beseitigen. Dummheit verbindet sich mit Heuchelei, wenn man den Zwangs- oder Gewaltcharakter einer entfremdenden Situation – etwa in liberalistischer Manier – leugnen wollte. Die marxistische Revolution ist ethisch dann nicht vom Übel, wenn sie das Prinzip von der Verhältnismäßigkeit der Mittel (nach dem das erzeugte Elend, die angewandten Nötigungen, nicht größer sind als das beseitigte Elend und die überwundenen Nötigungen) beachtet, eine Maxime, die Marx keineswegs außer Kraft gesetzt wissen wollte.
Doch hat die marxsche Theorie der utopisch-sozialen Revolution auch offensichtlich manches für sich: Sie ist Ausfluß einer Theorie des Hoffens, die Hoffen nicht zur Inaktivität deformiert, sondern in Aktion ausmünzt. Hoffen ist aktiv, Hoffen will, wenn es nicht sterben will, handeln. Das hoffende Handeln aber zielt exakt auf ein kollektives Bemühen zur qualitativen Änderung gesellschaftlicher, ökonomischer und politischer

Strukturen. Ökonomische und politische Systeme haben da ihren Sinn und ihre Funktion, wo sie die Welt des Menschen von entfremdenden Situationen befreien, um sie zu humanisieren. Wo sie diesen Auftrag nicht (mehr) erfüllen, sind sie funktions- und sinnlos geworden. Somit ihrer Funktion und ihrem Sinn entfremdet, wirken sie deformierend, entfremdend und müssen überwunden werden.

Eine wichtige Frage bleibt jedoch noch offen, an deren Beantwortung sich die Geister scheiden: Wer stellt fest, daß konkrete soziale, ökonomische oder politische Strukturen funktionslos (d. h. bedeutungslos für den Humanisierungsprozeß) geworden sind? Wer stellt hier die Normen auf, an dem sich der Anspruch der Vermenschlichung messen lassen kann? Wer zeichnet das Bild vom menschlichen Menschen, das einmal sichtbar werden soll? Sollen nicht hier in der Pluralität von Antworten Entscheidungen und Aktionen unmöglich gemacht werden, gilt es eine anthropologische Theorie zu entwickeln, die von allen akzeptiert werden kann. Wir haben weiter oben versucht, hierzu einen Vorschlag einzubringen: Eine soziale... Struktur ist menschlicher, wenn sie den Individuen ein ichgesteuertes Verhalten erlaubt. Damit wäre – prinzipiell – eine Normierung möglich und zu entscheiden, wann eine soziale ... Struktur entfremdend wirkt, unmenschlich geworden ist und beseitigt werden sollte. Zugleich aber ist – und das ist eine Forderung an jede revolutionäre Theorie und Praxis – eine realisierbare soziale... Struktur (zunächst theoretisch) zu konstruieren, die *nachweislich* zur Vermenschlichung beiträgt und entfremdende Einflüsse minimalisiert.

Es sind also folgende Schritte zu gehen:

1. Es ist eine allgemein akzeptable anthropologische Theorie zu entwickeln, die es erlaubt, Entfremdungen festzustellen.

2. Es sind konkrete soziale... Strukturen zu überprüfen, ob sie entfremdet sind und entfremdend wirken.

3. Es sind die Gründe der Entfremdung festzustellen.
4. Es gilt Strategien zu entwickeln, diese Gründe zu beseitigen.
5. Es ist zu prüfen, ob die Anwendung dieser Strategien zu sozialen ... Strukturen führen, in denen die Ursachen der Entfremdung beseitigt sind und keine neue Entfremdungstypen produziert werden.
6. Es ist zu untersuchen, ob die erarbeiteten Strategien dem Prinzip von der Verhältnismäßigkeit der Mittel gehorchen.
7. Es ist zu beweisen, daß die «utopische Struktur» sozial, ökonomisch und politisch zureichend stabil ist und sich gegenüber konkurrierenden Systemen behaupten kann.

Man sollte also die marxistische Analyse und Strategie nicht leicht verteufeln. K. Marx war der Ansicht, exakt wissenschaftlich bewiesen zu haben, daß die kapitalistischen politischen und ökonomischen Strukturen *wesentlich* entfremdend wirken. *Dann* ist die Revolution die konsequente Fortsetzung des Mühens um Humanisierung. Trotz mancherlei Mängel des utopischen Entwurfs des Marxismus, den ich – wie an anderer Stelle gezeigt – für *abstrakt* utopisch halte[78], gibt es bis heute keine zureichend entwickelte Alternative. Die Theorie der Überwindung von ökonomischer oder ökonomisch bedingter Entfremdung ist vom Christentum, dem einzig erheblichen Widerpart des Marxismus, (wegen dessen andersgearteter geistigen Herkunft) nur in Andeutungen entfaltet. Träger des humanisierenden Anliegens fanden sich zudem weniger in der Mitte der sogenannten Orthodoxie denn der Heterodoxie. Das große Hoffen verwalteten im Christentum seine Ketzer.

[1] So E. Bloch in «Das Prinzip Hoffnung», Frankfurt 1959, 1; Doch erklärt Bloch auch: Hoffnung «wird nicht nur als Affekt genommen, als Gegensatz zur Furcht, sondern wesentlicher als Richtungsakt kognitiver Art» (a. a. O. 10).

[2] Owens bemühte sich in der ersten Hälfte des 19. Jahrhunderts um eine Reform der Fabrikgesetzgebung in England und der Armenpflege. In seinem

Unternehmen New Lanark (Schottland) und in der Siedlung New Harmony (Indiana, USA) versuchte er seine sozialreformerischen Ideen zu verwirklichen. Seine 1832 gegründete Labour Exchange wurde zum Vorläufer des englischen Genossenschaftswesens.

[3] Fourier kritisierte das kapitalistische Prinzip der freien Konkurrenz und forderte als erster die Errichtung von Kommunen (Phalanstère = Produktions-, Komsumtions- und Wohngemeinschaften von 300 bis 400 Familien mit relativer wirtschaftlicher Autonomie). Dieser Gedanke wurde im heutigen China mit einigem Erfolg realisiert.

[4] Saint-Simon wollte die soziale Frage durch eine sittlich-religiöse Erneuerung der gesamten industrialisierten Menschheit lösen. Er entwarf das Modell einer klassenlosen Gesellschaft.

[5] Vgl. seine Historizismuskritik in «Das Elend des Historizismus» (Tübingen ²1969) und in «Die offene Gesellschaft und ihre Feinde II» (Bern ²1970). «Der utopische Rationalismus ist selbstzerstörerisch. Einerlei, wie hochherzig seine Ziele sind, er bringt kein Glück, sondern das bekannte Elend, zu einem Leben unter der Tyrannei verurteilt zu sein ... Die utopistische Haltung ist daher der vernünftigen entgegensetzt» (Conjectures and Refutations, London ³1969, 362).

[6] «Versetzen wir uns nicht wie der Nationalökonom, wenn er erklären will, in einen erdichteten Urzustand. Ein solcher Urzustand erklärt nichts. Er schiebt bloß die Frage in eine graue, nebelhafte Ferne. Er unterstellt in der Form der Tatsache, des Ereignisses, was er deduzieren soll, nämlich das notwendige Verhältnis zwischen zwei Dingen, z. B. zwischen Teilung der Arbeit und Austausch. So erklärt die Theologie den Ursprung des Bösen durch den Sündenfall, d. h. er unterstellt ein Faktum, in der Form der Geschichte, was er erklären soll. Wir gehen von einem nationalökonomischen, *gegenwärtigen* Faktum aus» (Ökonomisch-philosphische Manuskripte, MEGA I, 3, 82). Dieser wissenschaftstheoretisch interessante und erhebliche Text wird keineswegs im «Kapital» verleugnet (vgl. MEW 23, 741), sondern bleibt als Interpretationsregel gültig.

[7] Also sprach Zarathustra, Vorrede 5.

[8] Das Prinzip Hoffnung, 1404.

[9] «Ich möchte aber hinzufügen, daß dieser Satz (Wo Hoffnung ist, ist Religion) nicht ohne weiteres umkehrbar ist. Wo Religion ist, ist nicht immer auch Hoffnung, aber wo Hoffnung ist, ist immer auch Religion» (E. Bloch, Hoffen ohne Glauben, in: Glauben – Hoffen – Brüderlichkeit, Frankfurt am Main 1966, 26 a).

[10] Seinen «Sonnenstaat» verfaßte Tommaso Campanella 1602 im Kerker des

Castel dell'Ovo und in der Haft von St. Elmo zunächst in italienischer Sprache (La Città del Sole). 1612 und 1620 arbeitete er den Text aufs neue durch und übersetzte ihn ins Lateinische (Civitas solis). Tobias Adami schmuggelte das Manuskript aus dem Kerker. 1623 wurde es dann in der von Thomas Adami herausgegebenen Realis Philosophiae Epilogisticae Partes IV zum erstenmal gedruckt. Zweifellos kannte Campanella nicht nur die Civitas Dei des Augustinus, sondern auch die Schriften Joachims von Fiore.

[11] Die heilige Familie, c. 6; MEW 2, 85.

[12] Brief an A. Ruge vom September 1843; MEW 1, 346.

[13] Das Prinzip Hoffnung, 1.

[14] a. a. O. 3.

[15] Sein und Zeit, Tübingen [9]1960, 186.

[16] «Die Abkehr des Verfallens gründet vielmehr in der Angst, die ihrerseits Furcht erst möglich macht.» (ibd.)

[17] Nationalökonomie und Philosophie, MEGA I, 3, 117.

[18] Grundlinien der Philosophie des Rechts, in WW 7 (Frankfurt 1970), 28.

[19] E. Bloch, Das Prinzip Hoffnung, 40 f.

[20] Werke VII, 196. A. Camus erläutert dazu: «So wird das Absurde Gott (im weitesten Sinn des Wortes), und das Nichtverstehenkönnen wird das Sein, das alles erleuchtet» (Der Mythos von Sisyphos, Reinbeck 1959, 33).

[21] Werke IV, 238.

[22] A. Camus, Der Mythos von Sisyphos, 52.

[23] «Darüber hinaus haben die Traurigen zwei Gründe für ihre Trauer: Sie leben in Unwissenheit, oder sie hoffen» (a. a. O. 62).

[24] a. a. O. 32.

[25] a. a. O. 77.

[26] a. a. O. 101.

[27] a. a. O. 50.

[28] J.-P. Sartre, Die Fliegen, 2. Akt, 2. Bild, 5. Szene (Jean-Paul Sartre, Dramen I, Hamburg 1949, 48).

[29] ibd.

[30] a. a. O. 3. Akt, 2. Szene (p. 60–62).

[31] J. W. von Goethe, Prometheus, 3. Akt.

[31] J.-P. Sartre, Die Fliegen, 3. Akt, 4. Szene (p. 63).

[32] Fr. Engels, Antidühring: «Freiheit besteht ... in der, auf Erkenntnis der Naturnotwendigkeiten gegründeten Herrschaft über uns selbst und die äußere Natur; sie ist damit notwendig ein Produkt der geschichtlichen Entwicklung. Die ersten, sich vom Tierreich sondernden Menschen waren in allem Wesentlichen so unfrei wie die Tiere selbst; aber jeder Fortschritt in der Kul-

tur war ein Schritt zur Freiheit ... Nicht in der geträumten Unabhängigkeit von den Naturgesetzen liegt die Freiheit, sondern in der Erkenntnis dieser Gesetze, und in der damit gegebenen Möglichkeit, sie planmäßig zu bestimmten Zwecken wirken zu lassen» (MEW 20, 106). Und Lenin kommentiert dazu: «Die Notwendigkeit verschwindet nicht, indem sie Freiheit wird» (WW 38, 153).
Darüber hinaus und in Modifikation der Engelsschen Freiheitslehre sei festgehalten, daß Freiheit nur da und dann erlebt, erfahren werden kann, wo auch Einsicht in Notwendigkeiten erfahren wird. Eine Freiheit, die nichts um Zwänge weiß, ist und bleibt abstrakt. Zudem ist Freiheit – wie Engels richtig bemerkt – immer an Zwänge gebunden: «Freiheit des Willens heißt ... nichts anderes als die Fähigkeit, mit Sachkenntnis entscheiden zu können. Je *freier* also das Urteil eines Menschen ... ist, mit desto größerer *Notwendigkeit* wird der Inhalt dieses Urteils bestimmt sein.» (Antidühring, in: MEW 20, 106).

[33] Nekrassow, 1. Bild, 2. Szene, in Dramen II, 184.

[34] Mit K. Marx bestimmen wir «gesellschaftliches Verhältnis» als «das Zusammenwirken mehrer Individuen, gleichviel unter welchen Bedingungen, auf welche Weise und zu welchem Zweck» (Deutsche Ideologie I, in: MEW 3, 29 f.).

[35] Man erinnere sich etwa des wirtschaftlichen und sozialen Reformprogramms der CDU der britischen Besatzungszone vom 3. Februar 1947 («Ahlener Programm»). In der Ablehnung aller kapitalistischen Wirtschaftssysteme wird die «Stärkung der wirtschaftlichen Stellung und Freiheit des Einzelnen, Verhinderung der Zusammenballung wirtschaftlicher Kräfte in Hand von Einzelpersonen, von Gesellschaften, privaten oder öffentlichen Organisationen, durch die die wirtschaftliche oder politische Freiheit gefährdet werden könnte» gefordert. Als Strategien, dies zu erreichen, werden genannt:
– Konzernentflechtung, Kartellgesetze,
– Beteiligung von öffentlichen Körperschaften, Genossenschaften und Gewerkschaften an größeren Unternehmen,
– Beschränkung des Aktienbesitzes an Aktien solcher Unternehmen,
– Vergesellschaftung des Bergbaus und der eisenschaffenden Industrie,
– Mitbestimmung der Arbeiter an Fragen wirtschaftlicher Planung und sozialer Umgestaltung der Betriebe.
(Vgl. W. Mommsen [Hrsg.], Deutsche Parteiprogramme, München ²1964.) Mit diesem utopischen Programm zog die CDU in die Wahl vom 14. August 1949 und wurde stärkste Partei. Von all den Versprechungen hat sie bislang kaum ein einziges eingelöst.

[36] Der *Totemismus* (mit seinen sozialen und ökonomischen Folgen) ist auch

heute noch verbreitet. Er ist der religiöse Grund aller australischen Stämme (das Totem und der Mensch haben einen gemeinsamen mythischen Stammvater, und beide sind schicksalhaft miteinander verbunden), der Alt-Indonesier, der nordamerikanischen Indianer, der meisten nordostafrikanischen Völkerschaften, vieler ostafrikanischer Stämme, der Bewohner des Sudan, der Herero, mancher Bantustämme, vieler Ureinwohner Neuguineas, der mikronesischen Inseln, der melanesischen Inselwelt, Vorderindiens, der zentralafrikanischen Pygmäen ... Der *Fetischismus* hat seine klassische Heimat in Westafrika. Nach Charles de Brosse ist der Fetischismus die Urform aller Religion.

[37] Vgl. R. Lay, Die Entwicklung des Menschen II, Entwicklung der Gestalt und des Verhaltens, Aschaffenburg 1970, 51.

[38] Zur Psychopathologie des Alltagslebens, Frankfurt 1954, 217. Freud interpretiert jedoch auch diese Frühform des Religiösen als entfremdet. Er fährt fort: «Die Zufälligkeiten, die sie abergläubisch deuteten, waren also Handlungen, Äußerungen von Personen, und sie haben sich demnach genauso benommen wie die Paranoiker, welche aus den unscheinbaren Anzeichen, die ihnen andere geben, Schlüsse ziehen ... Der Aberglaube erscheint nur so deplaziert in unserer modernen, naturwissenschaftlichen, aber doch keineswegs abgerundeten Weltanschauung; in der Weltanschauung vorwissenschaftlicher Zeiten war er berechtigt und konsequent.»
Die Projektionstheorie wurde ebenfalls, wenn auch aus anderen Gründen, von L. Feuerbach vertreten: Der Mensch entwirft das Große, das er in sich als seinsollend, aber nicht realisiert, erfährt ins Ichaußen und verehrt es als Gott.
Insofern Projektionen als Realitäten verstanden werden, entfremden sie nötigend Bewußtsein.

[39] 6. These gegen Feuerbach, in: MEW 3, 6.

[40] J. Israel, Der Begriff Entfremdung, Hamburg 1972, 78.

[41] «Der Arbeiter wird eine um so wohlfeilere Ware, je mehr Waren er schafft. Mit der *Verwertung* der Sachenwelt nimmt die *Entwertung* der Menschenwelt in direktem Verhältnis zu. Die Arbeit produziert nicht nur Waren; sie produziert sich selbst und den Arbeiter als eine *Ware,* und zwar in dem Verhältnis, in welchem sie überhaupt Waren produziert. – Dieses Faktum drückt nichts aus als: Der Gegenstand, den die Arbeit produziert, ihr Produkt, tritt als ein *fremdes Wesen,* als eine von dem Produzenten *unabhängige Macht* gegenüber. Das Produkt der Arbeit ist die Arbeit, die sich in einem Gegenstande fixiert, sachlich gemacht hat, es ist die *Vergegenständlichung* der Arbeit. Die Verwirklichung der Arbeit erscheint in dem nationalökonomischen Zustand [des Kapitalismus] als Entwirklichung des Arbeiters, die Vergegenständlichung als Verlust und *Knechtschaft des Gegenstandes,* die Aneignung als *Entfremdung,* als

Entäußerung» (Ökonomisch-philosophische Manuskripte, in MEGA I, 3, 82 f.).

«Indem die entfremdete Arbeit dem Menschen 1) die Natur entfremdet, 2) sich selbst, seine eigene Funktion, seine Lebenstätigkeit, so entfremdet sie dem Menschen die *Gattung;* sie macht ihm das *Gattungsleben* zum Mittel des individuellen Lebens. Erstens entfremdet sie das Gattungsleben und das individuelle Leben, und zweitens macht sie das letztere in seiner Abstraktion zum Zweck des ersteren, ebenfalls in seiner abstrakten und entfremdeten Form» (a. a. O. 87).

«Eine unmittelbare Konsequenz davon, daß der Mensch dem Produkt seiner Arbeit, seiner Lebenstätigkeit, seinem Gattungswesen entfremdet ist, ist die *Entfremdung des Menschen* von dem *Menschen.* Wenn der Mensch sich selbst gegenübersteht [sich selbst zum Gegenstand geworden ist], so steht ihm der andere Mensch gegenüber.» (a. a. O. 89).

[42] Vgl. J. Israel, Der Begriff Entfremdung, 56.

[43] Ökonomisch-philosophische Manuskripte, in MEGA I, 3, 88.

[44] a. a. O. 52.

[45] «Statt einer Teilung der Arbeit, die in dem Austausch von Tauschwerten sich notwendig erzeugt, fände eine Organisation der Arbeit statt, die den Anteil des Einzelnen an der gemeinschaftlichen Konsumtion zur Folge hat. In dem ersten Fall wird der gesellschaftliche Charakter der Produktion erst durch die Erhebung der Produkte zu Tauschwerten und den Tausch dieser Tauschwerte post festum *gesetzt.* Im zweiten Fall ist der *gesellschaftliche Charakter der Produktion* vorausgesetzt und die Teilnahme an der Produktenwelt, die Konsumtion, ist nicht durch den Austausch voneinander unabhängiger Arbeiten oder Arbeitsprodukte vermittelt. Er ist vermittelt durch die gesellschaftlichen Produktionsbedinungen, innerhalb deren das Individuum tätig ist.» (Grundrisse der Kritik der politischen Ökonomie, Moskau 1939, 89).

«Die Teilung der Arbeit ist der nationalökonomische Ausdruck von der *Gesellschaftlichkeit der Arbeit* innerhalb der Entfremdung. Oder, da die *Arbeit* nichts anderes [ist] als das *entfremdete, entäußerte* Setzen der menschlichen Tätigkeit als einer realen Gattungstätigkeit oder als Tätigkeit des Menschen als Gattungswesen» (Ökonomisch-philosophische Manuskripte, in: MEGA I, 3, 139).

[46] Vgl. Grundrisse der Kritik der politischen Ökonomie, 35–148 passim. «Die Aufhebung der Selbstentfremdung macht denselben Weg wie die Selbstentfremdung ... Der Kommunismus ... ist der positive *Ausdruck* des aufgehobenen Privateigentums». (Ökonomisch-philosophische Manuskripte, in MEGA I, 3, 111) – «Der Kommunismus als positive Aufhebung des Privateigentums

als menschliche Selbstentfremdung und damit als wirkliche Aneignung des menschlichen Wesens durch und für den Menschen ...» (a. a. O. 114).

[47] Das Kapital I, c. 24, 7, in: MEW 23, 789–791; a. a. O. c. 13, 4, in MEW 23, 511 f. Grundrisse der Kritik der politischen Ökonomie, 592 f., 600, 634–637.

[48] Ökonomisch-philosophische Manuskripte, in MEGA I, 3, 85 f.

[49] W. Shakespeare, Richard III., 1. Akt, 2. Szene (ed. by B. Hodek, London o. J., 565 a). Vgl. auch die Bemerkung Antonios im «Sturm»:
Was geht Euch für große Hoffnung auf!
Hier ohne Hoffnung, ist auf andere Art so hohe Hoffnung, daß
Der Blick der Ehrsucht selbst nicht jenseits dringt,
Und was er dort entdeckt, bezweifeln muß.» (2. Akt, 1. Szene)

[50] Ökonomisch-philosophische Manuskripte, in: MEGA I, 3, 112.

[51] K. J. Heinisch (Hrsg.), Der utopische Staat, Hamburg 1960, 44 (vgl. Libellus ... de optimo rei publicae statu deque nova Insula Utopia authore ... Thoma Moro ..., Lovaniense 1516, e 1 v).

[52] a. a. O. 136 f.

[53] a. a. O. 123.

[54] H. Swoboda (Hrsg.), Der Traum vom besten Staat, München 1972, 150.

[55] a. a. O. 193

[56] a. a. O. 219.

[57] a. a. O. 227 f.

[58] a. a. O. 280.

[59] Manifest der Kommunistischen Partei III, 3, in: MEW 4, 491.

[60] a. a. O., Vorwort, in: MEW 4, 461.

[61] Wir verwenden den Term «Antiutopie» im folgenden Sinn: Einmal meint das Wort, utopische Inhalte, die das Fürchten lehren (vgl. Seite 21), zum andern die Negation des Utopischen, das Unutopische. Das Wort «Antiutopie» ist sprachlich schlecht, hat sich jedoch eingebürgert. «Der Gegensatz zur Utopie ist die Topie (so zum Beispiel richtig gesehen von Gustav Landauer); Dystopie und Katatopie hingegen sind der sprachliche Gegensatz zur Eutopie. Man mag allerdings sagen, die klassische Utopie sei eben fast immer auch eine Eutopie gewesen und insofern träfe ‹Dystopie› und ‹Kakatopie› doch das Gemeinte.» (H. Swoboda, Der Traum vom besten Staat, 345). Bleiben wir doch gegen alle semantischen Bedenken bei der üblicheren Terminologie.

[62] Leszek Kolakowski, Der Mensch ohne Alternative, München 1960, 276.

[63] Aldous Huxley, Schöne neue Welt, Frankfurt 1953, 202.

[64] Ein religiös verbrämter konservativer Antiutopismus verbirgt sich mitunter hinter der Maske eines verdrehten «eschatologischen Vorbehalts». Während das Wort zunächst und ursprünglich meint, daß die Grundorientierung (vor

allem die sittliche, aber auch die religiöse und theologische) durch den Blick auf die Wiederkunft Christi bestimmt wird, verdrehen manche Antiutopisten im christlichen Lager den Sinn des Wortes in sein gerades Gegenteil: Der Mensch habe seine Grundorientierung so einzustellen, *als ob* die Ankunft Christi irrelevant sei. Damit wird das paulinische «als ... nicht» (vgl. Seite 54) in sein Gegenteil pervertiert. Auch hat die Verurteilung der Apokatastasislehre, nach der die gesamte Schöpfung in einen Zustand vollkommener Glückseligkeit versetzt werde, durch das kirchliche Lehramt (D 409, 411, 801) dazu beigetragen, daß durch lange Jahrhunderte der Glaubensgeschichte im Christentum die Erwartung auf die Wiederkunft Christi ungut mit Katastrophenvorstellungen vermischt wurde.

[65] Studien und Skizzen zu einer Naturlehre des Staates (1833), Frankfurt 1948.

[66] Zur Kritik der Hegelschen Rechtsphilosophie, in MEW 1, 385. Der junge Marx versteht seinen «kritischen Materialismus» noch sehr weit. Die Theorie ist materielle Gewalt, von der gilt: «Die Waffe der Kritik kann ... die Kritik der Waffen nicht ersetzen, die materielle Gewalt muß gestürzt werden durch materielle Gewalt ...» (a. a. O.).

[67] Ein marxistischer Schelling – Zu Ernst Blochs spekulativem Materialismus, in: Theorie und Praxis, Neuwied und Berlin [3]1969, 339.

[68] Die Gesellschaftslehre des sowjetischen Marxismus, Neuwied und Berlin [2]1969, 207.

[69] Deutsche Ideologie, in: MEW 3, 42.

[70] Deutschland am Vorabend der Revolution, in: MEW 8, 5.

[71] Ludwig Feuerbach und der Ausgang der klassischen deutschen Philosophie, in: MEW 21, 265.

[72] Vorwort zur Kritik der politischen Ökonomie, in: MEW 13, 9.

[73] Zur Kritik der Hegelschen Rechtsphilosophie (Einleitung), in: MEW 1, 390.

[74] a. a. O. 391.

[75] ibd.

[76] Utopie und Revolution, München 1973, 153.

[77] «Es wird nicht ausgegangen von dem, was die Menschen sagen, sich einbilden, sich vorstellen, auch nicht von den gesagten, gedachten, eingebildeten, vorgestellten Menschen, um davon aus bei den leibhaftigen Menschen anzukommen; es wird von den wirklich tätigen Menschen ausgegangen und aus ihrem wirklichen Lebensprozeß auch die Entwicklung der ideologischen Reflexe und Echos dieses Lebensprozesses dargestellt ... Nicht das Bewußtsein bestimmt das Leben, sondern das Leben das Bewußtsein.» (Deutsche Ideologie, in: MEW 3, 26 f.).

«Es ist nicht das Bewußtsein der Menschen, das ihr Sein, sondern umgekehrt ihr gesellschaftliches Sein, das ihr Bewußtsein bestimmt.» (Vorwort zur Kritik der politischen Ökonomie, in: MEW 13, 9).
Im Gegensatz zum zitierten Text der Deutschen Ideologie ist es nun nicht mehr das Leben, sondern das gesellschaftliche Sein, das das Bewußtsein bestimmt. Wie diese Bestimmung vor sich geht, beschreiben die folgenden Sätze: «In der Betrachtung solcher Umwälzungen muß man stets unterscheiden zwischen der materiell naturwissenschaftlich treu zu konstatierenden Umwälzung in den ökonomischen Produktionsbedingungen und den juristischen, politischen, religiösen, künstlerischen oder philosophischen, kurz ideologischen Formen, worin sich die Menschen dieses Konflikts bewußt werden und ihn ausfechten. Sowenig man das, was ein Individuum ist, nach dem beurteidenen Konflikt zwischen gesellschaftlichen Produktivkräften und Produktionsverhältnissen erklären.»
Diese Erläuterung zur Grundthese des gesellschaftskritischen Materialismus zeigt, daß keineswegs der alte Satz, nachdem zunächst Bewußtsein verändert werden muß, damit sich revolutionäres Bewußtsein klassenkämpferisch-revolutionär ausdrückt und zur Handlung bringt, geleugnet wird. Das unter [71] genannte Engelszitat bleibt ebenso richtig wie die Notiz Marxens in seiner Kritik der Hegelschen Rechtsphilosophie: «Selbst historisch hat die theoretische Emanzipation eine spezifisch praktische Bedeutung für Deutschland. Deutschlands *revolutionäre* Vergangenheit ist nämlich theoretisch, es ist die *Reformation.* Wie damals der *Mönch,* so ist es jetzt der *Philosoph,* in dessen Hirn die Revolution beginnt» (MEW 1, 385).

[78] Zukunft ohne Religion?, Olten 1970, 161–163.

Exkurs

Grundzüge einer Strukturpsychologie

Im vorhergehenden Beitrag wurden verschiedentlich psychologische Termini verwandt, die einer Definition bedürfen. Da es sich ausschließlich um *Erklärungsbegriffe* (und nicht um Beobachtungsbegriffe, deren Inhaltsmomente ausschließlich empirischer Art sind) handelt, können sie nur zureichend im Zusammenhang der Theorie bestimmt werden, in der sie auftauchen. Die hier in ihrem Sprachspiel vorgestellte Theorie soll die verschiedenartigen Gründe von Handlungsmotivationen des Menschen erklären. Dabei sind die Gründe in ihrem funktionalen Zusammen darzustellen. Als Sprachspiel wählen wir das einer Strukturpsychologie, d. h. einer Psychologie, die theoretisch annimmt (und so Handlungsmotivationen erklärt), daß der Motivationsgrund strukturiert ist. Zu beachten ist ferner, daß die Erklärungsbegriffe einer Theorie nicht unabhängig voneinander bestimmt werden können. Es handelt sich um Synsemantica (nicht das einzelne Wort bezeichnet einen realen Gegenstand, sondern das gesamte theoretische System, das es mitkonstituiert, steht – über die Erklärung – in semantischer Bezeichnungsrelation mit einem realen Sachverhalt). Wir bestimmen:

1. *Psyche* bezeichnet den strukturierten Grund aller menschlicher Handlungsmotivationen.

2. Die wichtigsten *Strukturelemente* der Psyche sind Es, Über-Ich (Man), Ich.

21. *Es* bezeichnet die unbewußten endogen mitbestimmten Triebhandlungsmotivationen.

211. Das Es stellt endogen Triebenergie für die beiden Urtriebe, Libido und Destrudo, bereit.

2111. *Libido* ist der Trieb, sich selbst zu verwirklichen.

2112. *Destrudo* ist der Trieb, sich selbst nicht zu verwirklichen.

212. Im Regelfall sind konkrete Triebhandlungsmotivationen mit einer Verschränkung von Libido und Destrudo besetzt.

2121. Im Regelfall kommt es zu konkreten Handlungsmotivationen nur, wenn ein *Triebziel* real oder ideal vorgestellt wird.

2122. Von der Art des Triebzieles hängt es mit ab, wie und wozu die sozial-beziehenden *Primärtriebe,* Sexualität oder Aggressivität, motivieren.

21221. *Sexualität* ist der Primärtrieb, der die Nähe zum Triebobjekt intendiert; *Aggressivität* der Primärtrieb, der die Distanz zum Triebobjekt intendiert.

21222. Von der emotionalen Vorbesetzung (vorwiegend libidinös oder destruktiv) des *Triebobjekts* (das Objekt, auf das sich die Triebhandlung richtet; mitunter auch die Triebhandlung selbst) hängt es ab, ob ein Primärtrieb vorwiegend zur Selbstverwirklichung drängt oder nicht (daneben ist auch das Angebot an libidinöser oder destruktiver Triebenergie entscheidend; dieses Angebot zieht den Rahmen für die mögliche exogene Modifikation).

21223. Von der Art des Triebobjekts hängt es ab, ob zu sexuellen oder aggressiven Handlungen motiviert wird.

21224. Fehlt ein Triebobjekt (im engeren Sinne) wird entweder ein Ersatzobjekt (die Triebhandlung selbst oder ein Objekt anderer Art) gesucht, oder aber es kommt zu Frustrationen. Im letzten Fall wird zumeist über exogene-endogene Rückkoppelungsmechanismen der Destrudoanteil im Bereich der Urtriebe vermehrt.

21225. Wird das Triebobjekt (oder die Triebhandlung) nicht

akzeptiert, kommt es zu Modifizierungen der Motivationen, die sich als *Sublimation* darstellen können. Der wichtigste Sublimationstyp der Sexualität ist Produktivität (künstlerische, wissenschaftliche...), der der Aggressivität Gegneraggressivität (bei vorwiegend libidobesetztem Triebziel).

22. *Über-Ich* bezeichnet internalisierte Handlungsmotivationen, die durch die soziale Umwelt induziert wurden. Der Internalisierung geht die Erfahrung voraus, daß es motivierte Handlungen belohnt oder bestraft, daß sie Aufstieg oder Abstieg in der Gruppe zur Folge haben, denen das Individuum angehört oder angehören möchte.

221. Die *Imperative* des Über-Ich formulieren sich in der anonymen Form des Man («Das tut man», «Das tut man nicht»).

2211. Sie werden zumeist als «innere Stimme beschrieben.

2212. Mit Gewissen als sittlicher Instanz haben sie nichts zu tun.

222. Das Über-Ich reguliert die Es-Antriebe sozialkonform und fordert zu sozialkonformen Verhalten und Handeln an.

2221. Wird das Über-Ich überwertig gegenüber Es-Antrieben, kann es, beim Fehlen von Ersatzhandlungen oder Ersatzobjekten (21224) zu habitueller Frustration kommen (21223). In diesem Fall sind destrudoorientierte Motivationen, die sich auf das Individuum selbst (als Objektersatz) richten, nicht selten. (Hier hat der «Todestrieb» S. Freuds seinen Ort, ein Trieb, der die soziale, psychische oder physische Destruktion seines Objekts anstrebt.)

2222. Gelingt die Internalisierung der sozialen Gebote oder Verbote nicht, kann es zur sozialen Desorientierung und Unsicherheit kommen. Nicht selten sind auch Sozialisationsschwierigkeiten (bis hin zur Unfähigkeit, Techniken zu Behebung von Es-Überich-Konflikten zu entwickeln und zu lernen [durch Proben oder Nachahmen] oder dauernde soziale Bindungen einzugehen) zu beobachten. Störungen dieser Art sind lernpsychologisch (über Konditionierungsverfahren) nicht selten behebbar, während habituelle Fehlorientierungen (d. h. gesellschaftlich nicht akzeptierte Orientierungen) der Es-Motivierungen, die in nicht akzeptierten Triebzielen oder Triebobjekten manifest werden können, analytisch behandelt werden müssen. Ähnliches gilt auch, wenn die Über-Ich-Bildung durch solche Fehlorientierungen gestört ist.

23. *Ich* bezeichnet bewußt aufgebaute Motivationsgründe, die es dem Individuum erlauben, sich kritisch mit Handlungsanforderungen aus Es, Über-Ich und Selbst-Außen auseinandersetzen zu können.

231. Das Ich wird zumeist normiert durch die Beantwortung der Frage nach dem Lebenssinn des Individuum.

2311. Die Antwort darf weder objektivistisch (für alle Menschen gleichartig, oder doch für alle Menschen einer Gruppe gleichlautend) noch subjektivistisch (in barer Beliebigkeit) gegeben werden. Sie muß objektiv (an den Realitäten des konkreten Selbst und Selbstaußen eines Individuums) «formuliert» werden. Diese Formulierung geschieht zumeist implizit. «Die Lösung des Problems des Lebens merkt man am Verschwinden dieses Problems. (Ist nicht dies der Grund, warum Menschen, denen der Sinn des Lebens nach langem Zweifeln klar wurde, warum diese dann nicht sagen können, worin dieser Sinn bestand.)» (L. Wittgenstein, Tractatus logico-philosophicus, 6.521.)

2312. Die Sinnantwort wurde zureichend objektiv (richtig)

gegeben, wenn das Handeln gemäß der Antwort nicht zu destruktiven Individual- oder Sozialkonflikten führt.

2313. Wurde die Antwort nicht oder falsch gegeben, kann es zu erheblichen Fehlorientierungen (Desorientierungen) kommen, die nicht selten nur durch eine Heilanalyse zu beheben sind. Zweck der Analyse muß es sein, eine objektive Sinnantwort zu ermöglichen und sie zu evozieren.

232. Das «Ichideal» ist Inhalt des Über-Ich. Es liefert keine zureichenden Normierungen für Ichmotivationen.

233. Ein stark ausgebildetes Ich (die Ausbildung geschieht durch häufigen Rückbezug von Handlungsanforderungen auf die Sinnantwort) kann Es-Über-Ich-Konflikte mindern. Ich-Über-Ich-Konflikte führen, wenn sie zugunsten von Ichmotivationen entschieden werden, zu «Schuldgefühlen» (vor allem bei schwach ausgeprägter Ichstruktur). Diese Schuldgefühle müssen durch Verbalisierung und Rationalisierung behoben werden.

234. Während Es- und Über-Ich-Motivationen bei allen sozial lebenden höheren Lebewesen auszumachen sind, ist die Ichmotivation typisch menschlich.

235. «Gewissen» im ethischen Sinn ist Ich-Gehorsam.

236. Überstarke Autoritätsstrukturen im Überich («Gott») machen die Ichfindung und Ichbildung nahezu unmöglich.

2361. Theismus und Atheismus hängen vom Inhalt der Sinnantwort ab (nicht aber von einer «theistischen» oder «atheistischen» Orientierung des Über-Ich).

2362. Vor der Sinnantwort sind die wesentlichen Inhalte des Über-Ich zu prüfen (insofern sie bewußt werden). Fällt die Prüfung positiv aus, sind die geprüften Inhalte ins Ich zu integrieren.

II Der Glaube der Ketzer

Ein solch düstrer Himmel
kann sich nur erhellen durch den Sturm.
Shakespeare

So wollen wir denn vom Glauben der Ketzer sprechen. Er verwahrte und verwahrt den prophetischen Anruf von der Ablösung von den Bindungen an eine Welt, die in ihrer Gegenwärtigkeit ungut ist. Er hütet das Feuer der Befreiung an der Peripherie ihres Glaubens.

Von dieser «schlechten Welt» (der Welt der Gegenwart) berichtet schon der Verfasser des Johannesevangeliums und des 1. Johannesbriefes: Im Abschiedsgebet spricht Jesus: «Ich habe ihnen [den Jüngern Jesu] dein Wort gegeben, und die Welt hat sie gehaßt, weil sie nicht nur zur Welt gehören, wie auch ich nicht dieser Welt gehöre» (Joh 17,14). «Habt nicht lieb die Welt, auch nicht das, was von dieser Welt ist. Wenn jemand diese Welt liebt, ist die Liebe des Vaters nicht mit ihm» (1 Joh 2,15). «Diese Welt» will also überwunden werden, wer sich mit ihr gemein macht, hat nichts mit Gott gemein. Sicher haben manche Christen der Frühzeit diese Sätze als Aufforderung zur Weltflucht verstanden, aber die christliche Tradition liest diese Sätze prophetisch: als Aufforderung, *dieser* Welt nicht zu verfallen und sie durch eigenes Mühen in eine andere zu wandeln. Diese andere Welt nannte Jesus «Gottesreich».

Unser Beitrag will um Verständnis für das prophetische und kritische Anliegen der Ketzer werben, ohne daß der Verfasser mit allem, was da zu berichten sein wird, einverstanden ist. Doch die

Kritik an den Ketzern soll hier zurücktreten – es steht mir schlecht an, Menschen zu verurteilen, die ihre Religion so sehr liebten, daß sie sich – wenn auch mitunter übertreibend, manchmal irrend – bis zur Selbstaufgabe für das utopische Anliegen ihrer Religiosität einsetzten. Vor solchem Engagement muß jede vorschnelle Kritik nörgelnd wirken.

In einem ersten Teil sei der Glaube der Ketzer eher systematisch, im zweiten am Beispiel drei der bekanntesten von ihnen – Joachim von Fiore, Jan Hus, Thomas Müntzer – eher historisch-exemplarisch vorgestellt. Ich habe diese drei Männer und ihr Mühen ausgewählt, weil sie Gott und seine Botschaft in Jesus Christus über alles liebten – mehr als ihr Leben. Es war ihre Liebe zum Evangelium, die sie zu Kritikern an der Kirche machten, die – ihrer Ansicht nach – das Evangelium verraten und die Welt des Menschen unmenschlich gemacht habe. Bei ihnen liegt eine Tradition verwahrt, die auch im Marxismus zum Wort kommt, wenngleich es auch falsch wäre, K. Marx zu den christlichen Ketzern zu rechnen. Ketzer war er allemal, aber er liebte nicht Gott, er lebte nicht seine Lehre, er kritisierte nicht religiös, sondern ökonomisch. Dennoch werden wir in vielem dem Erbe der Propheten und Ketzer (meist waren die Propheten Ketzer) bei Marx aufgehoben finden, wenn auch profanisiert. Heute verwahrt der theoretische Marxismus das Erbe der «schlechten Welt», der großen Utopie, der Befreiung. Daher werden wir gelegentlich auch K. Marx sprechen lassen.

Sorglich gilt es zu scheiden zwischen Anders-Glauben und Anderes glauben als das, was die etablierten christlichen Großkirchen glauben. Beides meint «Heterodoxie», Ketzertum, doch das eine geschieht im Raum der Kirchen, wenn auch am Rande der Orthodoxie, das andere außerhalb. Beide Formen der Heterodoxie sind ein – oft fruchtbarer – Stachel im Fleisch der Kirchen, zugleich ihr Gewissen. Die Ketzer tragen das prophetisch-utopische Erbe hinein in unsere Zeit. Sie rufen auch uns noch auf zum Hoffen, wo es gestorben ist inmitten der Kirchen, die sich mit den Sorgen um das Gegenwärtig und mit «dieser Welt» gemein machten und machen. Das Prophetische war allemal den Ketzern überantwortet – und sie verwalteten es mit ihrem Leben. Das begann schon im Raum jüdischer Religiosität. Manch christlicher Ketzer steht in ihrer Tradition, übernahm ihre Funktion. Das Prophetisch-Utopische läßt sich nicht etablieren und organisieren, und so ist es der Feind aller etablierten und organisierten Religiosität.

1. Die jüdisch-prophetische Utopie

Wir wollen hier die Lehre einiger weniger der «Schriftpropheten» des Judentums vorstellen, um bei ihnen etwas vom Wesen religiöser Prophetie und Utopie kennenzulernen.

a) Der Vieh- und Maulbeerfeigenzüchter *Amos* (800–750) aus der Gegend von Thekoa rügte im jüdischen Nordreich, während einer der kurzen Friedensperioden (6,13), Wohlstand (5,11) und zahlreiche soziale Mängel:

Höret dieses Wort
Ihr üppigen Fürsten auf dem Berg Samaria.
Die ihr die Armen unterdrückt,
Die Kleinen vergewaltigt ...
Bei seiner Heiligkeit hat der allmächtige Gott es geschworen:
Siehe, es werden Tage über euch kommen,
Da man euch fortschleppt mit Haken,
Mit Fischerangeln euren letzten Rest. (4,1–2)

In Wermut verkehrt ihr das Recht und tretet mit Füßen die Gerechtigkeit.
Er, der das Siebengestirn schuf und den Orion ...
Er läßt Verderben über die Starken kommen, Verwüstung hereinbrechen über die Feste. (5,7–9)

Siehe, es werden Tage kommen, spricht der Herr, da reiht sich an den Schnitter der Pflüger, an den Sämann der Traubenkelterer ...

Dann will ich wenden Israels, meines Volkes, Geschick:
Sie werden aufbauen die verwüsteten Städte und darin wohnen …
Ich werde sie einpflanzen in ihr Land, daß sie nicht mehr ausgerissen werden aus ihrem Land, das ich ihnen gegeben. (9,13–15)

In diesen Sätzen erkennen wir deutlich das prophetisch-utopische Schema: Fluch den etablierten religiösen und politischen Strukturen und ihren Trägern. Amos sollte seine prophetische Mahnung übel bekommen: Er wurde des Landes verwiesen: «Amasias, der Priester von Bethel, sandte zu Jeroboam, dem König von Israel, und ließ ihm sagen: ‹Amos stiftet Aufruhr wider dich im Hause Israel. Das Land kann seine Reden nicht mehr ertragen› … Und Amasias sprach zu Amos: ‹Seher, geh, mach dich fort ins Land Juda›.» (7, 10.12)

b) *Hosea* (790–720), der einzige Prophet aus dem Nordreich, war ein Zeitgenosse des Amos. Er erlebte die blutigen Thronstreitigkeiten und Revolutionen, die nach Jerobeams Tod das Nordreich erschütterten und endlich seinen Untergang, die Eroberung durch die Assyrerkönige Salmanassar und Sargon, vorbereiteten, die mit der Aussiedlung des Volkes nach Assur, 722, endeten.

In ihrer Bosheit salben sie Könige, in ihrem treulosen Treiben Fürsten. Allsamt sind sie falsche Gesellen.
Sie gleichen einem geheizten Ofen. – Der Bäcker hört auf mit dem Heizen vom Kneten des Teigs bis zur Gärung.
Am Fest unseres Königs glühen die Fürsten vom Wein. Er tauscht mit den Spöttern den Handschlag …
Die ganze Nacht schläft der Bäcker –; am Morgen glüht auf der Ofen wie loderndes Feuer.
Sie alle glühn wie ein Ofen und zehren auf ihre Herrscher.
All ihre Könige werden gestürzt. (7,3–7)

Es kommen die Tage der Strafe. Es kommen die Tage der Rache. Israel, merk es dir!
«Der Prophet ist ein Narr, verrückt ist der Geistesmann» – weil deine Bosheit so groß, deine Feindschaft so heftig. (9,7)

Drum siehe, ich will sie locken.
In die Wüste sie führen.
Zu Herzen ihr reden.
Ihre Weinberge schenk' ich ihr abermals.
Das Tal der Trübsal mach' ich zur Pforte der Hoffnung.
Dann wird sie mich wieder lieben wie zur Zeit ihrer Jugend,
Als sie aus Ägypten heraufzog ...
Bogen, Schwert und Kriegsgerät will ich von der Erde vertilgen
Und in Frieden sie wohnen lassen ...
Dann werden sie mir einsäen im Lande
Und Gnade schenken, dem der unbegnadigt
Und zum Nichtmeinvolk sprechen: «Mein Volk bist du».
Und es wird sagen: «Mein Gott!» (2,14 f.18.23 f.)

Hosea scheint es besser ergangen zu sein als Amos. Er kritisierte weniger soziale Strukturen denn den Abfall des Volkes von Gott. Das kann man, solange die Aufforderung zur Rückkehr rein religiös bleibt, tolerieren.

c) *Jesaja* (Jeschajahu) (765–699), ein Zeitgenosse des Amos, des Hosea und des Micha, lebte in Jerusalem. Eng war er dem Königshause verbunden.

Wie ward zur Dirne die treue Stadt, die voll war des Rechts!
Einst wohnte Gerechtigkeit drin, jetzt aber – Mörder ...
Aufrührer sind deine Fürsten, Genossen der Diebe.
Bestechung lieben sie alle und jagen dem Gelde nach.
Sie schaffen der Waise kein Recht, vor sie kommt nicht der Rechtsstreit der Witwe.
Drum spricht der Allmächtige, der Heerscharen Herr, Israels starker Gott:
«Meine Hand will ich wider dich kehren!
Läutern will ich wie Laugensalz deine Schlacken, ausscheiden all dein Blei.» (1,21–25)

Weh, die ihr Haus reiht an Haus. Feld fügt an Feld, bis kein Raum mehr ist und ihr die alleinigen Grundherren geworden im Land.
In meinen Ohren klingt des Herrn der Heerscharen Wort: «Wahrlich, viele Häuser sollen veröden. So groß und so schön sie sind: Menschenleer sollen sie werden.» (5,8–10)

Weh denen, die Gesetze voll Unheil erlassen, und den Schreibern, die drückende Weisungen schreiben.
Abzudrängen vom Rechtsweg den Niedern, meines Volkes Armen das Recht zu rauben,
Daß die Witwen ihnen zur Beute werden und sie ausplündern können die Waisen...
Was wollt ihr am Tage der Heimsuchung tun, beim Unwetter, das in der Ferne heraufzieht?
Zu wem wollt ihr fliehen um Hilfe? Und wo euren Reichtum lassen?
Es bleibt nichts übrig, als sich zu beugen unter Gefangenen, hinzusinken unter Erschlagenen. (10,1–4)

Doch ein Reis wird sprießen aus dem Wurzelstock Jesse, ein Schößling bricht aus seiner Wurzel hervor.
Auf ihm wird ruhen der Geist des Herrn...
Nicht nach dem Augenschein wird er richten, nicht nach dem Hörensagen entscheiden.
Nein, in Gerechtigkeit richtet er den Geringen, nach Billigkeit spricht er Recht den Armen im Land.
Er schlägt die Mächtigen mit dem Stab seines Mundes...
Dann wird der Wolf mit dem Lamme wohnen, der Pardel sich lagern beim Böcklein...
Man tut nicht Böses, kein Unrecht mehr auf meinem ganzen heiligen Berg. (11,1–9)

Nach dem Zeugnis des babylonischen Talmud und früher christlicher Überlieferung (vgl. Hebr 11,37) wurde Jesaja unter dem König Manasse hingerichtet.

d) Ebenfalls zur Großzeit Assurs wurde in Morescheth-Gat (im Südreich) *Micha* geboren. Wie die vorgenannten Propheten lebte er in der zweiten Hälfte des 8. vorchristlichen Jahrhunderts.

Weh denen, die Arges sinnen und Böses aushecken... weil sie die Macht dazu haben.
Gefällt ihnen ein Acker, so rauben sie ihn, ein Haus, so nehmen sie es weg...
Darum spricht also der Herr:
Hab acht! Auch ich plane ein Unheilsjoch für dieses Geschlecht. (2,1–3)

Kann ich verzeihen bei falscher Waage, bei falschem Gewicht, da die Reichen voll von Gewalttat sind, die Bürger nur Lüge reden...?

TEILHARD DE CHARDIN WERKE

BEI WALTER

Tagebücher I (1915–1916)

(Cahiers). Aus dem Französischen übersetzt, kommentiert und herausgegeben von Karl Schmitz-Moormann. Etwa 250 Seiten. Leinen ca. DM 28,– Fr. 34.–

Die Entdeckung von Teilhards Tagebüchern ist eine Sensation. In neun Schulheften erhalten, befinden sie sich heute im Besitz der Familie Teilhard de Chardin. Sie vermitteln einen direkten Zugang zum Werden der Teilhardschen Weltschau, weil sie spontan das aussagen, was Teilhard bewegte und in Bewegung setzen wollte. Manches, was als unbegreifliche Lücke in seinem Werk gerügt worden ist, zum Beispiel das Auslassen des Todesproblems, findet sich hier in ausführlicher Darstellung. Sehr deutlich äußert er sich über die Schwächen des kirchlichen Systems. Erstaunlich ist seine Beurteilung der Sexualität. Für ihn ist sie d i e , z u m i n d e s t a b e r e i n e Grundkraft, aus der alle humane Energie hervorwächst. Die Gottesliebe baut auf der sexuellen Liebe auf und wäre ohne diese nicht möglich. Band I umfaßt die Hefte 1 und 2 (August 1915 bis November 1916); insgesamt werden 3 Bände erscheinen. Die Tagebücher enden mit der «Versetzung» Teilhards nach China. Der erste Band enthält u. a. Notizen aus der Kriegszeit 1915/16, Beobachtungen auf Reisen, kritische Anmerkungen, Meditationen, Denkansätze und Entwürfe zu späteren Werken, auch solchen, die nicht ausgeführt worden sind.

Das göttliche Milieu

(Le Milieu Divin). Ein Entwurf des innern Lebens. (Neu übersetzte Ausgabe; früher unter dem Titel «Der Göttliche Bereich».) Übersetzt von Karl Schmitz-Moormann. 208 Seiten. Leinen DM 22,– Fr. 26.– (Band 2 der Werkausgabe)

Das Auftreten des Menschen

(L'Apparition de l'Homme). Übersetzt von Lorenz Häfliger und Karl Schmitz-Moormann. Vorwort von N. M. Wildiers. 364 Seiten. Leinen DM 28,– Fr. 33.– (Band 3 der Werkausgabe). Ungekürzte Studienausgabe in Kunststoffeinband DM 14,– Fr. 17.–

Die Schau in die Vergangenheit

(La Vision du Passé). Übersetzt von Joseph Bader, Helmuth Stechl und Karl Schmitz-Moormann. 398 Seiten. Leinen DM 29,– Fr. 34.– (Band 4 der Werkausgabe). Ungekürzte Studienausgabe in Kunststoffeinband DM 14,– Fr. 17.–

Die Zukunft des Menschen

(L'Avenir de l'Homme). Übersetzt von Lorenz Häfliger und Karl Schmitz-Moormann. Vorwort von N. M. Wildiers. 404 Seiten. Leinen DM 29,– Fr. 34.– (Band 5 der Werkausgabe)

Die Menschliche Energie

(L'Energie humaine). Übersetzt von Karl Schmitz-Moormann. Vorwort von N. M. Wildiers. 371 Seiten. Leinen DM 29,– Fr. 34.– (Band 6 der Werkausgabe)

Die lebendige Macht der Evolution

(L'Activation de l'Energie). Übersetzt von Karl Schmitz-Moormann. 285 Seiten. Leinen DM 28,– Fr. 33.– (Band 7 der Werkausgabe)

Wissenschaft und Christus

(Science et Christ). Übersetzt von Karl Schmitz-Moormann. Vorwort von N. M. Wildiers. 296 Seiten. Leinen DM 28,– Fr. 33.– (Band 9 der Werkausgabe)

Mein Glaube

(Comment je crois). Übersetzt von Karl Schmitz-Moormann. Vorwort von N. M. Wildiers. 290 Seiten. DM 28,– Fr. 33.– (Band 10 der Werkausgabe)

Lobgesang des Alls

(Hymne de l'Univers). Übersetzt von Karl Schmitz-Moormann. Einführung von N. M. Wildiers. 92 Seiten. Leinen DM 14,– Fr. 16.– (Geschenkband außerhalb der Werkausgabe)

Vom Glück des Daseins

(Sur le Bonheur). Übersetzt und eingeleitet von Karl Schmitz-Moormann. 79 Seiten. Leinen DM 12,– Fr. 14.– (Geschenkband außerhalb der Werkausgabe)

Briefe an eine Marxistin

(Accomplir l'Homme). Aus dem Französischen von Karl Schmitz-Moormann, unter Mitarbeit von Lorenz Häfliger. Mit einem Vorwort von René d'Ouince. 159 Seiten. Leinen DM 15,– Fr. 17.50 (Geschenkband außerhalb der Werkausgabe)

Briefe an eine Nichtchristin

(Accomplir l'Homme). Aus dem Englischen von Karl Schmitz-Moormann unter Mitarbeit von Lorenz Häfliger. Mit einer Vorbemerkung von René d'Ouince. 141 Seiten. Leinen DM 15,– Fr. 17.50 (Geschenkband außerhalb der Werkausgabe)

Mein Universum

(Mon Univers). Aus dem Französischen von Karl Schmitz-Moormann. 99 Seiten. Leinen DM 14,– Fr. 16.– (Geschenkband außerhalb der Werkausgabe)

L'Œuvre scientifique

Zusammengestellt und herausgegeben von Nicole und Karl Schmitz-Moormann. Mit einem Vorwort von Jean Piveteau. 10 Bände mit insgesamt 4598 Seiten und 1 Band mit 39 Karten, davon 24 mehrfarbig. Balacron DM 980,– (Nur geschlossen lieferbar)

TEILHARD

Die Werke Teilhards erscheinen im Walter-Verlag, Olten und Freiburg i. Br., unter dem Patronat eines französischen Herausgeberkomitees, das auch die Übersetzung veranlaßt und gutheißt. Die Bandbezeichnung der deutschen Werkausgabe wurde neu festgelegt; sie weicht von der Originalausgabe geringfügig ab. Als Band 1 wäre anzusehen « Le Phénomène humain » (Der Mensch im Kosmos), als Band 8 « Le Groupe zoologique humain » (Die Entstehung des Menschen), beide deutsch bei C. H. Beck, München, erschienen.

Preise nach dem Stand vom 1. Januar 1974. Änderungen und Liefermöglichkeiten vorbehalten. 1. 74/30

BEI WALTER

So fang' ich denn an, dich zu schlagen, dich zu verwüsten ob deiner Sünden.
Du sollst essen, aber nicht satt werden! Dein Hunger soll bleiben in deinem Innern.
Du schaffst zur Seite, doch sollst du's nicht retten. Und was du rettest, geb' ich dem Schwerte preis... (6.11–14)

Am Ende der Tage wird es geschehen, daß der Berg mit dem Hause des Herrn festgegründet dasteht...
Zu Pflugscharen schmieden sie um ihre Schwerter, ihre Lanzen zu Winzermessern.
Nicht hebt mehr Volk wider Volk das Schwert. Man lernt nicht mehr den Krieg... (4,1.3)

Die zweite prophetisch-utopische Welle traf die Juden zwei Generationen später, zur «babylonischen Zeit» (um 640). Nahum, Habakuk, Sophonias tadeln die sozialen und religiösen Mißstände ihrer Zeit und stellen den nahen Untergang der Ungerechten und Reichen in Aussicht. Der größte Prophet dieser Jahre ist Jeremia:

Ja, Frevler gibt es in meinem Volk. Sie lauern geduckt wie Vogelsteller, sie stellen Fallen und fangen Menschen.
Wie ein Korb voller Vögel, so sind ihre Häuser voll unrechten Guts.
Darum sind sie mächtig und reich geworden. Fett sind sie geworden und feist, ja ihre Schlechtigkeit übersteigt alles Maß.
Sie kümmern sich nicht um das Recht, treten nicht ein für das Recht der Waise und entscheiden nicht die Sache der Armen.
Sollt' ich dergleichen nicht ahnden? spricht der Herr. (5.26–29)

Höre das Wort des Herrn, König von Juda... deine Beamten und dein Volk... So spricht der Herr: «Übt Gerechtigkeit und Recht. Befreit den Bedrückten aus der Hand des Erpressers. Fremdling, Witwe und Waise benachteiliget nicht. Übt keine Gewalttat...
Wenn ihr auf diese Gebote nicht achtet, so habe ich mir selbst geschworen...: Ein Trümmerhaufen soll werden dieser Palast...» (22,2–5)
Wahrlich, es kommt die Zeit, spricht der Herr, da ich einen gerechten Sproß aus David erwecke.
König wird er sein und herrschen voll Weisheit. Recht und Gerechtigkeit wird er üben im Land.
Heil findet Juda in jenen Tagen, und Israel wohnt im Glück. (23,5 f.)

Die Folgen solch utopisch-prophetischer Mahnung trafen den Mahner: Jeremia verfeindete sich mit Volk und Führung. Man suchte ihn zu töten (11,21), verfolgte und verhaftete (26,7 ff.), schlug und folterte ihn (20,2). Während der Belagerung Jerusalems wurde er in eine Schlammgrube geworfen, damit er in ihr verende (37,11–38,13). Selbst als sich seine antiutopischen Aussagen in der zweimaligen Eroberung Jerusalems (597 und 586) mit der Deportation der meisten Israelis nach Babylon bestätigten, blieb er für den Rest im Lande ein unglaubwürdiger Spinner. Nach einer alten jüdischen Erzählung wurde er in Ägypten von seinen erbosten Landsleuten gesteinigt.
Der neutestamentliche Hebräerbrief faßt alle diese Reaktionen der Ermahnten auf ihre Mahner zusammen:

Die Zeit würde mir fehlen, wenn ich von ... den Propheten reden wollte. Durch Glauben überwanden sie Königreiche, übten Gerechtigkeit ... Sie wurden gemartert ... sie sind gesteinigt, gefoltert, zersägt, mit dem Henkerbeil hingerichtet worden, sind in Fellen ... unter Entbehrungen umhergezogen ... haben in Einöden ... umherirren müssen ...» (11,32–38).

Und Jesus verkündet:

«Ich werde ihnen Propheten und Apostel senden, und sie werden einige von ihnen töten und verfolgen, damit das Blut aller Propheten, das seit Grundlegung der Welt vergossen wurde, diesem Geschlecht abgefordert werde, vom Blut Abels bis zum Blut des Zacharias, der zwischen Altar und Tempel ermordet wurde» (Lk 11,49–51). «Jerusalem, das du die Propheten tötest und die zu dir Gesandten steinigst ... Siehe, dein Haus wird dir verödet überlassen» (Mt 23,37 f.).

2. Die christliche Utopie

Auch die christlichen Propheten wurden als Ketzer ausgestoßen und nicht selten hingerichtet. Der Prophet schlechthin war Jesus von Nazareth.[1] Er entwarf eine Utopie, wie sie großartiger nicht gedacht werden kann – und er gab Strategien an, sie zu realisieren. Wir wollen zunächst einmal die Jesusutopie in ihren wesentlichen Grundzügen darstellen, um dann aufzuzeigen, warum sie nicht (mehr) von den etablierten Kirchen, sondern von den Ketzern getragen wurde, ja getragen werden mußte. Daß das große Hoffen in den etablierten religiös-sozialen Strukturen nicht zu Hause ist, läßt sich kaum leugnen. P. Teilhard de Chardin klagt und klagt an:

Doch wie viele unter uns erschaudern in der Tat bis auf den Grund ihres Herzens, wenn von der wahnwitzigen Hoffnung auf ein Umschmelzen *unserer* Erde die Rede ist? ... Welcher Christ gibt sich den Hoffnungen, die Menschwerdung Christi auszubreiten, ebenso leidenschaftlich hin – aus *Überzeugung,* nicht aus *Konvention –,* wie viele Vertreter der bloßen Menschlichkeit, die eine neue Gesellschaft erträumen? Immer wieder noch fahren wir fort zu behaupten, daß wir wachen und auf den Herrn warten. Doch wollten wir ehrlich sein, müßten wir zugestehen, daß *wir überhaupt nichts mehr erwarten* ... Welche Gestalt werden wir heute unserer Erwartung geben? Die Gestalt einer unermeßlichen, *vollständig menschlichen* Hoffnung[2].

Das ist der Inhalt der Utopie der Ketzer, das ist ihre Klage.
Im Folgenden wollen wir kurz zusammengerafft die wichtigsten gemeinsamen Thesen der großen Ketzer von Origenes bis zu Teilhard de Chardin vorstellen, um dann zu prüfen, wie die christlich-kirchliche Wirklichkeit aussieht. Dabei können wir uns nicht in allem die Kritik der Ketzer an den etablierten Kirchen zu eigen machen. Sie sei hier ohne Erwiderung vorgestellt. Der Leser möge prüfen, in welchem Umfang sie zu Recht geschieht.

a) Das Christentum ist keine Summe von Lehrformeln oder Geboten, sondern eine Bewegung.

Jesus verurteilte – wie die Propheten des Judentums – immer wieder die Haltung des *Habens,* wie sie sich im Denken und Handeln mancher zeitgenössischer Pharisäer manifestierte: «Wir *haben* das Gesetz, und nach diesem Gesetz muß er [Jesus] sterben» (Joh 19,7). Dem «Wir *haben* Moses und das Gesetz» ent-

gegnet Jesus: «Das Gesetz und die Propheten gelten bis Johannes; von da an aber wird das Wort Gottes durch die Heilsbotschaft verkündet, und ein jeder drängt mit Gewalt hinein» (Lk 16,16). «Seit dem Auftreten des Täufers bis jetzt dringt das Himmelreich *gewaltsam* voran, und die *Gewalttätigen* reißen es an sich» (Mt 11,12).
Klar erkennt Jesus die Gefahr, die vom geistigen Haben ausgeht: «Selig sind die *geistig* nichts haben, denn ihnen gehört das Himmelreich» (Mt 5,3). Seine scharfe Kritik gilt denen, die vom geistigen Haben gehabt, vom religiösen Besitz besessen werden, denn im Haben stirbt die Erwartung und mit ihr die Hoffnung. Gegen das Haben steht das Werden. Das Gottesreich wird nicht gehabt, nicht besessen, sondern es *wird* wie die Ähre aus der Saat bis zum Tag der Ernte, es *wird* wie der Baum aus dem Samenkorn, es *wird* wie das Brot aus dem Sauerteig (vgl. Mt 13,3–43). Diese Jesusworte werden von den Ketzern immer wieder genannt, mahnend auffordernd, fordernd bis zur Rebellion gegen die etablierte Kirche. Sie zogen und ziehen aus, das Christentum, das seit Konstantin (313) praktisch gebunden wurde, von seiner fatalen Bindung an die Mächte dieser Welt zu befreien. Ihr Anliegen war der Auszug aus der konstantinischen Häresie, die die Kirche nicht mehr als prophetisch-utopischen Kritiker auch der Staatsmacht sah, sondern den Kaiser zum epískopos tôn ektón (Bischof für die äußeren Angelegenheiten der Kirche) machte, die im Christentum eine staatstabilisierende Weltanschauung sah, die es duldete, daß sich die politische Gewalt in innerkirchliche Angelegenheiten mischte (so berief Konstantin das 1. ökumenische Konzil von Nizäa ein, um die Einheit des Christentums zu sichern, das nur als Eines voll seine staatstragende Funktion erfüllen konnte). Von da an hatte das Christentum *sich* selbst. Im Haben wurde es gehabt von politischer Gewalt. Die Kirche kann beginnen, sich ihres prophetischen Auftrags zu entledigen, der immer ins Außen weist, als sie sich mit dem Außen

in schlechter Allianz verbindet; zugleich richtet sich ihr Interesse immer mehr auf ihr eigenes Innen. Sie lebte unter dem Schutz des Staates, bis zum heutigen Tage noch oft den Staaten abverlangt, zunehmend in satter Gegenwärtigkeit. Sie erkaufte sich diesen Schutz um den Preis politischen Wohlverhaltens. Aus einer Bewegung wurde eine soziale Struktur nach dem Muster politischer Strukturen. Gegenstand ihrer Sorge wurde die Sicherung des gegenwärtigen Besitzens. Sie begann sich Gesetze zu geben und nach diesen Gesetzen zu richten. Ketzerverfolgungen – unterstützt von den Waffen des Staates – begannen.

Die Ketzer begannen das Gleichnis Jesu vom Unkraut im Weizen – und die darin enthaltene Warnung, ja das darin ausgesprochene Verbot – zu verstehen: Da hatte ein Feind Unkraut unter den Weizen gesät, und die Knechte wollten hingehen, das Unkraut zu rupfen. Doch der Herr der Ernte entgegnete ihnen: ‹Nein, ihr würdet beim Sammeln des Unkrauts zugleich auch den Weizen ausreißen. Laßt beides wachsen bis zum Tag der Ernte; dann erst will ich den Schnittern sagen: Lest zuerst das Unkraut zusammen und bindet es in Bündel, damit man es verbrenne» (Mt 13,29f., vgl. 1 Kor 4,5).

Schon bald begannen zahlreiche Päpste und Bischöfe im Weizen herumzustapfen, um Unkraut zu jäten. Mit dem Unkraut rissen sie so manchen Weizen aus und traten so manchen Halm nieder. Konnten sie denn nicht auf den Tag der Ernte warten? Oder glaubten sie gar nicht mehr, daß der Tag der Ernte jemals komme? Jedenfalls verhielten sie sich, als sei ihr Hoffen gestorben. Kaum jemals kam während der letzten 1500 Jahre ein Mitglied kirchlicher Hierarchie auch nur auf den Gedanken, daß solches Tun dem prophetischen Zeugnis, nach dem die Kirche das Hoffen auf den Tag der Ernte vorzuleben habe, nicht nur schade, sondern daß die Kirche unglaubwürdig wurde vor ihrem prophetischen Auftrag. Angst und Hoffnungslosigkeit töteten die lebendige Hoffnung und gossen sie in starre Formeln, die man allenfalls plapperte, nicht aber zum Fundament des glaubenden Handelns machte. Die zentrale Bitte des Jesusgebets: «Dein Reich komme» – Ausdruck der Hoffnung auf den Tag der Ernte – wurde zum bloßen Lippenbekenntnis. Das letzte prophetische Zeugnis der Heiligen Schrift der Christen: «Amen, komm, Herr Jesus» (Apk 22,20), war nicht mehr *das* Gebet der Kirche. Dieses wohl älteste Gebet der Kirche, noch im Maranatha (vgl. 1 Kor 16,22; Didache X,6) aramäisch formuliert und überliefert, war nicht mehr das Gebet der konstantinischen Kirche. Es starb verdeckt und erstickt unter einem wahren Wust von Dogmen und moralischen Vorschriften.

Im Jahre 351 verwendet zum ersten Mal ein Konzil (das von Sirmium) die harte Formel «anathema sit» («der sei im Banne») als Ausdruck eines Aktes der Kirchenzucht.[3] Es begann Unkraut zu reißen – und es sollte nicht lange dauern, bis man begann, das Unkraut – oft das vermeintliche – zu verbrennen. Vom Reißen, von Ausschließen, bis zum Verbrennen führt ein kurzer Weg.

Heute gibt es, wenn man die Kontradiktorien zu anathematisierten Aussagen als Dogmen bezeichnet, einige tausend Dogmen der Kirche. Sie alle zu kennen ist kaum jemandem möglich. Mit ihrer Verrechtlichung ist die Kirche zu einer Gesellschaft von Materialhäretikern geworden. Ich habe einmal, anläßlich eines ökumenischen Seminars, den etwa hundert Teilnehmern zwanzig «Dogmen» aus der für das Christentum zentralen Gnadenlehre vorgelegt, mit der Bitte, das für falsch Gehaltene anzukreuzen. Die Kreuze waren bei Katholiken häufiger als bei evangelischen Christen. Was, so würde ein Ketzer fragen, bedeutet denn dann noch der Unterschied zwischen Katholiken und Protestanten, wenn Katholiken einerseits in einer zentralen Frage des Glaubens häufiger irren und andererseits alle Protestanten in Bausch und Bogen als Materialhäretiker denunzieren? Wäre es nicht vielleicht angebrachter, die Mitgliedschaft zur Kirche vom Dogmenglauben zu lösen und auf die aktive Tätigkeit christlichen Hoffens festzulegen? Ist nicht vielleicht die Kirche sehr viel mehr Bewegung, als sie selbst es weiß, und sehr viel weniger ein durch das Glauben an bestimmte Sätze zusammengehaltener Verbund, als sie selbst es möchte? Sehr wohl: Die Fragen sind ketzerisch – aber gestellt werden müssen sie wohl. Doch Ketzer fragen weiter: Sicherlich bestreitet kaum einer, daß «die Gesamtheit der Gläubigen, welche die Salbung des Heiligen Geistes haben», im Glauben irren kann[4], doch muß sich dieses Glauben in *überzeitlich* wahren Sätzen niederschlagen? Gibt es überzeitlich wahre (theologische) Aussagen, wenn wir wissen, daß fast alle Worte sich gegen den Begriffshorizont verschieben, also im Laufe der Zeit andere Begriffe bezeichnen, und daß fast alle Begriffe sich gegen den Horizont der Gegenstände verschieben, also im Lauf der Zeit andere oder keine Gegenstände mehr bezeichnen? Die Aussagen, in denen theologische Begriffe vorkommen, sind historisch instabil, wechseln ihre Bedeutung, bezeichnen andere Sachverhalte, da Theologie reflektierte Religiosität ist, die sich in ihren geglaubten Inhalten in der Evolution des religiösen Bewußtseins wandelt. Nur ein Wunder Gottes könnte einen solchen Prozeß stoppen. Aber wirkt Gott solche Wunder? Reicht da nicht das Wunder der Irrtumslosigkeit im Glauben, der sich von Zeit zu Zeit neu und anders formulieren *muß,* wenn er sich selbst gleich bleiben will? Kann sich die Kirche anders als in einer Revolution «den ganzen alten Dreck vom Halse... schaffen, um zu einer neuen Begründung der Gesellschaft befähigt zu werden»?[5] Eine Studentin reichte mir einmal eine Examensarbeit ein, in der sie anmerkte: «Dogmen sind wie Laternen – sie leuchten dem Wanderer in der Nacht den Weg. Aber nur Trunkene halten daran fest.» Ich habe ihr diese Arbeit zurückgegeben. Aber hatte sie, abgesehen davon, daß solche saloppen Sätze in Deutschland nichts in einer Examensarbeit zu suchen haben, nicht auch etwas Rechtes begriffen? Sollte sich die Kirche nicht ihrer Dogmen, die sie von einer sehr dynamischen Bewegung zur

Begründung von Utopie zu einer «Institution» wandelten, deren Interessen sehr viel mehr in der Gegenwart denn in der Zukunft liegen, schämen? «Ich antworte: die Scham ist schon eine Revolution.»[6] Im theoretischen Marxismus hat sich noch etwas vom Schwung des Bewegungshaften, Antidogmatischen erhalten. So meint K. Marx:

Ich bin ... nicht dafür, daß wir eine dogmatische Fahne einpflanzen, im Gegenteil. Wir müssen den Dogmatikern nachzuhelfen suchen, daß sie ihre Sätze sich klarmachen[7]. Der Kommunismus ist für uns nicht ein *Zustand,* der hergestellt werden soll, ein *Ideal,* wonach die Wirklichkeit sich zu richten habe. Wir nennen Kommunismus die *wirkliche* Bewegung, welche den jetzigen Zustand aufhebt.[8]

Daß sich der Marxismus, einmal in die Praxis umgesetzt, ähnlich der Kirche, des bewegungshaften Anspruchs versagte, dürfte darin liegen, daß auch er sich in der Mesalliance mit der politischen Gewalt korrumpieren ließ. In der Sowjetunion ist das große utopische Hoffen genauso gestorben wie in weiten Räumen der Kirche: Auch der Marxismus hatte sein konstantinisches Schisma. Aber eine Entschuldigung sollte das für beide nicht sein. Beide, Marxismus wie Christentum, sind unter dem utopischen Anspruch einer permanenten Revolution, eines allzeit dauernden kollektiven Mühens um die Begründung einer qualitativ neuen Gesellschaft angetreten.

Nun, all das meinen die Ketzer. Aber nicht *nur* Irrtum siedelt in den Häusern ihres Denkens. Oder sind Sie anderer Ansicht?

b) Das Christentum fordert Ablösung vom Gegenwärtigen um des Gottesreiches willen.

Das neben dem Liebesgott zentrale Jesusgebot «methanoeite» lesen die Ketzer nicht als blasses und privates «Tuet Buße», sondern als radikale und soziale Forderung, sich von *allen* Bindungen an das schlechte Gegenwärtig, dem materiellen, dem geistigen und geistlichen, dem sozial und politisch etablierten, zu *befreien,* damit Gottesreich, der Zielpunkt christlich utopischen

Hoffens, werde. Solche «Befreiung» ist nicht Privatsache eines Büßers, sondern impliziert ein kollektives Bemühen, das Gegenwärtige um des Reiches willen in und durch Befreiung zu überwinden. Christentum ist eine Bewegung zur Freiheit, das Reich der Freiheit eine notwendige Voraussetzung des Gottesreiches (das man, etwas verkürzt, als «Reich der Liebe» charakterisieren kann). Freiheit aber setzt allemal Befreiung voraus. Die Befreiung vom Gehabtwerden (in moderner Sprache: von Entfremdung) manifestiert sich:
in der Forderung nach Freiheit vom materiellen Haben (der «Armut» des Evangeliums),
in der Forderung nach Freiheit vom geistigen Besitzen, insofern es zum Besessensein führt,
in der Forderung eines kollektiven Bemühens zur qualitativen Veränderung alles Bestehenden (und nicht nur politischer und sozialer Strukturen) in Gottesreich hinein.
Um nicht im Folgenden immer wieder die Schriftstellen, auf die sich die Ketzer (sicherlich selektierend) berufen, aufs neue anführen zu müssen, seien sie hier gesammelt:

Wider das materielle Haben:
Und wie sie so dahinzogen, sprach ihn [Jesus] unterwegs jemand an: «Ich will dir folgen, wohin du gehst.» Da sprach Jesus zu ihm: «Die Füchse haben Baue und die Vögel Nester, der Menschensohn hat nichts, wohin er sich legen könnte» (Lk 9,57 f.). – Einem jungen Vorsteher, der nach Heil sucht, antwortet er: «Verkaufe alles, was du hast, und gib es den Armen . . ., dann komm und folge mir nach.» Der aber wurde, als er das hörte, sehr betrübt, denn er war reich. Als Jesus ihn so sah, sprach er: «Wie schwer gelangen die Reichen ins Gottesreich! Denn leichter kommt ein Kamel durch ein Nadelöhr als ein Reicher ins Gottesreich» (Lk 18,22–25).

Was hat so mancher in der Kirche aus dem strikten Armutsgebot Jesu gemacht? Aus der realen Armut wurde eine «Losschälung vom materiellen Besitz um der ewigen Güter willen», wurde eine «Tugend», die man bewunderte, kaum aber allgemein in Kirche für realisierbar hielt. So sammelte man Güter um Güter.

Die angeblich von Konstantin dem Papst Silvester I. gemachte «Konstantinische Schenkung» übertrug dem Papst und der Kirche unter anderem das ganze westliche Reich als Eigentum. Spätestens seit dem 8. Jahrhundert berufen sich Päpste immer wieder auf diese Eigentumsübertragung. Erst im zweiten Viertel des 15. Jahrhunderts wurde das die Schenkung aussprechende Dokument fast gleichzeitig von Nikolaus von Kues (1432), von Reinald Peacock (1450) und Laurentius Valla (1440) als Fälschung entlarvt. Rom selbst gab aber erst zu Beginn des 19. Jahrhunderts die Fälschung zu. Dieser Ausdruck der «konstantinischen Häresie» der Kirche erlaubte es ihr, durch lange Jahrhunderte auf das Eigentumsrecht auf riesigen materiellen Besitz zu pochen. Und das korrumpierte ihre Moral. Die Verfälschung des Jesus*gebotes* in eine *Tugend* ist nur der theologische Ausdruck der Korruption.

Der Geist des (materiellen) Besitzens ist seitdem in der Kirche heimisch geworden. Und die Ketzer protestierten! Sie waren die einzigen, die noch etwas davon wußten, daß materieller Besitz («Privateigentum») den Menschen unfrei macht, daß materieller Besitz die Bindung an die politische Gewalt anfordert (zu Schutz und Mehrung), daß materieller Besitz in Gegenwart bindet und Hoffen meuchelt. Wer wünscht sich schon den radikalen Umsturz von Kirche in Gottesreich, wenn damit ein Enden des materiellen Habens und der damit verbundenen Macht gegeben ist? Das frühmittelalterliche Institut der Kirchensklaven ist nur ein Indiz der radikalen Unmenschlichkeit, die dem Willen nach Besitzerhaltung folgt. Kirchensklaven konnte nicht die Freiheit geschenkt werden, da sie Gott gehörten! Ein blasphemischer Satz – und doch Gemeingut vieler Jahrhunderte christlichen Denkens. Noch heute nennt das Gesetzbuch der katholischen Kirche zahlreiche Bestimmungen, die es verhindern, daß Kirchenbesitz in profane Hände fällt – und strenge Strafen drohen dem, der sich nicht daran hält.

Eine typische Episode der Kirchengeschichte mag zeigen, wie die Kirche mit ihren Ketzern und deren Forderung nach Armut fertig wurde: In einem Dekret erklärte Papst Nikolaus III. (1279), daß die Franziskaner – als einzelne wie als Orden – nichts besitzen dürfen, denn dieser Verzicht auf Eigentum sei von Christus «mit Worten gelehrt und mit seinem Beispiel bestätigt» worden. Bei dem Verhör einer Begine, die nach dieser Regel leben wollte, erklärt der Inquisitor, der Dominikaner Johannes von Belna, 1321 den Satz «Christus und die Apostel haben weder gemeinsam noch für sich Eigentum besessen» für häretisch, während ihn der Franziskaner Berengar Taloni als katholisches Dogma behauptete. 1322 schloß sich ein Franziskanerkapitel zu Perugia dieser Meinung an. Johannes XXII. verurteilte jedoch am 12. November 1323 den Satz als häretisch (D 930). Die meisten Franziskaner unterwarfen sich dem römischen Spruch – einige wenige aber, unter ihnen der Ordensgeneral (Michael von Cesena) und Wilhelm Ockham, widersprachen der päpstlichen Lehre, flohen zu Ludwig dem Bayern und lebten jahrelang in Opposition zur Amtskirche. Die Opponenten erhielten den Ketzernamen Michaelisten.

Das ist eine Geschichte von vielen in der Kirche. Allen aber ist eines gemeinsam – diejenigen, die radikale Armut um des erhofften Himmelreichs willen von der Kirche forderten, wurden zu Ketzern gestempelt und nicht selten verfolgt.

Reichtum wurde in der Kirche und für die Kirche ein Instrument der Macht. Wieder wird der Ketzer fragen: Hat sich die Kirche der Hoffnung um des Reichtums willen begeben, weil sie anders glaubte, ihre doch ursprünglich ausschließlich *geistliche Autorität* durchsetzen zu können als durch Besitz und Macht, die aus Besitz kommt? Wurde durch diesen Prozeß der zunehmenden Profanisierung ihrer Herrschaft nicht Autorität zu Macht entfremdet? Fürchtete sie, daß mit der Aufgabe ihres Reichtums auch ihre entfremdete und entfremdende Macht verschwinden

möchte? Wollte sie vielleicht gar – ähnlich wie in der Fixierung auf Glaubens- und Sittendogmen, die dem Glauben und den sittlichen Vorstellungen der Zeit entsprachen, in der sie ihre Autoritätsstrukturen legitim entwickelte – durch die Absicherung von Macht die Evolution des religiösen Bewußtseins bremsen, um nicht ins ideologische Abseits zu geraten? War sie sich nicht der Tatsache bewußt, daß sich religiöses Bewußtsein zwingend mit den Funktionen und Inhalten des profanen entwickelt und entwickeln muß, um seine vermenschlichende und verchristlichende Aufgabe an dieser Welt zu erfüllen?
Sicher sind alles das Fragen von Ketzern. Aber sie müssen beantwortet werden. Die Ketzer aber warten bis heute auf diese Antwort. Lange sollte es dauern, bis die Kirche – wenigstens theoretisch – zum Ideal der Armut zurückfand.[9]
Wieder war es der Marxismus, der die Rolle des Gewissens für die Kirche übernahm. K. Marx sah – nicht außerhalb der Denktradition der Ketzer stehend – im bürgerlichen Privateigentum den ökonomischen Grund der Entfremdung des Menschen von sich, von Gesellschaft, von Welt. Wir können hinzufügen, daß es auch der Grund der Entfremdung von Gott sein kann und allzuoft auch ist, denn der Gott der Christen ist auch Gott im Voraus, der nur in der Hoffnung, und nicht im Besitzen, erahnt und geglaubt werden kann. K. Marx schreibt:

Der reiche Mensch ist zugleich der einer Totalität der menschlichen Lebensäußerungen *bedürftige* Mensch. Der Mensch, in dem seine eigene Verwirklichung, als innere Notwendigkeit, als Not existiert. Nicht nur der *Reichtum,* auch die *Armut* des Menschen erhält – unter Voraussetzung des Sozialismus – eine menschliche und daher gesellschaftliche Bedeutung.[10] – Wir sehen, «wie unter Voraussetzung des positiv aufgehobenen Privateigentums der Mensch den Menschen produziert (= erst als Menschen hervorbringt), sich selbst und den anderen Menschen»[11]. – Der Kommunismus ... (ist die) positive Aufhebung des Privateigentums als menschlicher Selbstentfremdung und darum ... (die) wirkliche Aneignung des menschlichen Wesens durch und für den Menschen.[12]

Wider das geistige Besitzen:

Jesus sprach: «Ich bin gekommen, Sünder zur Befreiung zu rufen.» (Lk 5,32) – Damals begann er gegen die Städte, in denen er Wunder gewirkt, Drohworte zu richten, weil sie nicht bereit waren, sich zu befreien. (Mt 11,20) – «Wenn ihr euch nicht befreit, und das so leicht wie die Kinder, könnt ihr nicht ins Reich kommen.» (Mt 18,3)[13]

Wie schon erwähnt, ist die Befreiung vom geistigen Besitzen eine zentrale Jesusforderung. Sie ist im Kontext zur Befreiung für das «Reich der Freiheit und Liebe» zu lesen. Das ist kein moralisches Gebot, sondern eine verpflichtende Forderung, der sich alle zu unterwerfen haben, die zum Gottesreich gehören wollen: wenn man will: eine Strategie zur Erlangung und Begründung des Reichs – und zwar eine notwendige. Neben der *äußeren* Freiheit, die sich durch das Versagen des Strebens nach Besitz und durch die Aufgabe aller Sorge, ihn zu erhalten und zu vermehren, dem Menschen zuspielt, fordert Jesus die *innere* Freiheit, die nur erworben werden kann in der Freiheit von geistigem Besitz. Das erste Gebot mag schwer erscheinen, das zweite ist noch schwerer zu erfüllen, denn des Menschen liebstes Eigentum sind seine Vorurteile, seine Überzeugungen. Doch auch diese gilt es stets zu befragen auf ihre Berechtigung und Richtigkeit mit der Bereitschaft, sie jederzeit aufzugeben. Die frühen Christen waren noch trunken von dem Geist der Freiheit, der ihnen mit der Realisierung geistiger Armut geschenkt wurde: So meint Paulus: «Wo der Geist des Herrn ist, da herrscht Freiheit» (2 Kor 3,17). Man darf diesen Satz, der die Ketzer begeisterte und sie vom Reich des Geistes träumen ließ, getrost umkehren: Wo keine Freiheit ist, herrscht nicht der Geist des Herrn. Sicher meint «Freiheit» im christlichen Sinne nicht Zügellosigkeit – eher das Gegenteil, denn Zügellosigkeit macht unfrei, schafft Knechtschaft, Abhängigkeit, Habenwollen, Hoffnungslosigkeit. Die Freiheit des Christen ist die Freiheit der Menschen, die weder materiell noch geistig am Besitzen festhalten, die niemals in Gefahr geraten, von irgend etwas anderem besessen zu werden als vom Geist Christi, als vom Geist der Freiheit. Wer nichts hat und nichts haben will, ist frei und ungebunden. Die Freiheit des Christen ist die Freiheit von den Zwängen und Nötigungen der Gegenwart, ist die Freiheit zum großen Hoffen, ist die Freiheit vor Zukunft – und die Freiheit von Angst und Hoffnungslosigkeit, die Freiheit von Verzweiflung und entfremdendem Zwang. Nur die Freiheit *von* geistigem und materiellem Besitz und Besitzenwollen schafft die Freiheit, die Voraussetzung jeder großen Hoffnung ist.

Stolz erklärt Paulus (und nach ihm viele Ketzer): «Vor den falschen Brüdern, die sich einschlichen, um unsere Freiheit, die wir mit Christus haben, zu belauern, und uns unter die Knechtschaft des Gesetzes zu bringen, sind wir nicht zurückgewichen.» (Gal 2,4 f.)

Die Freiheit des Geistes, das Reich der Freiheit, war der Traum der großen Ketzer. Nicht selten mußten sie sich wider all jene stellen, die sie unter die Knechtschaft eines Gesetzes (mag es nun das des Besitzens oder das der Kirche sein) zurückzwingen wollten.

In dieser ketzerischen Tradition steht auch der Marxismus – und nicht zufällig waren und sind es engagierte Christen, die er faszinierte, denn es sind die «guten Christen», d. h. Christen, denen die Christusbotschaft etwas sagt und die sie ernst nehmen und ihr Leben ihr entsprechend gestalten wollen, in denen die Anlage zur Ketzerei gegen etablierte Strukturen schlummert. Der Geist, vor allem der Heilige, läßt sich nicht etablieren, nicht einfangen in Gesetz und Buchstabe (und sei es der des fixierten Dogmas), meinen die Ketzer. Karl Marx zitiert hier einen Ketzer, Thomas Müntzer, um von Freiheit zu sprechen: «In diesem Sinn erklärt es Thomas Müntzer für unerträglich, ‹daß alle Kreatur zum Eigentum gemacht worden sei, die Fische im Wasser, die Vögel in der Luft, das Gewächs auf Erden – auch die Kreatur müsse frei werden›.»[13] Scharf richtet sich Marxens Kritik gegen das Judentum und das etablierte Christentum, das den Menschen unfrei mache und halte:

Was in der jüdischen Religion abstrakt liegt, die Verachtung der Theorie, der ... Geschichte, des Menschen als Selbstzweck, das ist der *wirkliche* bewußte Standpunkt, die Tugend des Geldmenschen. – Das Geld ist der eifrige Gott Israels, vor welchem kein anderer Gott bestehen darf. Das Geld erniedrigt alle Götter des Menschen – und verwandelt sie in eine Ware. Das Geld ist der allgemeine, für sich selbst konstituierte *Wert* aller Dinge. Es hat daher die ganze Welt, die Menschenwelt wie die Natur, ihres eigentümlichen Wertes beraubt. Das Geld ist das dem Menschen entfremdete Wesen seiner Arbeit und seines Daseins, und dieses fremde Wesen beherrscht ihn, und er betet es an.[14] – Das Judentum hat sich *neben* dem Christentum gehalten, nicht nur als religiöse Kritik des Christentums ..., sondern ebensosehr, weil der praktisch-jüdische Geist, weil das Judentum in der christlichen Gesellschaft sich selbst gehalten und sogar seine höchste Ausbildung erhalten hat.[15]

Marxismus wird zur Protestation gegen Unfreiheit, zum Versuch über Befreiung. Entfremdung sagt immer Zwang und Unfreiheit. Die Marxsche Vision vom «Reich der Freiheit» scheint heute zu einer attraktiven Utopie zu werden.

Für eine Revolution:
Revolution meint hier wieder ein kollektives Bemühen zur qualitativen Veränderung von Gesellschaft, hin auf ihre Humanisierung. Revolutionär lasen viele der großen Ketzer die Jesusworte:

Glaubet nicht, ich sei gekommen, Frieden auf Erden zu bringen, sondern das Schwert. Denn ich bin gekommen, den Menschen zu entzweien mit seinem Vater und die Tochter mit der Mutter ... Und die Feinde des Menschen werden seine eigenen Hausgenossen sein (Mt 10,34–36). – Ihr wißt, daß die weltlichen Herrscher sich wie Herrn gegen ihre Völker aufführen und daß ihre Mächtigen sie vergewaltigen. Bei euch darf das nicht so sein (Mt 20,25 f.). – Wenn man euch vor die Gerichte der Mächtigen stellt, so sorgt euch nicht, wie ihr euch verteidigen sollt, denn der Geist wird euch sagen, was ihr reden sollt (Lk 12,11 f.). – Jetzt aber soll der, der einen Beutel hat, ihn nehmen ... Und wer kein Schwert hat, verkaufe seinen Mantel und kaufe sich eins (Lk 22,36).

Die Ankündigung der Vernichtung des herrschsüchtigen, reich gewordenen Jerusalems (vgl. Lk 19,41–44), die gewalttätige Vertreibung der Händler aus dem Tempel (Joh 2,13–17)... all das wurde schon bald von den Ketzern als Aufforderung und Beispiel verstanden, daß man etwas *tun* müsse, damit die utopische Jesushoffnung vom Gottesreich Wirklichkeit werde. Unvereinbar scheint damit die Bindung an die politische Gewalt. So schreibt Paulus: «Sobald er [Jesus] jede andere Herrschaft und jede Gewalt und Macht *vernichtet* hat, übergibt er dem Vater das Reich.» (1 Kor 15,24) – «Nachdem er die Mächtigen und Gewaltigen entmachtet hat, stellt er sie an den Pranger und triumphiert über sie» (Kol 2,15). Immer wieder werden auch die Worte des Magnifikat sozialkritisch interpretiert: «Machthaber stürtzt er vom Tron und erhöht die Niedrigen» (Lk 1,52).
Was aber hat die Kirche aus dem Verbot gemacht, vergewaltigende Herrschaft auszuüben? Hat sie nicht falschen Frieden gelehrt, einen Frieden, der das Aufbegehren gegen soziales Unrecht, politische Macht, kirchliche Willkür verbot, der Religion zum Opium des Volkes[16] werden ließ – zu einem Rauschmittel, das die Unbill der Gegenwart mit dem Versprechen eines jenseitigen Glücks vergessen lassen wollte? Warum hat sie, die Kirche, nicht alles getan, was in ihrer Macht stand, um mit allen von Christus erlaubten und geforderten Mitteln vermeidbares Unrecht, vermeidbares Elend, vermeidbare Not, vermeidbare Kriege, vermeidbaren sinnlosen Tod, vermeidbare Entfremdung allgemein zu verhindern? Hat sie – im Gegenteil – all dies nicht oft genug noch gefördert? Hat sie nicht Unrecht, als sie urteilte, ohne zu hören, verurteilte gegen das Verbot Christi, Elend, Not und Kriege zuließ durch gesegnetes Morden: Morden durch das Schwert, durch das Feuer, durch Raub und Kriege?
Sicher übte die Kirche sich in Gewalt aus bis zum heutigen Tag. Übte sie sich um der Menschen, oder um ihrer selbst willen. Wird sie gewalttätig in der Ausübung geistiger, moralischer und

materieller Gewalt, um Unrecht zu lindern, um entfremdende Situationen zu beseitigen, oder um ihre eigene Position zu stützen und zu stärken? Die Fragen der Ketzer fordern eine Antwort. Man kann solche Fragen nicht mit der Verurteilung des Fragenden beantworten. Sie bleiben gestellt. Geist, auch der Heilige, sicher nicht selten auch im Wort der Ketzer sprechend, läßt sich nicht morden, nicht bannen.

Und weil die Ketzer nichts vermochten, kam mit K. Marx der Ernstfall. Seine Religionskritik ist heftiger als ihre. Aber auch er trifft nur entfremdete und deshalb entfremdende Religiosität. Es ist schon verständlich, daß Marx in christlicher wie in jüdischer Religiosität nur die entfremdeten Aspekte sah, denn um die anderen zu sehen, muß man schon sehr genau hinschauen – zumindest wenn es um die «offizielle Religiosität» etablierter religiöser Strukturen geht. Marx ist der Ansicht, daß man, im Gegensatz zur Behebung ökonomisch bedingter Entfremdungstypen, die ekklesial verursachten nicht mit einem eigentlich revolutionären Aufbegehren beheben müsse: Sie entlarven sich selbst als entfremdend – und, weil ausschließlich Bewußtseinsdatum, genügt es, die sie tragenden Instanzen zu beseitigen:

Für Deutschland ist die *Kritik der Religion* im wesentlichen beendigt, und die Kritik der Religion ist die Voraussetzung aller Kritik ... Der Mensch, der in der phantastischen Wirklichkeit des Himmels, wo er einen Übermenschen suchte, nur den *Widerschein* seiner selbst gefunden hat, wird nicht mehr geneigt sein, nur den *Schein* seiner selbst, nur den Unmenschen zu finden, wo er seine wahre Wirklichkeit sucht und suchen muß ... Das *religiöse* Elend ist in einem *Ausdruck* des wirklichen Elends und in einem die *Protestation* gegen das wirkliche Elend. Die Religion ist der Seufzer der bedrängten Kreatur, das Gemüt einer herzlosen Welt, wie sie der Geist geistloser Zustände ist. Sie ist das *Opium* des Volkes. Die Aufhebung der Religion als des *illusorischen* Glücks des Volkes ist die Forderung seines *wirklichen* Glücks ... Die Kritik der Religion ist also im *Keim* die *Kritik des Jammertales,* dessen *Heiligenschein* die Religion ist.[17] – Die positive Aufhebung des *Privateigentums,* als die Aneignung des *menschlichen* Lebens, ist ... die positive Aufhebung aller Entfremdung, also die Rückkehr des Menschen aus Religion, Familie, Staat usw. in sein *menschliches,*

d. h. *gesellschaftliches* Dasein. Die religiöse Entfremdung als solche geht nur in dem Gebiet des *Bewußtseins* des menschlichen Inneren vor, aber die ökonomische Entfremdung ist die des *wirklichen* Lebens ...[18]

Religion ist also, wie Marx sie sieht, reine Bewußtseinsangelegenheit, die vom Sein produziert wurde und die sich mit dem ändernden Sein von selbst behebt. Als reine Bewußtseinssache kann sie zudem nicht revolutionär tätig werden, denn sich von der Basis des Seins entfremdet habende Bewußtseinsinhalte sind allemal ohnmächtig, wenn sie sich dem konkreten Sein gegenüberstellt sehen. Sie betreffen ein Sein, das es nicht mehr (vielleicht gar niemals) gab. Eine von religiösem Bewußtsein getragene Revolution ist also heute eine contradictio in terminis. Bleibt also nur die ökonomische Revolution, d. h. die Revolution, die ausgelöst wird durch reale Widersprüche im gesellschaftlich-ökonomischen Sein. Der revolutionäre Auftrag des Christentums geht nach Marx über in den revolutionären Zwang, durch ökonomische Verhältnisse genötigt. Träger einer Revolution können nicht die Vertreter einer Religion sein, es müssen das die Menschen sein, die die Spannung der immanenten Widersprüche des ökonomischen Seins erfahren in ökonomischer Entfremdung. Und das ist für K. Marx das Proletariat.[19] Die bürgerliche Gesellschaft kann nur qualitativ in eine sozialistische gewandelt werden durch eine proletarische (sozialistische) Revolution, die die Ursachen und Gründe der ökonomischen Entfremdung beseitigt, die basalen Widersprüche der bürgerlichen Ökonomie (des Kapitalismus) aufhebt.

Diese Revolutionstheorie geht aus von der Ohnmacht des Geistes, der sich in Religion manifestiert. Wer aber hat den Geist gemeuchelt in den Religionen? Wer machte in Europa Religion zum stabilisierenden Faktor politischer und ökonomischer Systeme? Wer denunzierte die christliche Revolution als dem christlichen Liebesgebot entgegen? Wer vertröstete die Unterprivilegierten unserer Gesellschaft auf ein jenseitiges Glück? Ist nicht eine marxistische «Religion» besser als gar keine, wenn nur durch und in einer Revolution erhebliche Unrechtsstrukturen und Entfremdungssituationen, kurzum ein ungeheures Potential an Unmenschlichkeit – beseitigt werden kann? Wiederum Fragen der Ketzer. Sie verlangen Antwort.

c) Das Christentum fordert eine universelle Liebe um des Himmelreiches willen

Die «universelle Liebe» ist neben der Forderung nach Befreiung (im metanoeite) das zweite Moment christlicher Strategie auf dem Weg ins Noch-Nicht des vollendeten Gottesreichs. Über Befreiung haben wir gehandelt. Sie ist gleichsam der negative Teil der christlichen utopischen Strategie des Hoffens, insofern Befreiung eher Verbote denn Gebote (nicht moralischer, sondern strategischer Art) impliziert. Befreiung ist zunächst Befreiung *von.* «Universelle Liebe» ist dagegen ein positives gebietendes Gebot. In der Botschaft Christi verbinden sich beide, Befreiung und Liebe, weitgehend in Eins. Nur der frei gewordene Mensch ist fähig, das christliche Liebesgebot zu erfüllen.

Zunächst seien hier wieder einige Jesusworte vorgestellt, auf die sich die Ketzer in ihrer Forderung nach umfassender Liebe beziehen. Das Vorhergesagte machte schon deutlich, daß christliche Liebe nicht eine bloße Emotion, nicht ein Zeichen von Schwäche, nicht passives Dulden, nicht absolute Toleranz, nicht egoistisch sein kann. Sie ist ein eminent soziales Ereignis, ein revolutionäres Geschehen.

Ihr habt gehört, daß den Alten geboten wurde: «Du sollst deinen Nächsten lieben, und deinen Feind hassen.» Ich aber sage euch: «Liebet eure Feinde und betet für eure Verfolger, damit ihr euch als Söhne eures himmlischen Vaters erweist» (Mt 5,43 f.). Diese Forderung wurde in den Pauluspredigten wieder aufgenommen: «Segnet, die euch verfolgen, segnet sie und flucht ihnen nicht... Wenn deinen Feind hungert, so speise ihn; wenn ihn dürstet, so gib ihm zu trinken...» (Röm 12,14.20)

Diese Liebesforderung scheint in einigem Widerspruch zur Forderung nach Gewalt zu stehen. Dazu ist anzumerken: a) Was Jesus will, ist, in moderner Sprache formuliert, die Überwindung der Feindaggressivität in Gegneraggressivität. Auch Jesus hat seine Gegner gehabt – und sie geliebt. Unter dem Einfluß der christlichen Liebe wandelt sich Feindschaft in Gegnersituation. Diese Gegnersituation aber ist notwendig, für alles menschliche Zusammen (das zugleich auch stets ein Auseinander sein muß). b) Jesus verbietet alle Formen der Anwendung von Gewalt im persönlichen Interesse. Sie ist ausschließlich erlaubt um des Himmelreiches willen.

Was aber hat die kirchlich etablierte Religiosität aus der Liebe gemacht? Lehrte sie nicht das Hassen Andersgläubiger? Wie war es denn mit den Religionskriegen gegen Arianer, Muslime, Waldenser . . .? Nannte sie diese Kriege nicht «Kreuzzüge», und stiftete sie nicht, angeblich im Namen des Kreuzes, unendliches Unheil, nicht um des Sieges Christi, sondern um ihres eigenen willen? Sicher ist jeder Andersgläubige eine Gefährdung für den religiösen und personellen Besitzstand der Kirche, denn auch die Ketzer haben etwas Wahrheit für sich – und diese Wahrheit ist leuchtend und ansprechend der Teil der Wahrheit Christi, der sich in der Kirche verdunkelte. Aber wird der Gegner, den man in offener Auseinandersetzung im Geiste bekämpfen kann, nicht zum Feind, den man legitim hassen darf, bis hin zur psychischen, religiösen, moralischen – und, wenn es die Umstände gestatten – physischen Vernichtung? Das aber widerspricht offen dem Gebot Christi. Das Hassen und Töten um des Himmelreiches willen ist eine arge Blasphemie und errichtet nicht Himmelreich, nicht Reich der Liebe, sondern vernichtet es in den Herzen der Menschen, läßt seine Vollendung warten.

Wie war es denn mit der Inquisition, die viele tausend Andersgläubige im blasphemischen Sinne «zu Tode liebte»? Wo war denn die Liebe zum «verlorenen Schaf», zum «verlorenen Sohn»

(Lk 15,1–32) geblieben? Was war aus dem ausdrücklichen Verbot Jesu, zu verurteilen, gemacht worden? «Richtet nicht, damit ihr nicht gerichtet werdet; denn mit dem Gericht, mit dem ihr richtet, werdet ihr gerichtet werden, und mit dem Maß, mit dem ihr meßt, wird euch gemessen werden» (Mt 7,1 f.).

Das inquisitorische, richtende Verhalten der etablierten Kirche war nicht nur ein Sich-Versagen gegen die Hoffnung, sondern ein ausdrücklicher Verstoß gegen das Verbot zu richten und das Gebot der Feindesliebe. Sollte es denn so manchen sich christlich (dem Lippenbekenntnis nach) bekennenden Hierarchen verborgen geblieben sein, daß christliche Liebe genauso groß ist, wie man den Menschen liebt, den man am meisten ablehnt, daß *einen* Menschen hassen heißt, die christliche Liebe töten?

Das Unheimliche der Inquisition, geboren aus dem Schoß einer «christlichen Kirche», ist in all ihren Gestalten und Ausdrucksformen (von der Denunziation bis zum religiösen Mord, der in fataler Nähe zum rituellen Mord der Heiden steht) nicht einmal primär ihre Unmenschlichkeit, sondern ihre radikale Hoffnungs- und Lieblosigkeit, die in ihren Folgen so unmenschlich wird, daß selbst die Verfasser von antiutopischen Entwürfen sich von ihr inspirieren ließen. Das Faktum der Inquisition, als Ausdruck totaler Unchristlichkeit, läßt sich nicht mit Entschuldigungen und Schuldbekenntnissen, die heute so manchem leicht von den Lippen kommen, aus der Welt schaffen, sondern nur durch die Beseitigung der Gründe, die zu solcher Korruption des Christlichen führten. Das sind Hoffnungs- und Lieblosigkeit, die beiden großen Widersacher des Gottesreichs, die sich in mangelnder Ehrfurcht vor dem Leben, der Integrität und der Meinung des anderen manifestieren. Vordergründige religiöse Brutalität läßt sich nur durch die Wiederbelebung von Hoffnung und Liebe beheben.

Der ekklesiale Barbarismus hat seine Parallele im bürgerlichen. In der Todesstrafe (und der Forderung nach ihr) kommt etwas von dem «Auge um Auge» unchristlicher primitiver Sozialatavismen der menschlichen Gattung ans Licht. Auch dies ist ein Symptom von Hoffnungs- und Lieblosigkeit, das zeigt, wie wenig das Christentum das soziale Bewußtsein der Menschheit hat ändern können. Die Hoffnung, daß ein Mensch sich wandle, daß er, der psychisch oder sozial Kranke, geheilt werde, wird in der Tötung aufgehoben durch die «Hoffnungslosigkeit des Falles». Tötung, mag es nun die mordende oder die politisch-rechtlich sanktionierte sein, ist immer Ausdruck einer kranken Psyche. Nur die Gesellschaft, und das gilt auch für eine religiöse, die für sich in Anspruch nimmt, eine pathologisch entartete zu sein, durfte einen Andersgearteten morden. Zumeist ist die Forderung nach legalisierter Tötung nichts anderes als eine Ausgeburt der Angst oder blanker Rache (einer legitimierten und ritualisierten Form der Blutrache).

Die gemordete Liebe führte zum Egoismus, wie der Egoismus, die auf das Selbst in Ausschließlichkeit gerichtete Liebe, der Widerpart der Liebe ist, die stets den anderen sucht. Diese egoistische Liebe trieb und treibt die kuriosesten Blüten auch noch heute in der offiziellen christlichen Frömmigkeit. Da Liebe nicht mehr universell sein durfte, zog sie sich aufs eigene Ich zurück. Der Hassende (und sei es, daß er nur einen Menschen haßt) liebt in letzter Konsequenz nichts als sich selbst. Der pathologische Tatbestand der Liebesunfähigkeit, der Unfähigkeit, sich im Vertrauen zu sozialisieren, ist nicht selten eine unter Christen gehäuft anzutreffende Entartung des Verhaltens. Die egoistische Liebe – sit venia verbo – liebt, um etwas davon zu haben. Die berüchtigte Antwort auf die Katechismusfrage, warum wir auf Erden seien (also nach dem Lebenssinn), endet bekanntlich mit der Begründung «... *um dadurch* in den Himmel zu kommen». Das kleine egoistische Glück wird von einer pervertierten, unmenschlichen – weil psychisch krank machenden – Religiosität kultiviert. Was bleibt da noch von der Liebe des Paulus zu seinen

Mitmenschen; «Ich selbst wünsche verflucht zu sein, wenn ich dadurch meine Brüder... retten könnte» (Röm 9,3)? Was wurde aus dem «Hohen Lied der Liebe» (1 Kor 13,1–8)?:

Wenn ich die Sprachen der Menschen und Engel redete, aber ohne Liebe, wäre ich tönendes Erz und eine klingende Schelle.
Wenn ich prophetische Gabe besäße, alle Geheimnisse wüßte, allen Glauben besäße, so daß ich Berge versetzen könnte, aber ohne Liebe, wäre ich nichts.
Wenn ich all meine Habe an Arme austeilte, mich selbst dem Feuertode hingäbe, aber das ohne Liebe, es wäre nutzlos.
Die Liebe ist langmütig, gütig, ohne Neid, bläht sich nicht auf, ist nicht rücksichtslos, sucht nicht das Eigene, läßt sich nicht erbittern, trägt nichts nach...
Die Liebe glaubt alles, hofft alles, trägt alles. Sie ist ohne Ende.

An diesem Maß sollte man eine religiöse Gesellschaft messen, um zu prüfen, ob sie die Kirche Jesu Christi ist.
Die Protestation der Ketzer gegen das Enden der Liebe in einer Gesellschaft, die gerufen ist, das von Jesus verkündete «Reich der Liebe» sakramental in dieser Welt vorzuzeigen und zu wirken, war entsprechend heftig. K. Marx, in dem sich so manche Linien der Heterodoxie vereinen, ohne daß er selbst zu den «Ketzern der Kirche» gezählt werden dürfte (er war vielmehr ein «Kirchenräuber»[20] und nicht die Sorge um die Kirche trieb ihn um, sondern die Gründung einer «Antikirche»), kritisiert denn auch konsequent den Liebesegoismus im etablierten Christentum: «Der christliche Seligkeitsegoismus schlägt in seiner vollendeten Praxis notwendig um in den Liebesegoismus des Juden, das himmlische Bedürfnis in das irdische, der Subjektivismus in den Eigennutz.»[21] Sicherlich nimmt der Marxismus nicht für sich in Anspruch, das christliche Gebot der Feindesliebe aufzugreifen – im Gegenteil. Die Theorie des Klassenkampfes ist christlicher Liebe schlechthin entgegengesetzt. Doch im Solidaritätspostulat, das alle Unterdrückten und Geknechteten betrifft, kommt er bei aller Leugnung der christlichen Lehre von Liebe, der *praktischen* Liebe noch näher als die Kirche während vieler Jahrhunder-

te ihres Wegs. Doch der Unterschied – wenn auch eher theoretisch denn praktisch, macht Christentum und Marxismus unvereinbar.

d) Das utopische Ziel des Christentums ist das Gottesreich auf Erden

Das Gottesreich (= Himmelreich) ist kein Gebiet, sondern ein Terminus, der ein neues, durch Jesus erst ermöglichtes, begonnenes und gestiftetes Verhältnis von Gott und Mensch (und Mensch und Gott) bezeichnet. Die Predigt vom Reiche und wie es wächst, was Menschen dazu tun können... ist das Zentrum der Predigt Jesu (durch Wort, Tat und Leben). «Das Reich der Himmel ist gleich einem Menschen, der guten Samen auf seinen Acker säte...» Das Gottesreich umfaßt auch die Erfüllung solcher menschlicher Wünsche und Hoffnungen, die in außerchristlichen utopischen und humanistischen Bewegungen als wichtig behauptet werden. Dem Gottesreich widersprechen so z. B. Not, Elend, drückende Armut, politische und gesellschaftliche Entfremdung, Unterdrückung, Ausbeutung des Menschen durch den Menschen, unverstandener Tod, Krieg... Obschon Gottesreich ganz Gnadengeschenk («die» Gnade schlechthin) ist, erfordert es doch zum Wachstum und zum Von-ihm-Ergriffenwerden der menschlichen Tat. Obschon als vollendetes zukünftig, ist es mit Jesus gegenwärtig geworden und sollte seitdem unter und in Menschen heranwachsen. Das Gottesreich ist kein außerweltliches Reich, sondern bezeichnet *ein typisches Verhältnis von Gott und Welt in und mit Welt.*

Der Glaube an dieses Reich, das endlich und schließlich den ganzen Kosmos so mit Gott eint, ähnlich wie der Mensch Jesus als beginnendes Reich mit Gott geeint und eins war, ist das zentrale christliche Dogma. Christen unterscheiden sich von anderen religiösen oder areligiösen Bekenntnissen zuerst darin, daß sie die Ankunft des vollendeten Gottesreiches *erhoffen.* «Gottesreich» heißt das Utopia der Christen.

Sterben ist für den Christen das Tor zu Utopia, bedeutet ihm, der sein Leben unter das Gesetz des Reiches gestellt hat, Eingang in die Christusförmigkeit, ins Gottesreich.
Paulus schreibt:

Wir wissen, daß die gesamte Schöpfung bis jetzt noch überall seufzt und mit Schmerzen der Neugeburt harrt. Aber nicht nur sie, sondern auch wir selbst ... warten auf das Offenbarwerden der Sohnschaft, nämlich auf die Erlösung unseres Leibes. (Röm 8,22 f.)

Nicht anders verstanden die Ketzer ihr Sterben – und nicht wenige gingen singend in den Tod. Der Hymnus vom alles neu erschaffenden Geist (Veni creator spiritus) wurde oft ihr Kampf- und Sterbelied (ehe es von den Kreuzzüglern entweiht wurde). Doch lesen wir weiter in der Heiligen Schrift:

Als Jesus von den Pharisäern wieder einmal gefragt wurde, wann das Reich Gottes komme, antwortete er: «Das Gottesreich kommt nicht mit großen Erscheinungen. Auch wird man nicht sagen können, hier oder dort ist es, denn wisset sehr wohl: Es ist bereits mitten unter euch» (Lk 17,20 f.). – Wenn ich die bösen Geister durch den Geist Gottes austreibe, dann ist das Himmelreich schon unter euch (Mt 12,28). – Nachdem Johannes gefangengesetzt worden war, zog Jesus nach Galiläa und verkündete dort die Heilsbotschaft, die da heißt: «Die Zeit ist erfüllt und das Gottesreich ist herbeigekommen.» Werdet also frei und glaubt an die Botschaft (Mk 1,14 f.). – Seit dem Auftreten des Johannes bricht sich das Himmelreich mit Gewalt seine Bahn, und die, welche Gewalt anwenden, reißen es an sich (Mt 11,12). – Wahrlich ich sage euch: «Die Zöllner und Dirnen kommen eher als ihr (Pharisäer) ins Gottesreich» (Mt 21,31). – Jesus sagte zu ihm (der ihm nachfolgen wollte): «Niemand, der die Hand an den Pflug gelegt hat und dann noch rückwärts blickt, ist tauglich für das Gottesreich». (Lk 9,62)

Und wieder stellt sich die Frage, was die etablierte Kirche, die – vielleicht aus enttäuschter Erwartung – nicht mehr recht an das Gottesreich zu glauben scheint, aus dem einzig Wesentlichen der Christusbotschaft und des christlichen Glaubens gemacht hat. Es sind da vor allem zwei Irrwege, beide radikal unutopisch, gegangen worden: a) Die Vollendung des Gottesreiches wird zusammengesehen mit dem «Untergang der Welt» und das Got-

tesreich in einen fernen Himmel verlegt (Antiutopie), oder aber b) die Kirche identifizierte sich selbst mit dem Gottesreich (Hoffnungslosigkeit).
Schon recht früh ist in der Kirche eine Tendenz aufweisbar, das Gottesreich mit dem Weltuntergang zu verbinden. Es kommt, wenn wir Menschen diese Erde zugrunde gerichtet haben (Katastrophentheorie). Noch heute wird der Bericht vom Weltuntergang (in den beiden synoptischen und der sog. Johannesapokalypse) mit dem Kommen Jesu und der damit verbundenen Vollendung des Gottesreiches von vielen Christen zusammengesehen. Das Weltende wird mit Angst erwartet. Die induzierte Grundhaltung ist die der hoffnungslosen Furcht. Hier liegt ein offensichtliches Unverständnis der apokalyptischen Berichte zugrunde: Sie alle wollen nicht ein historisches Ereignis berichten, sondern Teil der Frohbotschaft sein, die die Drangsale dieser Welt als metahistorische Geschehnisse, die alle Menschen aller Zeiten bis hin zur Wiederkunft Christi betreffen, verstanden wissen. Sie sagen, daß diese Drangsale nicht das Letzte sind, sondern daß hinter (jenseits) aller Not, jenseits von bedrückender Armut, von sinnlosem und unverständenem Tod ein Reich kommt, in dem dies alles aufgehoben ist. Historisch wird gesagt, daß «diese Welt» – insoweit entfremdend – untergehen wird. Ein andersgeartetes historisches Verständnis christlicher Apokalyptik macht das frohe Beten «Dein Reich komme», «Maranatha», zur Lüge, denn wer wäre schon bereit, um Schreckliches zu beten. Da solche Lüge verdrängt zu werden pflegt, wird das zentrale christliche Gebet, Ausdruck christlicher Hoffnung, entweder leer und bedeutungslos geplappert, oder aber das Reich wird in ein «besseres Jenseits» verlegt. In beiden Fällen stirbt christliche Hoffnung, die Hoffnung in dieser und für die Welt ist. Wie sehr Jesus von der Weltlichkeit des Reiches überzeugt ist, zeigt sich etwa in seiner beiläufigen Aussage, daß auch im Gottesreich getrunken werde: «Ich sage euch: Ich werde von nun an nicht

mehr vom Gewächs des Weinstocks trinken, bis das Reich Gottes kommt.» (Lk 22,18)

Die Identifikation von Gottesreich (Himmelreich) mit «Himmel» ist auch heute noch vielen Christen geläufig. Das Gottesreich ist ja, wie Jesus selbst sagt, «nicht von dieser Welt» (Joh 18,36), doch es wird in und mit dieser Welt. Die Hoffnung des Christen ist nicht ein ferner Himmel, sondern die Verwandlung dieser Welt (und keiner anderen) in Gottesreich. Dies zu betonen wurden die Ketzer nicht müde.

Noch fataler aber war die Identifikation der Kirche mit dem Gottesreich. Nur diese hoffnungslose Konstruktion macht es erklärlich, daß sich die Kirche schon als «Schnitter zur Zeit der Ernte» verstand. Nur diese Fiktion erlaubte es dem Konzil von Florenz (1442) im Unionsdekret von den Jakobiten die Unterschrift unter ein Zitat aus einer Schrift des Fulgentius (468–533) über den Glauben zu fordern, das da lautet: «Keiner…, und wenn er auch sein Blut für Christi Namen vergösse, kann gerettet werden, wenn er nicht in der Einheit… mit der katholischen Kirche bleibt.»[22] Hier findet die Formel desselben Autors, die ebenfalls im Konziltext auftaucht, den Segen der Kirche: Die Kirche «glaubt fest, bekennt und verkündet, daß niemand außerhalb der katholischen Kirche, nicht nur kein Heide, sondern auch kein Jude oder Häretiker oder Schismatiker des ewigen Lebens teilhaftig werden kann.»[23] Diese Texte wurden einige Jahrhunderte lang in der katholischen Kirche als Dogma verkündet und geglaubt. Solche Aussagen sind nur verständlich, wenn man darum weiß, daß sich die Kirche in diesen Jahrhunderten totaler Hoffnungslosigkeit als Gottesreich verstand. Ersetzt man in den genannten Texten den Terminus «katholische Kirche» durch «Gottesreich», sind sie jedoch stimmig. Aber das Reich ist nicht überall, wo Kirche, und nicht überall, wo Kirche ist, ist Reich. Hier hat das böse Wort A. Loisys sein relatives Recht: «Jesus verkündete das Reich, und es kam – die Kirche.»

Erst das Zweite Vatikanische Konzil hat das Verhältnis von Kirche und Gottesreich in christlich einwandfreier Weise beschrieben: Die Kirche ist nicht das Reich, sondern vor allem «Werkzeug» und «Zeichen» des Reichs:

Dieses Reich leuchtet im Wort, im Werk und in der Gegenwart Christi den Menschen auf. – Die Kirche empfängt den Auftrag, das Reich ... anzukündigen und es in allen Völkern zu begründen ... Mit allen Kräften hofft und sehnt sie sich danach, mit ihrem König in Herrlichkeit vereint zu werden.[24] Bestimmung der Kirche ist «die weitere Ausbreitung des Gottesreiches, das von Gott selbst auf Erden begonnen worden ist, bis zum Ende der Zeiten von ihm selbst auch vollendet werde, wenn Christus ... erscheinen wird und ‹die Schöpfung selbst von der Knechtschaft der Vergänglichkeit zur Freiheit der Herrlichkeit der Kinder Gottes befreit wird› (Röm 8,21). So ist (sie) ... denn, obschon sie nicht alle Menschen umfaßt ... für das ganze Menschengeschlecht die unzerstörbare Keimzelle der Einheit, der Hoffnung und des Heils.»[25]

Unausgesprochen nimmt das Konzil auch die fatale Formulierung des Jakobitendekrets zurück, indem es über die nicht-katholischen Christen schreibt, daß sie «in wahrer Verbindung mit dem Heiligen Geist, der auch ... in ihnen heiligend wirksam wird und manche bis zur Vergießung des Blutes stärkt»[26] zum Gottesreich gerufen sind.
Doch sollten wir nicht vergessen, daß dieses enthusiastische Programm der Kirche eher einer Willenserklärung gleicht, als der konkreten ekklesialen Realität. Manches jedoch, was die Ketzer vergangener Jahrhunderte als ihr Anliegen gesehen haben, etwa daß nur die christliche Gemeinschaft, die «treulich die Gebote der Liebe, der Demut und Selbstverleugnung hält», die von Jesus gewollte Kirche, seine in die Geschichte wirkende Anwesenheit ist, insofern sie in seiner Nachfolge den Auftrag Gottes, Reich zu begründen und vorzuleben, erfüllt, findet hier seinen Ausdruck. Die Ketzergeschichte, die mitunter in den Ausführungen von Marx und Engels wie in einem Brennpunkt gesammelt erscheint, war – wenn auch unbewußt und ungewußt – Auslöser

der Kehre der Kirche. Hätte die etablierte Kirche ihr Programm von 1964 hundertfünfzig Jahre zuvor *gelebt,* wäre es wohl kaum zum «Marxschen Schisma» gekommen. Scharf kritisieren Marx und Engels die falsche frömmelnde und asoziale Identifizierung von «jenseitigem Himmel» und Reich:

Es sind wiederum die Christen, die durch die Aufstellung einer aparten «Geschichte des Reiches Gottes» der wirklichen Geschichte alle innere Wesenhaftigkeit absprechen und die diese Wesenhaftigkeit allein für ihre jenseitige Geschichte in Anspruch nehmen.[27] – Diese Auffassung ist wirklich religiös, sie unterstellt den religiösen Menschen als den Urmenschen, von dem die Geschichte ausgeht... Diese ganze Geschichtsauffassung samt ihrer Auflösung... hat nur *lokales* Interesse für Deutschland, wie zum Exempel die wichtige, neuerdings mehrfach behandelte Frage: wie man denn eigentlich «aus dem Gottesreich in das Menschenreich» komme, als ob dieses «Gottesreich» je anderswo existiert habe als in der Einbildung ...[28]

Dagegen setzen sie die Vision eines weltlichen Reichs der Freiheit: «Der Himmel ist zur Erde niedergekommen, seine Schätze liegen verstreut wie die Steine am Wege, wer nach ihnen verlangt, braucht sie nur aufzuheben. Alle Zerrissenheit, alle Angst, alle Spaltung ist verschwunden. Die Welt ist wieder ein Ganzes, selbständig und frei... Wohl hatte Einer Recht, als er vor achtzehnhundert Jahren ahnte, daß die Welt, der Kosmos, ihn dereinst verdrängen werde, und seinen Jüngern gebot, der Welt abzusagen.»[29] – «Das Reich der Freiheit beginnt in der Tat erst da, wo das Arbeiten, das durch Not und äußere Zweckmäßigkeit bestimmt ist, aufhört.»[30]

Im Folgenden möchten wir, um das Vorhergesagte zu illustrieren, drei Ketzerschicksale vorstellen, die, obschon sie verschiedenen Denkrichtungen und Zeiten angehören, unserer Zeit manches zu sagen haben. Wir werden dabei zunächst kurz ihr Leben skizzieren, um dann einiges von ihrer Lehre zu berichten.

3. Ketzerleben und Ketzerlehre

Vor dem Hintergrund der bisherigen Notizen sei das Leben und die Lehre einiger Männer vorgestellt, die sich in Sorge um Jesus, seine Botschaft und sein Reich in manchem gegen die herrschende Auffassung vom Christlichen ihrer Zeit stellten. Es wäre unrichtig, sie als historische Singularitäten in einem großen Feld allgemeiner Orthodoxie abzutun, sie sind vielmehr symptomatisch für das Christentum als utopische Bewegung, eine Überzeugung, die niemals ganz in der Kirche verschwand und die kirchliche etablierte Strukturen und Gebilde in Frage stellte.

a) Joachim von Fiore

Nach dem späten Zeugnis des Jocobus Graecus (1612) wurde Joachim 1145 in Celicio bei Cosenza in Kalabrien geboren. 1166 reist er über Byzanz ins Heilige Land. Hier scheint er die sein späteres Denken bestimmenden Anregungen gefunden zu haben. Im folgenden Jahr fährt er auf dem Seeweg wieder nach Italien zurück. Noch im gleichen Jahr tritt er in das Zisterzienserkloster Sambucina ein. In den folgenden elf Jahren wechselt er häufig sein Kloster, bis er 1178 Abt des Klosters Corrazzo wird. Hier beginnt er seine schriftstellerische Tätigkeit. Ein Schreiben von Papst Lucius III. vom 29. August 1181 fordert ihn auf, seine Schriften zu vollenden. Um diesem Wunsch nachkommen zu können, verläßt er das Kloster, wird aber schon im folgenden Jahr Abt des Klosters in Camasari. 1187 – das Jahr, in dem Saladin, der Sultan von Ägypten, Jerusalem erobert – enthebt ihn Papst Clemens III. seiner Abtwürde und wiederholt den Auftrag, seine Schriften weiterzuführen und abzuschließen. Joachim scheint diesen Auftrag nicht sonderlich ernst genommen zu haben, denn mit einigen Mönchen, die gleich ihm Camasari verlassen, gründet er bei Floris ein Zönobium. In dem Jahr, da der dritte Kreuzzug ausbricht (1189), wird seine zönobitische Gründung exemte Abtei. Joachim entwirft für seine Gemeinschaft eine neue Regel. Obschon uns der Text der Regel nicht erhalten ist, darf man davon ausgehen, daß es sich um eine verschärfte Zisterzienserregel handelt. 1196 approbiert Papst Cölestin III. diese

Regel. In den folgenden Jahren werden von Floris aus zahlreiche Tochterklöster gegründet, die alle der Joachimitischen Regel folgen. Als Joachim 1202 (das Jahr wird zumeist als sein Todesjahr angegeben) seine Amtswürde niederlegt, es ist das Jahr, in dem der vierte Kreuzzug begann, zieht er sich nach San Martino, einer Tochtergründung von Floris, zurück. Nach einer Glosse im Codex Vaticanus 3822 ist er hier drei Jahre später gestorben. 1215 verwirft das 4. Laterankonzil die Trinitätslehre Joachims, wie er sie in seinem Kommentar zum Sentenzenbuch des Petrus Lombardus niedergeschrieben hatte (D 803–806), nimmt jedoch Joachim und seinen Orden ausdrücklich gegen jeden Häresieverdacht in Schutz (D 807). Im Geist des Konzils weist 1220 Papst Honorius III. in einem Brief an den Erzbischof von Cosenza und den Bischof von Bisignano alle Angriffe gegen Joachim und seine Orthodoxie zurück und droht den Verleumdern harte Strafen an.

1254 faßt der Franziskaner Gherado vom Borgo San Donnino die drei Hauptschriften Joachims zusammen und veröffentlicht sie, zusammen mit einer Einleitung aus eigener Feder (Liber introductorius), als «Ewiges Evangelium». Damit war der erste Schritt vom Anders-Glauben des Abtes Joachim zum «Anderes glauben» seiner Ketzerjünger getan. Noch im selben Jahr stellt eine Theologenkommission zu Paris 31 Sätze des «Ewigen Evangeliums» als irrig heraus. Im Folgejahr (1255) verurteilt Papst Alexander IV. die so herausgegebene «Konkordanz» zusammen mit dem «Liber introductorius». Doch nur der Bischof von Arles scheint die Verbreitung des «Ewigen Evangeliums» ernsthaft verboten und – so gut als möglich – verhindert zu haben. Joachim wurde nie heiliggesprochen, dennoch entwickelte sich ein von den kirchlichen Institutionen immer geduldeter, manchmal gar geförderter lokaler Kult an seiner Grabstätte im Kloster San Giovanni in Fiore. Obschon er zum Vater einer bis in die Gegenwart noch wirksamen Reihe von Ketzern wurde, hat die Kirche ihn niemals verurteilt, und das, obschon seine Lehre offene Ketzerei war.

Den drei trinitarischen Personen ordnet er drei Weltzeiten («drei Reiche») zu, die er so charakterisiert[31]:

Reich des Vaters	*Reich des Sohnes*	*Reich des Geistes*
Schöpfung	Erlösung	Befreiung
Gesetz	Gnade	Liebe
Knechtes-knechtschaft	Kindes-knechtschaft	Freiheit
Wissenschaft	Weisheit	Einsicht in Fülle
Plagen	Arbeit (Aktion)	Kontemplation
Angst	Glaube	Liebe
Knechtschaft	Kindschaft	Freundschaft
Sternenlicht	Morgenröte	Heller Tag
Halm	Ähre	Frucht

Das utopische Reich des Geistes (das «dritte Reich») wird angekündigt durch einen großen Führer, der 1260, das sind 42 Generationen zu je 30 Jahren nach Christus, wie einst der Hund des Engels dem Tobias (vgl. Tob 5,16), dem Reich des Geistes vorausgeht.[32] In dieser Zeit wird auch der Antichrist geboren werden.[33] Wann jedoch das Reich des Geistes anbrechen wird, ist uns unbekannt.[34]

Im Reich des Geistes wird der *geistige* Inhalt des geschriebenen Evangeliums von einem neuen Mönchsorden[35] oder einem Engel[36] verkündet werden[37]. Dieses Reich wird nach Art der Kirche sein, aber ohne Sakramente und ohne Klerus. An seiner Spitze wird ein «geistiger Papst» stehen.[38]

Der Religion der streitenden Kirche wird eine neue, andere entgegengestellt werden, die frei sein wird und geistlich, in der das Papsttum, machtvoll durch den Frieden der «neuen Kirche», nicht wankt.[39] Das ist aber keineswegs das Ende der Kirche Jesu

Christi, sondern ihre Erfüllung, in der sie für alle Zeit in Herrlichkeit fest und sicher besteht.[40]
Zwei Tugenden werden das Leben im Reich des Geistes bestimmen: Menschlichkeit und Freiheit des Geistes.[41] In diesem Reich werden auch alle religiösen Institutionen («die Einrichtungen des Neuen Testaments») enden, es wird ein Reich der Freien von jedem privaten Besitz sein.[42] Diese «Freien von jedem privaten Besitz» nennt Joachim «Mönche». Es hieße Joachim falsch verstehen, wenn man seinen «geistigen Papst» und seinen «neuen Orden» als kirchlich verfaßte Institutionen interpretierte. Seine Berufung auf Joel 2,28 («Ausgießen werde ich... meinen Geist über alles Fleisch... Selbst über Knechte und Mägde werde ich meinen Geist ausgießen in jenen Tagen») scheint ein universelles, nicht sozial verfaßtes «Reich des Geistes und der Freiheit» anzudeuten. Zweifelsfrei aber ist das Reich des Geistes ein Reich auf dieser Welt. Es ist ein Reich in Geschichte und nicht ein geschichtstranszendentes Gebilde.[43] Um es herbeizuführen, sind unsägliche Mühen vonnöten. Erst im Reich des Geistes entfällt die Handlung, die Tat als heilsrelevantes Geschehen (das gilt selbst für die christliche Verkündigung).[44] Freiheit meint bei Joachim nicht eine metaphysische Freiheit, die dem Menschen auch unabhängig von allen äußeren, weltlichen Zwängen eigen ist oder doch eigen sein kann, sondern eine Befreiung von Notwendigkeiten, von Weltsorgen[45], von Handlungszwängen, von Riten und Sakramenten, von aller Herrschaft des Menschen über den Menschen, sei sie politisch oder kirchlich. Joachims Utopia wird nicht realisiert durch die Negation bestehender Zustände, sondern durch deren Aufhebung.[46] Seine Protestation gegen soziales Unrecht (so macht er sich den Satz in sozialkritischer Absicht[47] zu eigen: «Man schmückt die Altäre und der Arme leidet bitteren Hunger») führt ihn nicht unbedingt zur Forderung nach gewalttätiger Revolution, doch revolutionär bleibt sein Programm allemal: Die bestehende Kirche und jeder Staat

sind nicht von ihren Greueln zu reinigen, sondern abzuschaffen.[48]

Für Ernst Bloch wird der Ketzer Joachim zum Sinnbild christlich-revolutionärer Sozialutopie. Zudem sei sein «Reich des Geistes und der Freiheit» nicht irgendein Wolkenkuckucksheim. Er setzt ihm einen Termin.[49]

«Aller Joachimismus kämpfte aktiv gegen die sozialen Prinzipien eines Christentums, das sich seit Paulus mit der Klassengesellschaft unter tausend Kompromissen verbunden hat.»[50] – «Die Reise der Seele zu Gott wurde... durch Joachim von Fiore zu einer Bewegung der Geschichte selbst verwandelt, zur Dynamik des letzten Evangeliums.»[51] Von allen christlichen Ketzern kommt – nach Bloch – Joachim dem marxistischen Ideal am nächsten: «Der große Ketzer und Zukunftsträumer Joachim di Fiore passiert zwar noch [als Rückverweis marxistischer Gedanken], obwohl er doch auch nur so eine Art Jesaias des dreizehnten Jahrhunderts war, aber Marx, weil er der Ernstfall ist, wird angehalten und als – soi disant – Kirchenräuber entlarvt.»[52]

Liest man die Texte Joachims unbefangen und vorurteilslos, wundert man sich, daß die Kirche der Kreuzzugszeit keine seiner revolutionären Ansichten verwarf, sondern – im Gegenteil – die Rechtgläubigkeit Joachims feierlich bestätigte. Sollte, so lautet eine ketzerische Frage, die Kreuzzugskirche toleranter gewesen sein als die Kirche der Gegenwart? Würde heute ein Theologe Joachims Thesen über das Papsttum und die Kirche lehren, drohte ihm mit Sicherheit ein Verfahren wegen Häresie. Die Beteuerung seiner Rechtgläubigkeit wäre keinen Pfifferling wert.

Doch schauen wir einmal, welche Folgen die Lehren Joachims für die nähere Zukunft hatten (die fernere läßt sich kaum mehr ausloten, denn der Glaube dieses Ketzers bestimmt das ketzerische Denken in und um die Kirche bis zum heutigen Tag. Es ist so allgegenwärtig, daß man es kaum mehr sieht).

Almarich, dessen Geist nach der Ansicht der Mitglieder des 4. Laterankonzils «so vom Vater der Lüge verblendet war, daß seine Lehre als ebenso häretisch wie krankhaft zu werten ist» (D 808), vertritt nach dem Zeugnis des Vincens von Beauvais (Speculum historiale, XXX, c. 7) eine Drei-Reiche-Lehre, die mit der Joachims weitgehend identisch ist.[53] Mit ihm selbst beginne das Reich des Geistes, in dem ein jeder innerlich inspiriert werden könne ohne Werke oder Sakramente. 1210 verurteilte die Universität von Paris diese Ansicht. Vergebens appelliert Almarich an Papst Innozenz III. Nach seiner Verurteilung durch das Laterankonzil unterwirft er sich der kirchlichen Gewalt.

Doch Almarich hatte Schüler, die den Ketzernamen *Almarikaner* erhielten. Sie wurden schon 1209 entdeckt, zum Teil ergriffen, vor der Synode in Paris verhört und verurteilt. Zehn wurden verbrannt, vier eingekerkert. Sie lehrten:

– Es gibt keine Heilsvermittlung durch die Kirche, keine legitime Heiligenverehrung und keine moralischen Normen.

– Der Mensch ist nichts, denn alles ist Eins in Gottes Wesen, weil Gott alles in allen wirkt (1 Kor 12,6). Die Zeit der Kirche ist vorüber, die des Geistes aber kennt weder Sakramente noch Dogmen.

Cäsarius von Heisterbach berichtet über einen Schüler des Almarich (den Goldschmied Wilhelm), daß er die Kirche als apokalyptisches Babylon und die Hierarchie als Manifestation des Antichrist behauptet habe. Das Weltgericht sei nichts als eine Geschichtskatastrophe, die alles Bestehende verändere, die Widersacher des Geistes und der Freiheit vernichte und das Reich des Geistes heraufführe, das der Himmel auf Erden sei, außer dem nichts mehr zu erwarten stehe.

Um die Jahrhundertmitte wurde der letzte Almarikaner, der Magister Godinus, in Amiens verbrannt. Aber inzwischen hatte eine neue Ketzergruppe, die *Apostoliker,* das Erbe Joachims aufgegriffen.

1260, im Jahre der beginnenden Reichspredigt Joachims, gründet Gerhard *Segarelli,* ein Handwerker aus Alzano bei Parma, die Gemeinschaft der Apostoliker. Sie fordern die Rückkehr zur Eigentumslosigkeit des frühen Christentums vor der unheiligen

Allianz des Papstes Sylvester I. mit Kaiser Konstantin. Scharf ist ihre Kritik an der reichen Kirche. Ihre Bußpredigt – 1260 ist das Jahr der ersten großen Geißlerzüge, während der Mitte des deutschen Interregnums – führt ihnen großen Anhang zu. Als Papst Honorius IV. die Gemeinschaft für gesetzeswidrig erklärt (1285 – die Zeit des Untergangs der orientalischen Kreuzfahrerstaaten), ihre Mitglieder auffordert, ihre Tätigkeit einzustellen oder einem bestehenden Orden beizutreten, lehnen sie sich gegen die etablierte Kirche und ihre Hierarchie auf. Martin IV. leitet 1294 ein Inquisitionsverfahren gegen Segarelli ein. Der widerruft, wird freigelassen, führt seine Gemeinschaft weiter in der Rebellion gegen Papst und Kirche, wird wieder von kirchlichen Schergen aufgegriffen, gefangengesetzt und neun Jahre nach Beendigung der Zeit der Kreuzzüge (1291 räumen die Christen Akkon, die letzte Besitzung in Palästina) verbrannt.
Sein Nachfolger, Fra Dolcino von Novara, seit 1291 Mitglied der Bruderschaft, übernimmt die Führung. Er nennt alle Kleriker, Mönche und Fürsten Kinder des Satans und beginnt in Erwartung der neuen Geistkirche, deren Ankunft er für 1306 berechnet, einen großangelegten Feldzug. Sein Kampf richtet sich gegen alle Machthaber in Kirche und Staat. Seine Predigt fordert nicht passives Erwarten des Reichs, sondern seine gewaltsame Heraufführung in radikaler Eigentumslosigkeit. In Fra Dolcino verbinden sich joachimitische Reichserwartung mit revolutionärem Willen.
Da die Kreuzzüge ins Heilige Land wegen der starken Übermacht der Muslime unmöglich geworden sind, ruft der Papst zu einem Kreuzzug wider die Ketzer auf. 1307 erobert das Kreuzheer Fra Dolcinos feste Schanze bei Novara. Fra Dolcino und viele seiner Anhänger, darunter auch seine Gefährtin, Margaretha, werden verbrannt, insoweit sie nicht schon im Kampf umgebracht worden sind.
Die Heilige Inquisition übernimmt nun die Funktion des Heili-

gen Heeres: die mörderische Verfolgung der Apostoliker. Aber es gelingt auch ihr nicht, sie alle auf den Scheiterhaufen zu bringen. Noch 1374 erläßt die Synode von Narbonne gegen sie Strafverfügungen.

Einer der Apostoliker, *Bentivenga* aus Gubbio, wird Franziskaner[54] und gründet 1307, dem Jahr der Niederlage von Novara, in Umbrien die «Gemeinschaft des Geistes der Freiheit», die deutlich joachimschen Einfluß erkennen läßt. Doch noch im gleichen Jahr werden er und seine Gefährten zu ewigem Kerker verurteilt, weil sie – im Geist der Freiheit – nicht glaubten, den Befehlen der Hierarchie folgen zu müssen.

Auch in vielen *Begarden-* und *Beginenkonventen* hielt die joachimsche Idee von der Freiheit im Heiligen Geist Einzug. Diese Bewegung begann vermutlich schon in der Mitte des 13. Jahrhunderts in einem schwäbischen Beginenkonvent. Bald darauf wurden viele dieser Konvente Zentren der «Freigeistigen Bewegung» (so nach dem Zeugnis der Colmarer Annalen um 1290 in Colmar und Basel). Sie waren der Ansicht, daß der, den der Geist frei gemacht habe, keinen Zwängen von Kirche und Staat unterstehe. Wer im Geiste lebt, kann schon auf Erden sündlos werden. Die Lehre Joachims vom Geistdiesseits griff wie ein Lauffeuer um sich.

1312 griff die Kirche ein: Das Konzil von Vienne verurteilte die Lehre vom diesseitigen Geistreich, darunter etwa den Satz: «Wer im Grad der Vollkommenheit und im Geist der Freiheit lebt, ist keiner menschlichen Autorität mehr unterworfen ..., weil ‹dort, wo der Geist des Herrn ist, Freiheit ist›.» (Kor 3,17) (D 893)

Doch der «Geist der Freiheit» läßt sich nicht – wie alle großen Versuche von Befreiung – durch Konzilsbeschlüsse oder Papstdekrete brechen. Er lebt weiter. Und immer wieder wird der Name Joachim genannt wie ein Fanal. Noch Thomas Müntzer schreibt in einem Brief an den Schlosser Hans Zeiß unter dem 2. Dezember 1523: «Ihr sollt wissen, daß sie diese [meine] Lehre dem Abt Joachim zuschreiben und heißen sie ein Ewiges Evangelium in großem Spott. Bei mir ist das Zeugnis des Abtes Joachim groß. Ich habe ihn allein über Jeremias gelesen.»[55]

b) Jan Hus

Jan Hus wurde als Sohn eines Fuhrmanns und Kleinbauern 1369 in Husinetz (Südböhmen) geboren. Als Sechzehnjähriger beginnt er seine Studien in Prag. 1400 wird er zum Priester geweiht. Eifrig studiert er die Lehren des großen englischen Ketzers John Wiclif (1320–1384), der über seinem Studium der Heiligen Schriften zur heftigen Kritik an Papsttum und katholischem Dogma kam. Er forderte für die Kirche bedingungslose Armut und deswegen die Überführung aller Kirchengüter in öffentlichen Besitz. Am 22. Mai 1377 verurteilte Papst Gregor XI. 19 Thesen des Engländers, nachdem er Wiclif für den Februar des Jahres nach Rom vor die Inquisition geladen hatte, der Vorgeladene aber es vorzog, nicht zu erscheinen. Unter den verurteilten Sätzen finden wir unter anderen diese:

«Gott kann keinem Menschen für sich und seine Erben ein immerwährendes ziviles Herrschaftsrecht geben» (D 1122); «Es ist den Königen erlaubt, den Würdenträgern der Kirche materiellen Besitz zu nehmen, wenn sie ihn gewohnheitsmäßig mißbrauchen» (D 1137); «Auch der römische Papst kann legitim von seinen Untergebenen und Laien getadelt, ja angeklagt werden» (D 1139); «Jesus hat seinen Jüngern nicht die Gewalt verliehen, ihre Untergebenen zu exkommunizieren, vor allem nicht, wenn sie das Privateigentum ablehnen» (D 1132).

1382 schloß sich eine Synode in London der Verurteilung an. Inzwischen hatten aber Wiclifschüler, die den Ketzernamen *Lollarden* erhielten, die Lehre ihres Meisters in ganz Europa verbreitet. Das Prag des ausgehenden 14. Jahrhunderts war einer der Brennpunkte der Diskussion um Wiclif geworden.
Unter Anleitung seines Lehrers Stanislaus von Znaim studierte Jan Hus eifrig die Lehre des Engländers. Als er bald nach seiner

Priesterweihe Universitätslehrer und Prediger an der St.-Michaels-Kirche in Prag wird, glüht der Streit um Wiclif im verborgenen nach. Doch schon zwei Jahre später, um 1402 – Hus ist inzwischen Prediger an der Bethlehemkirche («Kapelle zu den unschuldigen Kindern») geworden –, eröffnet er den Kampf: scharf predigt er gegen Unzucht, Reichtum, Macht. 1403 bricht dann endlich das schwelende Feuer um Wiclif aus. Offen ergreift Hus an der Universität die Partei der Wiclifanhänger. Aber die Universität beschließt, die Ansichten Wiclifs nicht zu lehren. Doch Hus widersetzt sich dem Verbot. Seit 1407 predigt er offen Aufruhr wider Papst und Bischöfe, die nach Unzucht – ein damals im höheren Klerus keineswegs seltenes Vergehen – abzusetzen und aus der Kirche auszuschließen seien. Alle Geistlichen, die für irgendwelche Amtshandlungen Geld nähmen – und das war der gesamte Weltklerus, der von solchen Einnahmen lebte –, seien Ketzer. Jeder Kleriker bis hin zum Papst habe allem Privateigentum zu entsagen und alle weltliche Macht abzutreten. Die Universitätstheologen sehen in diesen Aufforderungen nicht nur eine Gefahr für den Bestand der Kirche, sondern auch eine Wiederaufnahme der ketzerischen Lehren Wiclifs. So kommt es am 25. April 1408 zu einer erneuten Ablehnung der Thesen Wiclifs durch die Universität. Noch schweigt die offizielle Kirche über die Prager Vorgänge um Hus. Ob sie glaubt, durch die disziplinarischen Forderungen der Universität ihr Ziel, den Böhmen zum Schweigen zu bringen, einfacher und ohne großes Aufsehen zu erreichen?

Hus selbst bringt seine Sache vor das Tribunal der Kirche: Am 25. Juni 1410 appelliert er gegen das Universitätsverbot an Papst Johannes XXIII. und fordert von ihm einen Erlaß, der Bücherverbrennungen verbieten und freie Lehre und Predigt sichern solle. Nun muß sich die offizielle Kirche entscheiden. Sie befiehlt, die Schriften Wiclifs auszuliefern und zu verbrennen. Am 16. Juli 1410 wurde dieses Autodafé in Prag vollzogen. Aber Hus weigerte sich mitzumachen. Zwei Tage später wird er exkommuniziert. Neun Tage darauf reagiert Hus: er verteidigt öffentlich an der Universität eine Schrift Wiclifs über die Trinität. Sechs Wochen danach (am 8. September) nimmt Hus Verbindung mit den Lollarden auf. Der Lollarde Richard Wyche (Wicz?) fordert ihn brieflich auf, weiter tapfer Widerstand zu leisten, und Hus antwortet sehr freundlich und zustimmend.

Noch im selben Monat (am 20. September 1410) wird Hus nach Rom zum Verhör geladen. Aber er kommt nicht, läßt Papst und Kardinäle warten. Darauf wird er im Februar 1411 im Auftrag des Papstes von Kardinal Otto von Colonna feierlich exkommuniziert.

Doch Hus beteuert seine Rechtgläubigkeit. Am 1. September 1411 erklärt er feierlich seine Bereitschaft, eine ihm nachgewiesene Irrlehre zu widerrufen. Im folgenden Jahr greift Hus das päpstliche Ablaßwesen öffentlich an. Seine Freunde gehen so weit, am 7. Juni 1412 einige päpstliche Ablaßbullen zu verbrennen (ein Vorgang, der gut 100 Jahre später Martin Luther zu ähnlichem Handeln veranlaßte). Bald darauf (am 10. Juli 1412) verurteilt die Universität die Lehre Wiclifs noch einmal. Hus kümmert sich wiederum nicht um das Urteil. So wird dann im September (1412) feierlich der Bann über ihn gesprochen und angeordnet, daß er festzusetzen sei. Die Bethlehemkapelle, in der er seine ketzerischen Predigten hielt, soll zerstört werden. Hus flieht aus Prag und hinterläßt seine Stadt im Aufstand.

Doch wohin fliehen? Inzwischen hat Papst Johannes XXIII. ein Konzil nach Konstanz am Bodensee einberufen. So macht sich Hus denn am 11. Oktober (1414) auf nach Konstanz. Am Allerheiligentag des Jahres tritt das Konzil zur ersten Sitzung zusammen. Hus wartet. Aber es hätte ihm spätestens am 4. Mai 1415 aufgehen müssen, daß nichts Gutes bevorsteht: An diesem Tage verurteilte das Konzil feierlich 45 Thesen Wiclifs als ketzerisch. Einen Monat später wendet sich dann das Konzil seinem lebenden Ketzer zu. Am 5. Juni wird Hus zum ersten Mal verhört. Drei Wochen später wird das Urteil gesprochen: Dreißig seiner Thesen werden verworfen, er selbst zum Tode verurteilt. Das Urteil wird ohne Verzug vollstreckt.

Doch mit Husens Tod wächst seine Bewegung (das ist Ketzerschicksal). Seine Anhänger erhalten den Ketzernamen *Hussiten.* Kaum ist das Feuer des Scheiterhaufens verglüht, beginnt eine heftige Hussitenverfolgung, die sich – mit Unterbrechungen – bis in die Zeit der lutherischen Reformation, ja bis zum Dreißigjährigen Krieg hinzieht. Grundlage der Inquisitionsverfahren – es sind einige tausend – ist ein Fragenkatalog, den Papst Martin V. am 22. Februar 1418 veröffentlicht. Im nächsten Jahr beginnen die Hussitenkriege und wollen bis 1436 nicht enden. Religiöse und nationalböhmische Strömungen verbinden sich zu einer gewaltigen Bewegung. Der deutsche Kaiser Sigismund (1410–1437) wird aus Böhmen vertrieben, die Hussiten fallen in die Nachbarländer ein... Erst ein neues Konzil, das zu Basel, kann 1431 den Riß zwischen Ketzern und Kirche oberflächlich durch Gewährung mancher Vorrechte in der kirchlichen Praxis und Disziplin kitten.

Als Jan Hus in Südböhmen aufwuchs und die Schule besuchte, war Böhmen weitgehend Waldenserland. Als er in Prag studierte, begegnete er dem Einfluß der Lollarden. Beide großen Ketzerbewegungen, die der Waldenser und Lollarden, prägten sein Denken.[56]

Die *Waldenser* gingen auf eine Gründung des reichen Lyoner Kaufmanns Valdes im 8. Jahrzehnt des 12. Jahrhunderts zurück. Sie lebten ohne jedes Privateigentum und predigten auf Straßen und Plätzen das Evangelium. Schon bald erklärte Papst Lucius III. die «Armen von Lyon» zur häretischen Sekte (1184), weil sie die persönliche Integrität der Priester über die kirchliche Weihe stellten, die Laienpredigt verteidigten und praktizierten und auch Nichtgeweihten erlaubten, zu taufen, zu absolvieren,

die Eucharistie zu reichen und an der Bischofswahl teilzunehmen (D 760). Kirchen hielten sie für überflüssig, ans Fegefeuer vermochten sie nicht glauben, den Eid lehnten sie rundweg ab.
Als 1199 die ersten Waldenserkonventikel in Metz entdeckt wurden, mahnte Papst Innocenz III. noch in einem Brief («Cum ex iniuncto») vom 12. Juli 1199 die Häscher und Ketzerriecher unter seinem Klerus, ungeduldig fromme Einfalt nicht als Ketzerei zu etikettieren. Doch als die Bewegung um sich griff und sich über ganz Europa verbreitete, wurde man auch in Rom ungehalten. In Deutschland wurde Konrad von Marburg mit der Ketzerjagd beauftragt. Doch seine teils barbarischen Bemühungen, der Orthodoxie zum Siege zu helfen (1231–1234), konnten die Ausbreitung der Bewegung nicht verhindern. Nach 1330 machte man ihnen Prozesse in Polen, Ungarn, Thüringen, Pommern ..., folterte sie und verurteilte sie zu Kerker oder Feuer. Im 15. Jahrhundert schlossen sich nicht wenige den Hussiten an, die Mehrzahl aber behielt ihre Eigenständigkeit. Trotz aller Verfolgungen konnten sie überleben. Sie sind die einzige mittelalterliche ketzerische Bewegung, die noch heute lebt und besteht.
Die *Lollarden* (Anhänger Wiclifs) waren militanter. 1381, noch drei Jahre vor Wiclifs Tod, inszenierten sie eine Erhebung der Bauern und Arbeiter (Wat-Tyler-Aufstand), um menschenunwürdige Sozialverhältnisse zu beseitigen. Der Aufstand kam zu früh. Er wurde niedergeschlagen. Wiclif mußte seine Theologieprofessur in Oxford aufgeben und wurde in die Seelsorge geschickt. Als Pfarrer in Lutherworth ist er in äußerem Frieden mit der Kirche 1384, zwei Jahre ehe der junge Hus nach Prag zog, um zu studieren, gestorben. Seine Lehre, daß nicht die Gemeinschaft der Christgläubigen mit Papst, Bischöfen, Priestern und Mönchen Kirche ausmachen, sondern die Gemeinschaft aller durch Gottes Gnade Erwählten Kirche seien (wieder die fatale Verwechslung von Kirche und Reich, hier legiert mit einer unguten Prädestinationslehre), wurde von den Lollarden aufgegriffen

und weitergetragen; ebenso seine heftige Kritik an den herkömmlichen Formen der Ausübung weltlicher und kirchlicher Gewalt.
1395 verlangten die Lollarden vom englischen Parlament eine große Kirchen- und Sozialreform, womit sie sich alle Mächtigen in Kirche und Staat zu Feinden machten. Unter deren Druck stellte König Heinrich IV. 1401 die hartnäckige und rückfällige Ketzerei unter Todesstrafe und machte sich damit, wie einst Kaiser Konstantin, zum Richter und Henker in religiösen Angelegenheiten. Die Lollarden reagierten prompt: John Oldcastle rief zur offenen Revolution auf. Anfang 1414 kam es zu einem Staatsstreichversuch, der kläglich scheiterte. Zahlreiche Lollarden wurden gefangen und verbrannt. Wie schon erwähnt, verurteilte das Konzil von Konstanz fünfundvierzig der Thesen Wiclifs als häretisch, darunter eine Reihe revolutionär-politischer. 14 Jahre später wurde der Leichnam Wiclifs ausgegraben und verbrannt. Dieses makabre Geschehen signalisiert zugleich auch das Ende der lollardischen Bewegung. Aber Jan Hus nahm viele ihrer Anliegen auf und führte sie zu größerem Erfolg.
Uns interessieren hier weniger die dogmatischen Ketzereien Husens als seine sozialen. In aufweisbarer Abhängigkeit von den Gedanken des Abtes Joachim entwickelte er eine Reihe sozialkritischer Theorien, in denen sich Protestation gegen soziales Unrecht mit der Erwartung auf eine bessere Zeit (Hus war durchaus Utopiker) verband. Er erwartete den «Weltuntergang» als Untergang einer Phase der sozialen und politischen Entwicklung, über die hinaus er seine Anhänger in den neuen Äon hinüberführen wollte. In einer seiner Predigten in der Bethlehemkirche sagte er: «Die Letzten, das sind die Niedrigsten und Verachteten in dieser Welt, werden die Ersten sein, und die, die heute die Ersten und Höchsten sind, aber nicht Gott dienen, werden die Letzten sein. Der geringste Bauer wird dem Kaiser und König vorangehen.»[57]

Obschon Hus den Abt Joachim ausschließlich im Zusammenhang seiner Trinitätslehre zitiert[58], ist er doch in vielem anderen auch von ihm inspiriert. Die wichtigsten Inhalte seiner Lehre (auch seiner sozialkritischen) ergeben sich aus seiner Auffassung von Kirche: Sie ist die Gemeinschaft der Auserwählten[59] und hat als reine Geistkirche nur ein Oberhaupt: Jesus[60]. Der Fels, auf dem sie steht, ist nicht das Petrusamt, sondern Christus.[61] Wenn man also erkennt, daß ein Befehl des Papstes einer Anordnung oder einem Rat Jesu entgegen ist, muß man dem Papst mutigen Widerstand leisten.[62] Wer dem Papst irgendeine Binde- und Lösegewalt zuspricht, muß beweisen, daß er unsündig ist wie Gott[63], denn nur der Mensch ohne Sünde kann von Sünde befreien. Viele Päpste aber lieben keineswegs Gott an erster Stelle, sondern Macht und Besitz. Sie mißachten offen die Gebote und Räte Jesu[64], sind also Sünder, ja Manifestationen des Antichrist[65], weil in ihnen die Sünde ihren Anspruch auf Herrschaft ausspricht.
Bitter klagt er die Kleriker an, die sich von der Geistkirche lossagen, wenn sie den sündigen Papst mehr fürchten als Jesus[66], das Vorbild der Apostel in Armut und Demut mißachten[67] und nach weltlicher Macht streben[68].
Diese Sätze, die erstmalig sicher lange vor Hus formuliert wurden, aber wenig effizient blieben (Hus ist überhaupt wenig originell, seine Wirkung kann nur verstanden werden, wenn man den Boden kennt, auf den seine Worte fielen), hatten zu einer Zeit, da der Geist der Freiheit erwachte, den so viele Ketzergenerationen von Joachim her bewahrten, ihren Kairos. Der Boden war bereit, die Saat aufzunehmen, als die Lehren der utopischen Ketzer breite Schichten erfaßten. Vor allem wurde seine These, daß nicht einmal weltliche Gewalt von einem Menschen Rechtens ausgeübt werden könne, der in schwerer Sünde lebe (D 1230), eine ungeheure Wirkung. Dieser aus der joachimitischen Utopie von Reich des Geistes entlehnte Satz war eine offene Kampfansa-

ge an die bestehenden, Unrecht, Ausbeutung, Machtmißbrauch ... zementierenden Herrschaftsverhältnisse.
Hus war gerade fünf Jahre zuvor ermordet worden, da kam es am 30. Juli 1419 zur offenen Rebellion gegen Staat und Kirche: Das Neustädter Rathaus wurde gestürmt und sieben Ratsherren aus dem Fenster geworfen (wieder eine Vorwegnahme der Ereignisse von 1618, als die Prager einige kaiserliche Räte aus dem Schloßfenster auf einen Misthaufen beförderten). Kirchen und Klöster wurden im ganzen Land geplündert und vernichtet. Die Rebellen erhielten damals den Ketzernamen *Hussiten*. In den Prager Artikeln formulierten sie ihre Grundforderungen: freie Predigt, Laienkelch[68], Verzicht aller Geistlichen auf Privateigentum und weltliche Macht, Bestrafung der Todsünder durch den weltlichen Arm. Die Armen im Lande standen auf und revoltierten gegen die Kirche, die ihnen freie Predigt und den Kelch verbot (D 1258, 1277 f.), und die Reichen (das waren damals in Böhmen vor allem die Deutschen – so wurde die soziale Revolution zum poltischen Krieg).
Endzeitliche Erwartungen über die Herrschaft der Guten und Armen verbanden sich mit sozialutopischen Ideen. Staat und Kirche boten fünf Kreuzzüge gegen die Hussiten auf («Hussitenkriege»), der letzte scheiterte 1431. Böhmen erhielt bis zur Gegenreformation eine von Rom zugestandene (zähneknirschend zugestandene) Eigenrechtlichkeit (mit eigenem Ritus, eigenem Kirchenrecht ...).
Die Bedeutung der Hussitenkriege müssen wir darin sehen, daß es zum ersten Male einer Gruppe von Ketzern gelang, eine kirchliche Reformation, wenn auch beschränkt auf den eigenen Herrschaftbereich, zu erzwingen und einen politischen Krieg in sozialrevolutionärer Absicht zu führen und zu gewinnen. Utopia war also nicht bloßes Träumen. Revolutionäre Gewalt kann zum Ziele führen, wenn man nur genügend begeisterte Anhänger hat – und die hatte der verbrannte Hus mehr, als der lebende sich je-

mals erträumte. Obschon Hus niemals selbst das Feudalsystem seiner Zeit als ökonomische Struktur angriff, legte er doch die Gründe zu seiner Überwindung.

c) Thomas Müntzer

Thomas Müntzer wurde um 1490 in Stolberg am Harz geboren, er war also etwa 7 Jahre jünger als Martin Luther. Es ist das die Zeit der beginnenden großen geographischen Entdeckungen: 1485 umsegelte Bartolomëu Diaz das Kap der Guten Hoffnung, zwei Jahre später wird Kolumbus aufbrechen, um auf der Westroute Indien zu suchen. Über siebzig Jahre sind vergangen seit der Verbrennung des großen böhmischen Ketzers. Müntzer wurde also in eine Zeit allgemeinen – nicht nur religiösen – Aufbruchs hineingeboren. Der Sechzehnjährige zieht zum Studium nach Leipzig. In der Zwischenzeit war der Ostweg nach Indien (1498 Vasco da Gama), war Brasilien (1500 Pedro Cabral), waren die Hochkulturen Mittelamerikas entdeckt worden. Die Welt dehnte sich nach neuen Ufern.

1512 wird Müntzer in Frankfurt an der Oder zum Magister der Theologie promoviert. Im nächsten Jahr ist er Lehrer in Halle und scheint sich an einem Geheimbund gegen den Erzbischof Ernst von Magdeburg-Halberstadt beteiligt zu haben. Seine revolutionäre Begabung scheint vor seinem ketzerischen Elan erwacht zu sein. Drei Jahre später sehen wir ihn als Lehrer (und Propst?) in Frose bei Aschersleben und als Beichtvater im Nonnenkloster Bauditz bei Naumburg. 1519 ist er wieder in Leipzig und mag hier Luther begegnet sein. Jedenfalls wird er im folgenden Jahr auf Empfehlung Luthers Prediger an der Marienkirche zu Zwickau. Mitte Mai – also noch ehe Luther endgültig durch die Verbrennung der päpstlichen Bannbulle mit Rom bricht – hält er seine Antrittspredigt, in der er zur offenen Auflehnung gegen die römische Kirche auffordert. Schon im September 1520 wird er von der Marienkirche an die Katharinenkirche, um die sich eine Gemeinde armer Leute sammelte, zwangsversetzt. Hier setzt er heftiger denn zuvor seine antirömischen Predigten fort, diesmal, vermutlich durch seine Hörer dazu angeregt, mit starken sozialkritischen Akzenten. Gegen Luthers Bürger- und Fürstenreformation fordert er eine Volksreformation. Häufig beruft er sich auf den «Geist der Freiheit» und fordert zur Aktion auf. Sein Wille zur aktiven Volksreformation bringt ihn bald in scharfen Gegensatz zu Luther, dem er vorwirft, den Fehler der römischen Kirche, sich wieder mit der politischen Macht zu arrangieren und sie zu Schutzzwecken zum Schaden des kirchlichen Anliegens zu gebrauchen, zu wiederholen.

Im April 1521 wird er seines Predigeramtes enthoben. Über Saaz wandert er nach Prag, das sich dank seiner kirchlichen Eigenständigkeit sehr viel toleranter gibt als die deutschen Landschaften, in denen sich die Reformation erst ihren religiösen und politischen Weg bahnen muß. Hier in Prag, wo der Geist Husens weiterlebt – er ist bis heute noch nicht gestorben –, wird er Professor für Theologie. Hier in Prag, wo auch das Erbe des Abtes Joachim noch nicht vergessen ist, sucht er Anschluß an joachimitische Kreise. Am Allerheiligentag (1521) verfaßt er das «Prager Manifest» gegen die römische Kirche. Offen verkündet er, der Tag der Ernte sei da und der Herr sende seine Engel aus, Unkraut vom Weizen zu scheiden. Das utopisch-eschatologische Pathos wird von nun an seine Rede begleiten. Hier in Prag versucht er eine Gegenkirche, die Neue Apostolische Kirche, zu gründen, die sich sowohl gegen die römische Kirche als auch gegen die Gemeinden lutherischer Herkunft richtet, da in beiden die ungute Allianz mit Reichtum und politischer Macht lebt und ihr Unwesen treibt. Offen knüpft er an das Anliegen der Apostoliker an: ihre Forderung nach apostelgleicher Armut, Machtlosigkeit, Geistbesessenheit, Freiheit.

Doch schon 1522 muß er aus Prag fliehen, die Prager wollen offensichtlich das labile Gleichgewicht mit der römischen Kirche

nicht gefährden. Mag sein, daß er auf seiner Flucht Luther begegnete. Kurze Wochen ist er Prediger in Nordhausen, wird aber bald wieder vertrieben. 1523 sieht ihn als Prediger in Allstedt. Hier verfaßte er in wenigen Monaten seine bekanntesten Predigten und Schriften: «Wider den gedichteten Glauben der Christenheit» (1523), «Die deutsche Messe» (1524), die «Fürstenpredigt» (13. Juli 1524), die «Bundespredigt» (14. Juli 1524)... Schon im Juni 1524 beginnt er mit der Sammlung eines «Getreulichen Bundes göttlichen Willens», dem sich in wenigen Tagen fünfhundert Allstedter Bürger anschließen. Es kann sein, daß er Ende des Monats den Bauernaufstand im südlichen Schwarzwald unterstützt. Nach der «Bundespredigt» wächst der «Getreuliche Bund» sprunghaft an. Politiker wie lutherische Theologen bekommen es mit der Angst zu tun. So wird denn Müntzer gut zwei Wochen nach der «Bundespredigt» zum Glaubensverhör nach Weimar geladen. Hier erhält er totales Publikationsverbot. Die junge lutherische Kirche scheint ziemlich schnell die Methoden der Inquisition erlernt zu haben. Um weiteren Repressionen zu entgehen, flieht er acht Tage nach dem Verhör nach Mühlhausen.
Im folgenden Monat veranlaßte er – zusammen mit dem etwas wirren ehemaligen Zisterzienser Heinrich Pfeiffer – einen Kirchen- und Klostersturm, der aber nur zur Folge hat, daß er wieder einmal fliehen muß. Diesmal geht es nach Süddeutschland und in die Schweiz. Obschon er sich später davon distanzieren wird, scheint er nicht ganz unbeteiligt an einem Aufruhr in dieser Gegend, der bald nach seinem Eintreffen ausbricht und sich gegen die etablierten Kirchen und gegen soziales Unrecht richtet.
Inzwischen hat sich in Mühlhausen einiges geändert. Seine Anhänger gewinnen langsam die Oberhand. So kehrt denn Müntzer im Februar 1525 nach Mühlhausen zurück. Im folgenden Monat läßt er einen «Ewigen Rat» wählen, den Magistrat der Stadt stür-

zen. Alle geistliche und weltliche Macht liegt nun in seinen Händen. Gestützt auf diese Position organisiert er eine Bauernrevolte in ganz Thüringen. Am 26. April folgt die berühmte revolutionäre «Proklamation an die Alstedter Brüder». Doch alles Bemühen, die Revolution auszuweiten, schlägt fehl. Am 15. Mai wird sein schlecht ausgerüstetes und taktisch schlecht operierendes Bauernheer bei Frankenhausen kläglich niedergemacht. Müntzer selbst gerät in Gefangenschaft. Schon am nächsten Tag wird er verhört. Am 25. Mai 1525 unterschreibt er ein Protokoll über das Bekenntnis seiner Irrtümer und seiner Reue. Wir wollen es hier im Auszug vorstellen, weil es einigen Aufschluß geben kann über die Persönlichkeit Müntzers:

Nachgeschriebene Artikel hat sich Thomas Müntzer in Gegenwart der edlen wohlgeborenen Herrn Philipp, Graf zu Solms etc., Herrn Gebhard, Graf und Herr zu Mansfelt etc., Herr Ernst von Schonnenberg... ungenötigt und wohlbedacht bei seinem eigenen Gewissen, hören lassen und gebeten, ihn derselben zu erinnern, ob sie ihm vielleicht entfallen möchten, damit er sie vor seinem Ende vorzutragen und durch seinen eigenen Mund anzusagen habe:
Daß er von der Obrigkeit, wie man der gehorchen und schuldige Pflicht tun solle, das Gegenteil und gar zu milde gepredigt habe. Daraus folgt, daß ihm die Zuhörer... zu milde vernommen, und er sich mit ihnen in freventliche mutwillige Empörung, Aufruhr und Ungehorsam begeben hat. Er will... der Obrigkeit..., wie sie von Gott verordnet und eingesetzt, Gehorsam geloben und [will], ihm das vorzugeben... Geschehen zu Heldungen, mittwochs nach Cantate 1525.[69]

Am 27. Mai 1525 wird Thomas Müntzer enthauptet.
Man kann beim besten Willen die Theologie Müntzers nicht als «Revolution als Glaube»[70], ihn selbst nicht als «Theologen der Revolution»[71] charakterisieren. Sicherlich war er Reformator – aber nicht zunächst gesellschaftlicher oder ökonomischer Strukturen, sondern der kirchlichen Verfassung und Lehre. Er wird zum Revolutionär, nicht weil er Revolution auf Grund theologischer Reflexion für unausweichlich hält, sondern weil er unter sozialem Unrecht, unter dem Mißbrauch der politischen und

ökonomischen Macht, die er auch in der Heiligen Schrift verurteilt fand, litt. Im Gegensatz zu den meisten Ketzern, deren heterodoxes Erbe sich erst nach ihrem Tod in revolutionäre Gewalt ausmünzte, erlebte er selbst in einer schnellebig gewordenen Zeit, in der zudem das feudale ökonomische System zu einem entfremdeten und entfremdenden geworden war (Anzeichen dafür waren die zahlreichen Aufstände der Bauern in jenen Jahren, die unter dem Namen der Freiheit und mit der Forderung nach Befreiung auf den Lippen geführt wurden), die Übersetzung seiner theoretischen und religiösen Kritik an Ausbeutung und Wucher, an Reichtum und Macht, in die revolutionäre Praxis. Der Theoretiker – nicht der Revolution, sondern der Entartung des Christentums – wurde gefordert, eine Revolution anzuführen. Trotz mancher aufrührerischer Begabung war er dieser Aufgabe nicht gewachsen. Es fehlte ihm ein zureichendes strategisches Konzept, ein Mangel, den er durch die Hoffnung auf ein wunderbares Eingreifen Gottes zu kompensieren suchte.
Was der etablierten Kirche zum Zeichen der Hoffnungslosigkeit wurde, war seinem Bund Zeichen eschatologischer Erwählung und eschatologischen Auftrags. Müntzer und die Seinen gingen daran, das Unkraut im Weizenfeld auszureißen und zu verbrennen. Für Müntzer ist die Zeit der Ernte gekommen[72], ist sie angebrochen mit der Ankunft des Reichs des Geistes.[73] Und so schreibt er:

So anders die Christenheit soll recht aufgerichtet werden, so muß man die wuchersüchtigen Bösewichter wegtun und sie zu Hundsknechten machen ... Das arme, gemeine Volk muß des Geistes Erinnerung pflegen.[74]
So die heilige Kirche soll durch die bittre Wahrheit erneut werden, so muß ein gnadenreicher Knecht Gottes hervortreten ... und muß alle Dinge ins rechte Lot bringen. Wahrlich ihr müßt viel erweckt werden, auf daß sie mit dem allerhöchsten Eifer durch brünstigen Ernst die Christenheit reinigen von den gottlosen Regenten. Auch muß vorher das Volk ganz hart gestraft werden, um der ungeordneten Lust willen ... Darum wissen gar wenig Menschen von der anfänglichen Bewegung des Geistes zu sagen.[75]

Revolutionär – im sozialkritischen Sinn – wirkt erst die «Proklamation an die Allstedter Brüder» – einen Monat vor Müntzers Hinrichtung verfaßt – E. Bloch charakterisiert sie als das «rasanteste Revolutionsmanifest aller Zeiten» [76]:

Die reine Furcht Gottes zuvor, liebe Brüder. Wie lange schlaft ihr? ... Fanget an und streitet den Streit des Herrn. Es ist hohe Zeit. Haltet eure Brüder alle dazu an, daß sie das göttliche Zeugnis nicht verspotten, sonst müssen sie alle verderben ... Wann eurer nur drei sind, die in Gott gelassen allein seinen Namen und seine Ehre suchen, werdet ihr Hunderttausend nicht fürchten. Nun dran, dran, dran! Laßt euch nicht erbarmen ... Seht nicht an den Jammer der Gottlosen. Sie werden euch also freundlich bitten, weinen, flehen wie die Kinder ... Reget an in Dörfern und Städten und sonderlich die Berggesellen mit anderen guten Burschen ... Wir müssen nicht länger schlafen ... Die Bauern vom Eichsfeld sind ihren Junkern feind geworden, kurz: sie wollen ihrer keine Gnade haben ... Ihr müßt dran, dran, es ist Zeit!
Dran, dran, solange das Feuer heiß ist. Laßt euer Schwert nicht kalt werden ... Es ist nicht möglich, dieweilen sie leben, daß ihr der menschlichen Furcht sollt loswerden. Man kann euch von Gott nichts sagen, dieweil sie über euch regieren. Dran, dran, dieweil ihr Tag habt. Gott geht euch voran. Folget, folget ... [77]

Die Saat der revolutionären Gewalt geht auf. Die Anhänger Müntzers erhalten keinen Ketzernamen – sie sind Revolutionäre. Zwar streiten sie noch im Namen Gottes, [78] aber nicht nur um Gottes, sondern auch um der Menschen willen. Die religiös motivierte Revolution wird unter Bauernknüppeln zur sozialen. Heterodoxie ist nicht mehr bloße Ketzerei. So gesehen, kam Luthers heterodoxe Reformation, die ganz und gar unrevolutionär und unutopisch war, um hundert Jahre zu spät. Die Heterodoxie wurde mit Müntzer zum Motor sozialen Umsturzes, konnte es werden, weil die feudale Ökonomie ihrem Ende zuging.
Die Zeit scheint nicht mehr fern, daß sich utopisches Denken vom religiösen, die Revolution um des Gottesreiches willen von einer um des Menschenreiches willen emanzipieren wird. Die christliche Utopie scheint mit Müntzer unter dem Schwert zu sterben. Sozialistische Utopien mit sozialistischen Strategien, sie

zu realisieren, sozialistische Revolutionen werfen ihre Schatten voraus. Es beginnt die Protestation gegen von religiös begründeten Institutionen besorgte Entfremdung um des Menschen willen. Das utopische Träumen wurde vom Ernstfall überrollt. Der Glaube der Ketzer wurde zum Glauben der Sozialrevolutionäre. Und an der Scheide zwischen beiden Zeiten steht Thomas Müntzer.

[1] Die dogmatische Konstitution über die Kirche des 2. Vaticanum stellt fest: «Christus, der große Prophet, der durch das Zeugnis seines Lebens und in der Kraft seines Wortes das Reich des Vaters proklamierte, erfüllt bis zur vollen Offenbarung der Herrlichkeit sein prophetisches Amt nicht nur durch die Hierarchie ... sondern auch durch die Laien ... Diese Hoffnung sollen sie aber nicht im Inneren der Seele verbergen, sondern in ständiger Bekehrung und im ‹Kampf gegen die Weltherrscher dieser Finsternis, gegen die Geister des Bösen› (Eph 6,12) auch durch die Strukturen des Weltlebens ausdrücken» (nr. 35).
Dieser Text trifft, wie so manche andere der Konstitution, das Anliegen so mancher Ketzer. Das Dynamit, das dieser Text verbirgt, wurde aber bislang nicht von der offiziellen Kirche gezündet. Unternähme sie solches Wagnis, wäre sie mit Sicherheit nicht mehr die Kirche, von der uns die Geschichte der letzten 1500 Jahre berichtet.
Wir übernehmen im Folgenden oft die ketzerische Verallgemeinerung und sprechen kritisch von «der Kirche», da es uns hier auf ein Referat der ketzerischen Position ankommt. Es ist sehr wohl zu bedenken, daß die Kirche heilig und sündig zugleich ist, wenn auch unter verschiedener Rücksicht. Sündig ist die Kirche immer nur in und durch sündige Menschen. Doch die Kirche ist immer Kirche der Menschen. Gemeint ist also immer die Kirche, wie sie sich als Kollektiv von Menschen *vorstellt.* Kritisiert wird also gleichsam ein Durchschnittsverhalten der Menschen in der Kirche. Nicht geleugnet werden kann, und das wollten auch die Ketzer nicht, daß es *in* der Kirche immer Heilige und Propheten gab und geben wird.

[2] Der göttliche Bereich, Olten [3]1963, 192 f.

[3] Bei Paulus ist es noch eine Fluchformel: «Wer den Herrn nicht liebt, der sei verflucht (anáthema)! Maranatha!» (1 Kor 16.22) «Ich selbst wünschte verflucht zu sein (anáthema eînai) weg von Christus, wenn ich dadurch meine Brüder ... retten könnte» (Röm 9,3). Die Texte zeigen, daß es sich hierbei

keineswegs um juristische Formeln handelt. Die Verrechtlichung des Fluchs begann erst, als die Kirche sich nicht mehr als Bewegung, sondern als staatsähnliche Struktur zu verstehen begann.

[4] 2. Vaticanum: Dogmatische Konstitution über die Kirche, nr. 12. Der Abschnitt beginnt mit dem verheißungsvollen Satz: «Das heilige Gottesvolk nimmt auch teil an dem prophetischen Amt Christi ...»

[5] K. Marx und Fr. Engels, Die deutsche Ideologie, in: MEW 3, 70.

[6] K. Marx, Brief an Runge (März 1843), in: MEW 1, 337.

[7] Brief an Runge (September 1843), in: MEW 1, 344.

[8] Deutsche Ideologie, in: MEW 3, 35.

[9] Erst das 2. Vatikanische Konzil lehrte: «Wie aber Christus das Werk der Erlösung in Armut und Verfolgung vollzogen hat, so ist auch die Kirche gerufen, den gleichen Weg zu gehen» (Dogmatische Konstitution über die Kirche, nr. 8).

[10] Ökonomisch-philosophische Manuskripte, in: MEGA I, 3, 123.

[11] a. a. O. 115.

[12] a. a. O. 114.

[13] Zur Judenfrage, in: MEW 1, 375. Der Müntzer-Text lautet: «Sieh zu, die Grundsuppe des Wuchers, der Dieberei und Räuberei sind unsere Herrn und Fürsten, nahmen alle Kreaturen zum Eigentum. Die Fische im Wasser, die Vögel in der Luft, das Gewächs auf Erden muß alles ihnen sein, Jesaias 5. Darüber lassen sie dann Gottes Gebot ausgehen unter die Armen und sprechen ‹Gott hat geboten, du sollst nicht stehlen› ... so er sich dann vergreift am allergeringsten, so muß er hängen. Da sagt denn der Doktor Lügner (= Martin Luther) Amen.» (Hochverursachte Schutzrede ..., in: M. Freund [Hrsg.], Thomas Müntzer, Revolution als Glaube, Potsdam 1936, 63.) Verglichen mit dem Müntzer-Text wirkt die Marxsche Kritik am Privateigentum blaß und theoretisch. – Den Jesaias-Text, auf den sich Müntzer beruft (5,8 f.), haben wir oben zitiert.

[14] Zur Judenfrage, in: MEW 1, 374 f.

[15] a. a. O. 374.

[16] Zur Kritik der Hegelschen Rechtsphilosophie, in: MEW 1, 378.

[17] a. a. O. 378 f.

[18] Ökonomisch-philosophische Manuskripte, in: MEGA 1, 3, 115.

[19] «Das Proletariat vollzieht das Urteil, welches das Privateigentum durch die Erzeugung des Proletariats über sich selbst verhängt, wie es das Urteil vollzieht, welches die Lohnarbeit über sich selbst verhängt, indem sie den fremden Reichtum und das eigne Elend erzeugt. Wenn das Proletariat siegt, so ist es dadurch keineswegs zur absoluten Seite der Gesellschaft geworden, denn es

siegt nur, indem es sich selbst und sein Gegenteil aufhebt» (Die Heilige Familie, in: MEW 2, 37 f.).

[20] Vgl. dazu die treffende Notiz E. Blochs in: Das Prinzip Hoffnung, Frankfurt 1959, 1611.

[21] Zur Judenfrage, in MEW 1, 377.

[22] D 1351. Der Text lautet bei Fulgentius: «Halte fest und zweifele niemals daran, daß irgendein Häretiker oder Schismatiker, getauft im Namen des Vaters und des Sohnes und des Heiligen Geistes, wieviel Almosen er auch immer geben mag, selbst wenn er für Christi Namen auch sein Blut vergösse, niemals gerettet werden könne» (De fide, cap. 39, in: PL 65, 704 B).

[23] D 1351. Bei Fulgentius lesen wir: «Halte fest und zweifele niemals daran, daß nicht allein alle Heiden, sondern auch alle Juden und alle Häretiker und Schismatiker, die außerhalb der gegenwärtigen katholischen Kirche ihr Leben beenden, ins ewige Feuer gehen werden, das dem Teufel und seinen Engeln bereitet ist (Mt 25,41)» (De fide, cap. 38, in: PL 65, 704B).

[24] Die dogmatische Konstitution von der Kirche, nr. 5.

[25] a. a. O. nr. 9.

[26] a. a. O. nr. 15.

[27] Fr. Engels, Die Lage Englands, Carlyles Post und Present, in: MEGA 1, 2, 427.

[28] Deutsche Ideologie, in: MEW 3, 40.

[29] Fr. Engels, Schelling und die Offenbarung, in MEGA I, 2, 226.

[30] K. Marx, Das Kapital III, c. 48, in: MEW 25, 828.

[31] *Concordia* novi et veteris Testamenti V, c. 84; ed. Venetiis 1519, 95 vb; Expositio *in Apocalypsim* I, c. 1; ed. Venetiis 1527, 27 vr. Introductio c. 5; 5 rb–6 rb. Der Benediktinerabt Rupert von Deutz unterschied schon 100 Jahre zuvor: die Periode des Vaters (von der Erschaffung des Lichts bis zum Sündenfall), die des Sohnes (bis zum Leiden Jesu), die des Geistes (von der Auferstehung Jesu bis zur Wiederkunft). (Vgl. Prol. in Libros de Sancta Trinitate et operibus eius, in: PL 167, 199 A.) Das wesentlich Neue bei Joachim ist die Vereinnahme des dritten Reiches in die Dimension des «bloß» Utopischen.

[32] Concordia V, c. 15; 67 vb und c. 6; 63 va. In der pseudojoachimitischen Literatur (etwa im Jeremias-Kommentar, p. 58 v) wird diese Aussage auf den Franziskanerorden (gegründet 1223) oder den Dominikanerorden (gegründet 1216) bezogen. Vor allem die frühen Franziskanerspiritualen nahmen für sich in Anspruch, das Erbe Joachims zu verwalten. Doch dem liegt ein Mißverständnis zugrunde. Joachims Orden ist nicht ein Orden kirchlichen Rechts, kein auf Regeln und Recht gebautes Gebilde, sondern ein «geistiger Orden», zu dem alle Menschen zu rechnen sind, die dem Reich zugehören.

[33] Psalterium decem cordarum I, ed. Venetiis 1527, 271 va. Obschon der Antichrist von Joachim verschiedentlich erwähnt wird, spielt er – im Gegensatz zu millenaristischen Spekulationen – für die Begründung des Reichs des Geistes keine entscheidende Rolle.

[34] Concordia IV, c. 31; 56 va.

[35] In Apocalypsim I, c. 3; 95 ra-vb.

[36] a. a. O. IV, d. 5; 173 rb.

[37] Obschon Joachim den Terminus «Evangelium aeternum» nur im Zusammenhang der Exegese von Offb 14,6 gebraucht, ist es der Sache nach als «geistiges Evangelium» oft beschrieben. Es ist jedoch von Joachim keineswegs als eine Art 3. Testaments gedacht, wie es Gherado herausgab und einleitete.

[38] Concordia V, c. 84; 112 vb. Das «geistige Papsttum» wird nie enden (a. a. O. V, c. 65; 95 vb), noch wird – wie in der jetzigen Weltzeit (dem Reich des Sohnes) – der Einfluß des Papsttums nur wachsen, wenn der Papst wie ein Verbannter und als den Seinen fremd behandelt wird (a. a. O. V, c. 65; 95 va). Am Anfang des neuen Jerusalem wird ein neuer allgemeiner Führer stehen (a. a. O. IV, c. 31; 56 rb), der jedoch mit dem Papst nicht identisch ist.
Daß der «geistliche Papst» keine Person ist, erhellt daraus, daß das Volk der Heiligen im dritten Reich die Papstnachfolge antreten wird (a. a. O. V, c. 57; 89 ra).

[39] a. a. O. V, c. 65; 95 va.

[40] a. a. O. V, c. 65; 95 vb.

[41] a. a. O. III, p. 1, c. 7; 28 vb.

[42] a. a. O. II, tr. 1, c. 6; 9 ra.

[43] Vgl. H. Grundmann, *Studien* über Joachim von Floris, Leipzig und Berlin 1927, 127; E. Bloch, Das Prinzip Hoffnung, 592.

[44] Concordia IC, c. 33; 57 ra. Im Geisterreich wird allenfalls «geistig» gepredigt werden (In Apocalypsim IV, d. 7; 175 va).

[45] Concordia V, c. 45; 81 rb.

[46] Vgl. H. Grundmann, Studien, 117.

[47] E. Bloch kommentiert dazu: «Zum Religionsgespräch mit Expropriateuren ist dieser Gott ungemein schlecht gelaunt, seine Kollegen sind weder Baal noch Merkur» (Das Prinzip Hoffnung, 577).

[48] E. Bloch nennt Joachims Entwurf in diesem Zusammenhang «die folgenreichste Sozialutopie» (Das Prinzip Hoffnung, 590).

[49] Vgl. E. Bloch, Das Prinzip Hoffnung, 594.

[50] Bloch charakterisiert Joachims Drittes Reich als ein Sozialgebilde, in dem die Armen die Erwählten sind ... Es gibt keine Stände mehr. Im Brüderbund gibt es weder Furcht noch Knechtschaft, weder Herren noch Eigentum. «Jesus

hört auf, Haupt zu sein, er löst sich in der societas amicorum auf» (Das Prinzip Hoffnung, 592 f.).
Das ist sicher nicht recht gesehen. Eher könnte man formulieren, die Menschheit wird zur societas amicorum und wird in Christus aufgehoben (ohne unterzugehen). Sicher ist es richtig, daß Christus, wenn er im Gottesreich sich den ganzen Kosmos geeint hat, kaum mehr als Haupt der Schöpfung bezeichnet werden kann. Der totale verchristlichte Kosmos ist gleichsam, um die Sprache Teilhards de Chardin zu verwenden, zur 3. Natur Christi geworden (sorglich gilt es zu beachten, daß Teilhard «Natur» nicht im Sinne der christologischen Definitionen der ersten Konzilien versteht).

[51] E. Bloch, Das Prinzip Hoffnung, 1138 f. Zu weit geht Bloch aber, wenn er den Duktus joachimitischer Utopie in der Sowjetunion realisiert sieht: «Das dritte Reich beginnt in der Sowjetunion zu entstehen» und wird von der Finsternis nicht begriffen (a. a. O. 597). Joachims Reich des Geistes ist und bleibt Gottesreich, was man von der Sowjetunion kaum sagen kann.

[52] a. a. O. 1611.

[53] Das ist um so bemerkenswerter, als die Schriften Joachims kaum vor 1250 in Paris bekanntgeworden sein dürften.

[54] Die «Spiritualen» im Franziskanerorden sowie die Führer der «strengen Observanz» (Johann von Parma, Petrus Joannis Olivi, Angelo Clareno, Ubertin von Casale ...) blieben dem Geist Joachims verpflichtet. Die Armutsauslegung Johannes' XXII. (D 930; vgl. Seite 101) führte zur Auflehnung eines Teils des Ordens gegen den Papst.

[55] Thomas Müntzer, *Schriften* und Briefe (hrsg. von G. Franz), Gütersloh 1968, 13–16.

[56] Die enge Verflochtenheit des Lebens Jans mit den Lehren Wiclifs zeigt schon seine Biographie. Umstritten ist das Maß seiner Eigenständigkeit. Die wörtliche Anlehnung mancher Schriften des Böhmen an die des englischen Ketzers hat J. Loserth (Hus und Wiclif, Zur Genese der hussitischen Lehre, München und Berlin ²1925, 131–192) gezeigt. Anderseits ist Hus jedoch nicht ein Lollarde mit nationalböhmischen Akzenten. Nicht ganz zu Recht meint E. Werner, der den «Revolutionär» Hus gegen den Reformator Hus retten möchte: «Die Fragestellung nach dem Abhängigkeitsverhältnis Husens von Wiclif spielt in der modernen Forschung eine untergeordnete, wenn überhaupt noch eine Rolle. Das Interesse von Historikern und Theologen konzentriert sich vielmehr in den letzten Jahren auf die Frage nach dem Anteil des tschechischen Magisters an der böhmischen Reformation und Revolution» (Der Kirchenbegriff bei Jan Hus, Jakoubek von Mies, Jan Zelivský und den linken Taboriten, Berlin 1967, 5).

[57] Predigt zu Mt 19,30. Vgl. M. Vischer, Jan Hus, Frankfurt 1956, 161. Der Text fehlt in: Magistri Joannis Hus *Opera* omnia III, Osnabrück 1966.

[58] Opera II, 61, 387 ...

[59] Magistri Joannis Hus Tractatus de ecclesia (ed. S. H. Thomason 1956, 2, 7, 112 f. ...). Diese Ansicht vertrat Hus auch in seinen Predigten (vgl. Opera III, 242).

[60] Opera (ed. Nürnberg 1558), 201 a.

[61] a. a. O. 211 a.

[62] a. a. O. 235 b.

[63] a. a. O. 215 a. Verschiedentlich behauptete Hus auch die Fehlbarkeit des Papstes in Glaubensfragen (vgl. etwa in: De ecclesia, in Opera [1558], 238 b oder in seinem Sentenzenkommentar). Dieser Satz wurde übrigens vom Konzil zu Konstanz nicht beanstandet. Mit der Ablehnung der päpstlichen Löse- und Bindegewalt leugnet Hus auch die Vollmacht, zu exkommunizieren oder andere Kirchenstrafen zu verhängen (vgl. u. a. Opera [1966] III, 173, 224 f. ...), denn sie widerspricht seiner Vorstellung von der Geistigkeit und Geisthaftigkeit der Kirche.

[64] Opera (1966) III, 86.

[65] a. a. O. III, 137; II, 7 f. Wenigstens aber bereiten sie durch das Verhängen von Kirchenstrafen dem Antichristus den Weg (D 1219). Der Papst kann also nicht das Haupt der römischen Kirche sein, sondern allein Christus (De ecclesia, 107). Die Manifestation des Antichristen im Papsttum beschäftigte Hus immer wieder in seinem Buch über die Kirche (vgl. De ecclesia, 102–104, 143–146 ...).

[66] Opera (1966) III, 259.

[67] a. a. O. 354.

[68] a. a. O. 146.

[69] Thomas Müntzer, *Schriften* und Briefe, Gütersloh 1968, 550.

[70] Vgl. M. Freund (Hrsg.), Thomas Müntzer, Revolution als Glaube, Potsdam 1936.

[71] Vgl. E. Bloch, Thomas Münzer als Theologe der Revolution, Berlin 1960.

[72] «Die Zeit aber der Ernte ist jetzt da ... Liebe Brüder, das Unkraut schreit jetzt an allen Orten, die Ernte sein noch nicht da» (Ausgedrückte Entblößung [Mühlhausen 1704], in Schriften, 310 f.).

[73] «So nun Christus schon also, angenommen durch den alten und neuen bezeugten Bund Gottes, als Eröffnung des Geistes gepredigt würde, könnte ein ärgeres verwickeltes Affenspiel daraus werden, als mit den Juden und Heiden, wie ein jeder jetzt mit sehenden Augen sieht, daß die jetzigen Schriftgelehrten nichts anderes tun, als vor Zeiten die Pharisäer ... Sie schwätzen je

länger, je mehr: glaube, glaube. Und verlegen dadurch die Ankunft des Glaubens, verspotten den Geist Gottes und glauben gar überall nichts, wie du siehst» (Hochverursachte Schutzrede [Alstedt 1524], in Schriften, 325).

[74] Ausgedrückte Entblößung, in Schriften, 296.

[75] a. a. O. 300.

[76] Thomas Münzer, 76.

[77] Thomas Müntzer, Schriften, 454 f.

[78] Fr. Engels faßte die theologische Doktrin Müntzers recht gut zusammen («Der deutsche Bauernkrieg»):

So konnte Friedrich Engels in seinem Beitrag «Der deutsche Bauernkrieg» (1850) schreiben:

Er [Müntzer] verwarf die Bibel sowohl als ausschließliche wie als unfehlbare Offenbarung. Die eigentliche, die lebendige Offenbarung sei die Vernunft, eine Offenbarung, die zu allen Zeiten ... existiert habe und noch existiere. Der Vernunft die Bibel entgegenhalten, heiße den Geist durch den Buchstaben töten. Denn der Heilige Geist, von dem die Bibel spreche, sei nichts außer uns existierendes; der Heilige Geist sei eben die Vernunft ... Durch diesen Glauben, durch die lebendig gewordene Vernunft werde der Mensch vergöttlicht und selig. Der Himmel sei daher nichts Jenseitiges, es sei in diesem Leben zu suchen, und der Beruf der Gläubigen sei, diesen Himmel, das Reich Gottes, hier auf der Erde herzustellen. Wie keinen jenseitigen Himmel, so gebe es auch keine jenseitige Hölle oder Verdammnis ... Diese Lehren predigte Müntzer meist versteckt unter denselben christlichen Redeweisen, unter denen sich die neuere Philosophie eine Zeitlang verstecken mußte. Aber der erzketzerische Grundgedanke blickt überall aus seinen Schriften hervor ... Seine politische Doktrin schloß sich genau an diese revolutionäre religiöse Anschauungsweise an und griff ebensoweit über die unmittelbar vorliegenden gesellschaftlichen und politischen Verhältnisse hinaus wie seine Theologie über die geltenden Vorstellungen seiner Zeit. Wie Müntzers Religionsphilosophie an den Atheismus, so streifte sein politisches Programm an den Kommunismus, und mehr als eine moderne kommunistische Sekte hatte noch am Vorabend der Februarrevolution [1848] über kein reichhaltigeres theoretisches Arsenal zu verfügen als die «Münzerischen» des sechszehnten Jahrhunderts. Dies Programm, weniger die Zusammenfassung der Forderungen der damaligen Plebejer als die geniale Antizipation der Emanzipationsbedingungen der kaum sich entwikkelnden proletarischen Elemente unter den Plebejern – dies Programm forderte die sofortige Herstellung des Reiches Gottes, des prophezeiten Tausendjährigen Reichs auf Erden, durch Zurückführung der Kirche auf ihren Ursprung und Beseitigung aller Institutionen, die mit dieser angeblich urchristlichen, in Wirklichkeit aber sehr neuen Kirche in Widerspruch standen. Unter dem Reich Gottes verstand Müntzer aber nichts anderes als einen Gesellschaftszustand, in dem keine Klassenunterschiede, kein Privateigentum und keine den Gesellschaftsmitgliedern gegenüber selbständige, fremde Staatsgewalt mehr bestehen. (MEW 7, 353 f; vgl. auch MEW 1, 489).

III Die Entfremdungstheorie von Paulus bis zur Gegenwart

Wen die Wahrheit befreit hat, ist in Wahrheit frei.
Thomas von Kempen

Verschiedentlich sind wir schon der Erscheinung entfremdeter und entfremdender Situationen begegnet. Es ist wohl an der Zeit, dieses für die moderne Anthropologie zentrale Phänomen zu analysieren.

Überlegungen zur Geschichte eines Begriffs und seiner Wirkung fürs Denken und Handeln sind nicht unproblematisch. Gerade die wissenschaftliche Hermeneutik verweist auf die erheblichen Schwierigkeiten, die Bedeutung eines einstmals gebildeten Begriffs auszumachen, selbst dann, wenn eine durchgängige, vielleicht gar kohärente Wirkungsgeschichte die Übersetzung dieses Begriffs in die Praxis anthropologischer Kritik sicherstellte.[1] Jeder Erklärungsbegriff erhält nur im Zusammenhang der Theorie, die ihn hervorbrachte, eine feststellbare Bedeutung. Er ist ein Synsemantikon – also nur in seiner semantischen Zeichenbeziehung aus dem Gesamt eines größeren oder kleineren Sprachspiels auszumachen. Zugleich ist er Ausdruck einer sozialen, religiösen, psychologischen, weltbildhaften «Stimmung». Diese ist aber oft nur durch unwissenschaftliches Einfühlen (im Sinne der romantischen Hermeneutik) mit erheblichen Unschärfen festzustellen. Offen stehen allenfalls einer historiographischen oder soziographischen Beschreibung und der ihr folgenden Theorienbildung die Fakten, die eine solche Stimmung auslösten oder die sie produzierten.

Der Entfremdungsbegriff, wie er an der Wende zum 19. Jahrhundert in die philosophische Sprache eingebracht wurde, legierte zwei Bedeutungsfelder, die – in wechselnden Anteilen – noch heute in einer Analyse des Begriffs (nach Inhalt, d. h. nach der Summe seiner Merkmale, die ihm eigen sind, und Umfang, d. h. nach der Summe aller Situationen, auf die er anwendbar ist) aufweisbar sind: ein theologisches und ein juristisches.

Das theologische Bedeutungsfeld ist recht alt. Wenn Paulus von «allotríosis» (Entfremdung) spricht, meint er damit den Zustand der Unversöhntheit des Menschen mit Gott und mittelbar über diese religiöse Entfremdung auch die anthropologische, die den Menschen sich selbst, der Gesellschaft, der Geschichte, der Welt, wie sie sein soll, fremd macht:

Auch euch, die ihr ehedem entfremdet wart ... hat er (Jesus) nunmehr versöhnt durch seinen Tod im Leben des Fleisches, um euch als Fehlerlose und Makellose hintreten zu lassen vor sein Angesicht. (Kol 1,21 f.)

Darum denkt daran, daß ihr als Heiden ehedem... fern wart von Christus,... entfremdet den Bündnissen und Verheißungen, ohne Hoffnung und ohne Gott in der Welt. (Eph 1,11 f.)

Verdunkelt sind sie (die Heiden) in ihrem Denken, dem Leben Gottes entfremdet wegen der Verständnislosigkeit in ihrem Inneren. (Eph 4,18)

Entfremdung als religiöse Situation oder als religiöser Zustand ist also für Paulus die Situation oder der Zustand der hoffnungslosen Gottfremdheit. Eng verbunden mit solcher religiösen Hoffnungslosigkeit ist die Verdunkelung des Denkens und eine radikale Verständnislosigkeit, die keineswegs nur das Religiöse betrifft. Die religiöse Entfremdung ist die Urentfremdung: sie gebiert die Überzeugung von hoffnungsloser Sinnlosigkeit und die Position des Urmißtrauens. Das Leben wird oder erscheint sinnlos, verliert Mitte und Orientierung. Der entfremdete Mensch ist haltlos den Umtrieben des Gegenwärtigen ausgeliefert. Eine Religiosität, die diese Entfremdungsfolgen nicht überwindet, sie vielleicht gar induziert oder verstärkt, ist selbst entfremdend geworden.

1545 übersetzte M. Luther das paulinische «allotríosis» mit «Entfremdung» und machte damit zum ersten Mal ein schon im Mittelhochdeutschen gängiges Wort zu einem Fachterminus, der noch heute die Diskussion um den Menschen bestimmt.

Im lateinischen Sprachraum wurde «alienatio» zumeist und zunächst fast ausschließlich juristisch im Sinne von Entäußerung[2], Veräußerung oder Übertragung von Rechten verwandt. Auch in dieser juridischen Fassung des Begriffs ging die anthropologische Komponente nicht verloren: Es ging um die Freiheit des Individuums gegenüber den Ansprüchen der Gesellschaft. Quelle dieses Entfremdungsverstehens dürfte eine bei Aristoteles auftauchende Formulierung sein: «Bedingung des Eigentums ist, daß man es nach Gutdünken veräußern kann oder nicht. Veräußern (anallotríosin) meint entweder verschenken oder verkaufen.»[3]

Diese juristische Lesart des Begriffs finden wir noch in den Staatsspekulationen der Aufklärung[4].

An der Schwelle zum 19. Jahrhundert waren drei Aspekte des Entfremdungsbegriffs angelegt, die noch die Spuren ihrer juridischen oder religiösen Herkunft zeigten: 1. die ontologische Entfremdung (die Unversöhntheit des Menschen mit sich selbst, die Hoffnung, Liebe, Leid, Tod... erklärlich macht), 2. die ökonomische Entfremdung (die durch die ökonomischen Bedingungen den Menschen sich, der Gesellschaft, der Welt und der Geschichte fremd macht), 3. die religiöse Entfremdung (die entweder den Menschen durch religiöse Vollzüge entfremdet oder aber – in Anlehnung an paulinisches Denken – dem Menschen Gott entfremdet).

1. Die ontologische Entfremdung

a) Seine philosophische Aktualität erhielt der Terminus «Entfremdung» durch G. W. F. Hegel – und hier war es vor allem die ontologische Entfremdung.

Die Entfremdung des göttlichen Wesens ist... auf gedoppelte Weise gesetzt: Das Selbst des Geistes und sein einfacher Gedanke sind die beiden Momente, deren absolute Einfachheit der Geist selbst ist, seine Entfremdung besteht darin, daß sie auseinandertreten und das eine einen ungleichen Wert gegen das andere hat.[5]

Dieser Text nimmt die paulinische Entfremdungstheologie, wie sie als Theologie der abalienatio, der Selbstentäußerung Gottes, das gesamte Mittelalter bestimmte, auf. Jesus «entäußerte» sich seiner göttlichen Seinsweise, indem er, auf sie verzichtend, Knechtsgestalt annahm. Diese Aussage wurde in eine platonische Zirkeltheorie integriert. Gott an sich – Schöpfung als Gott außer sich – Christus (Gott für sich) als Höhepunkt und aufhebender Vollender dieser Situation (gipfelnd im Karfreitagsgeschehen) – die Rückkehr der Schöpfung zu Gott – die Einigung von Gott und Schöpfung im Gottesreich (als Rückkehr des Außersich ins Fürsich, das allerdings nicht mehr rein ist, sondern die Welt mit sich hat) – Gott an und für sich (wobei das «und» nicht additiv verbindet, sondern strenge und eigentliche Einheit der beiden Komponenten anzeigt). Diese theologische Konzeption ist erhebbar in den theologischen Traktaten und Abhandlungen (Sentenzenkommentaren und theologischen Summen) des Mittelalters bis hin zu der Abfolge theologischer Disziplinen im heutigen theologischen Lehrbetrieb. Diese zirkuläre Theologie fand in Hegel ihren Vollstrecker. Der zitierte Text mag davon zeugen.

Der «Herr der Welt des Rechts» befaßt die Welt als das äußerliche Wesen des Rechts, als seine negative Arbeit. Diese erhält ihr Dasein durch die *eigene* Entäußerung und Entwesung des Selbstbewußtseins. Die damit verbundene Auflösung in losgebundene Elemente ist Tun und Werden der Auflösung. «Dies Tun und Werden aber... ist die Entfremdung der Persönlichkeit, denn das *unmittelbar* (d. h. ohne Entfremdung an und für sich) geltende Selbst ist ohne Substanz und das Spiel... tobender Elemente: seine Substanz ist also die Entäußerung selbst, und die Entäußerung ist die Substanz oder die zu einer Welt sich ordnenden und sich dadurch erhaltenden geistigen Mächte.»[6]

Auch dieser Text – vielleicht schwieriger zu interpretieren als der vorige – behauptet die Welt als Idee in der Gestalt des Andersseins, der Entäußerung, als Reflex des Geistes. Hier hat sie «die Bestimmung, ein Äußerliches, das Negative des Selbstbewußtseins zu sein». Ihr Dasein ist Werk des Selbstbewußtseins, zugleich aber hat sie eine von ihm unterschiedene Wirklichkeit. Ihre Substanz ist reine Entäußerung, als sich in ihr das Selbstbewußtsein nicht erkennt. Sie hat ihr Dasein durch die Entwesung des Selbstbewußtseins[7].

Diese kosmologische Entfremdungstheorie ist idealistisch, setzt den ontologischen Primat der Idee voraus. In einer immer gegenständlicher werdenden Welt, da der Mensch sich erst im Gegenüber in und durch Gesellschaft, Welt und Geschichte seiner selbst bewußt wird, konnte sich solcher Idealismus nicht lange halten. Schon L. Feuerbach gab ihn auf und legte eine «materialistische» Theorie ontologischer Entfremdung vor, die für Marx von einiger Bedeutung werden sollte.

Ein abschließender Text soll noch einmal die Hegelsche Entfremdungstheorie gedrängt wiedergeben:

Das Selbstbewußtsein kann sich seiner objektiven Allgemeinheit gegenüberstellen und sich, weil «frei in der Einzelheit seines Ichs, daher schlechthin *an* und *für* sich ist», gegen sie entfremden[8]. Diese Bewegung des Geistes, «sich ein anderes, d. h. Gegenstand seines Selbst zu werden und dieses Anderssein aufzuheben», ist die Geschichte der Erfahrung und der Gestalten des Bewußtseins... «Erfahrung wird eben diese Bewegung genannt, worin das Unmittelbare, das Unerfahrene... sich selbst entfremdet und dann aus dieser Entfremdung zu sich zurückgeht und hiermit jetzt erst in seiner Wirklichkeit und Wahrheit dargestellt und Eigentum des Bewußtseins ist.»[9] Philosophie hat nur dann Wirklichkeit, wenn es ihr «Ernst mit dem Anderssein und der Entfremdung sowie mit der Überwindung dieser Entfremdung ist.»[10]

Doch wäre es voreilig, Hegel jeden Erfahrungsbezug in seiner Entfremdungstheorie abzusprechen, wie es mitunter in der marxistischen Kritik geschieht:

Die bürgerliche Gesellschaft reißt ... das Individuum aus diesem Bande (der versorgenden Familie) heraus, entfremdet dessen Glieder einander und anerkennt sie als selbständige Personen.[11]

Die Bedürfnisse und die Mittel werden als reelles Dasein *Sein* für *andere,* durch deren Bedürfnisse und Arbeit die Befriedigung gegenseitig bedingt ist. Die Abstraktion, die eine Qualität der Bedürfnisse und der Mittel ist, wird auch eine Bestimmung der gegenseitigen Beziehung der Individuen aufeinander.[12]

Dies geschieht durch gesellschaftliche Arbeit, die den Menschen mit entfremdeten Gegenständen umgibt, die «nicht durch ihn hervorgebracht, sondern aus dem Vorrat des sonst schon Vorhandenen genommen, durch andere, und zwar meist in mechanischer und dadurch formeller Weise produziert und an ihn erst durch eine lange Kette fremder Anstrengungen und Bedürfnisse gelangt»[13].

«Entfremdung» ist für Hegel also eine rechtliche, religiöse, aber allemal eine ontologische Kategorie, in die auch sozialkritische Momente einspielen. In allen Funktionen aber hat Entfremdung die Aufgabe, sich selbst aufzuheben, und wird damit zur Grundlage jeder Entwicklung, die letztlich durch die Versöhnung im absoluten Geist endet. Wir vermuten, daß der Ursprung (weil Zielpunkt der Phänomenologie) der Hegelschen Entfremdungslehre religiöser Art ist.[14]

b) Während Entfremdung und ihre Aufhebung für Hegel die des Bewußtseins des Geistes ... ist, suchen die Junghegelianer die Hegelsche Entfremdungstheorie von ihren «idealistischen» Voraussetzungen, Implikationen und Konsequenzen zu befreien. In ihrer Entfremdungslehre betrifft «Entfremdung» an erster Stelle den konkreten Menschen. Als erster versuchte *L. Feuerbach* die Konstruktion einer materialistischen Entfremdungstheorie, die in seine anthropologische Reduktion des Religiösen einmündet und in ihr ihre erste klassische Ausprägung erhält.

Je mehr sich der Mensch der Natur entfremdet, je subjektiver, d. h. über- oder widernatürlicher, seine Anschauung wird, desto größere Scheu bekommt er vor der Natur oder wenigstens *vor* den natürlichen Dingen und Prozessen, die seiner Phantasie mißfallen.[15] Der Mensch wurde in der Verehrung Gottes seinem eigenen Wesen fremd, entfremdete sich selbst, da er im Entgegen suchte, was in seinem eigenen Voraus zu finden ist, indem er diese Entgegen sich veräußerte, sein Wesen sich zum Gegenstand machte und es Gott nannte.
Warum eignest du Gott das Wesen, dem Menschen nur das Bewußtsein zu? Gott hat sein Bewußtsein im Menschen und der Mensch sein Wesen in Gott? ... Welch ein Zwiespalt und Widerspruch! Kehre es um, so hast du die Wahrheit: Das Wissen des Menschen von Gott ist das Wissen des Menschen von sich, von seinem eigenen Wesen.[16]

Diese ontologische Entfremdung, die im Auseinander von Sein und Wesen des Menschen gründet und es ihm ermöglicht, sein Wesen im Entgegen Gottes zu suchen und zu finden, wird wenigstens teilweise aufgehoben im Du.[17] Doch in diesem Aufheben bleibt das Wesen des Menschen, auch in der partiellen Versöhnung, dem Sein[18] transzendent. Die Feuerbachsche Transzendenz ist total horizontal. Das Wesen des Menschen ist nicht *über* ihm (als Gott), sondern uneinholbar *vor* ihm. Der Mensch ist stets auf dem Weg zu sich selbst, auf dem Weg zur Versöhnung, auf dem Weg zur Identität von Sein und Wesen, ohne daß dieser Weg jemals zu Ende käme. Feuerbach liest recht radikal die «vertikale Transzendenz» des religiösen theistischen Bewußtseins anthropologisch «horizontal». Das religiöse Bewußtsein wird anthropologisch-atheistisch und ist nicht, wie bisher, an einer theistischen Gottesvorstellung orientiert.
In seinen «Vorlesungen über das Wesen der Religion» geht Feuerbach noch einen Schritt weiter: Religion wird zur Projektion des menschlichen Wesens in ein Jenseits der Menschlichkeit[19], das in der Erfahrung der Abhängigkeit von der Natur seinen Ursprung hat.[20] Diese Religionskritik sollte von S. Freud, wenn auch aus anderen Gründen, wieder aufgenommen werden.[21]
c) In seiner Hegel- und Feuerbachkritik setzt sich *K. Marx* mit

dieser noch *ontologischen* Entfremdungstheorie auseinander und sucht sie zu überwinden, ohne sie aber ganz aufzugeben.
Kritisch merkt er zu Hegels Entfremdungstheorie an:

Alle Entfremdung des menschlichen Wesens ist daher nichts als *Entfremdung des Selbstbewußtseins.* Die Entfremdung des Selbstbewußtseins gilt nicht als *Ausdruck,* im Wissen und Denken sich abspiegelnder Ausdruck der *wirklichen* Entfremdung des menschlichen Wesens[22] (wie Marx es versteht).

Im Kommunismus (ein Prozeß, nicht ein Zustand!) sieht Marx die Realisation des menschlichen Wesens garantiert. Der Mensch, als notwendig gesellschaftliches Wesen, wird erst in der totalen Vergesellschaftung, im Kommunismus, zu sich kommen, sein Wesen einholen. Nicht das Du Feuerbachs, sondern das Wir des Kommunismus hebt die ontologische Entfremdung auf:

Atheismus, Kommunismus sind keine Flucht, keine Abstraktion, kein Verlieren der von den Menschen erzeugten gegenständlichen Welt... Sie sind vielmehr erst das wirkliche Werden, die wirklich für den Menschen gewordene Verwirklichung seines Wesens und seines Wesens als eines wirklichen.[23]
Der *Kommunismus* als positive Aufhebung des *Privateigentums* als menschliche *Selbstentfremdung* und darum als wirkliche *Aneignung des menschlichen* Wesens durch und für den Menschen ... Dieser Kommunismus ist als vollendeter Naturalismus = Humanismus, als vollendeter Humanismus = Naturalismus, er ist die *wahrhafte* Auflösung des Widerstreits zwischen dem Menschen mit der Natur und mit dem Menschen, die wahre Auflösung des Streits zwischen Existenz und Wesen, ... zwischen Freiheit und Notwendigkeit, zwischen Individuum und Gattung. Er ist das aufgelöste Rätsel der Geschichte und weiß sich als diese Lösung.[24]

Es ist ein alter Streit der Marx-Interpreten, ob die ontologische Entfremdung der ökonomischen, durch den Kommunismus zu beseitigenden vorausgeht oder nicht und ob dieser Kommunismus im transzendenten Voraus bleibt. Wir möchten annehmen, daß für Marx – zumindest für den der Pariser Manuskripte (1844) – die ontologische Entfremdung, die zwischen Sein und Wesen, zwischen Freiheit und Notwendigkeit... die primäre ist.

Sie wird überlagert durch die ökonomische und in dieser oft genug nicht mehr erfahren. Es gilt also zunächst einmal – revolutionär – die ökonomischen entfremdeten und entfremdenden Situationen zu beseitigen, damit der Mensch in den realen Prozeß des Einholens seines Wesens und damit der Aufhebung der ontologischen Entfremdung eintreten kann, der prozessual verläuft, allenfalls eine Approximation an die totale Aufhebung der ontologischen Entfremdung besorgt, ohne sie jemals völlig zu erreichen. Die Befreiung von Entfremdungen wird niemals total sein können, denn die ontologische ist nicht total zu beheben. So kann Befreiung von Entfremdung nur bedeuten, daß zuallererst die ontologische Entfremdung freigelegt wird, durch die Beseitigung der ökonomischen. Marx kann durchaus der Auffassung sein, daß erst mit dem Kommunismus Geschichte des Menschen beginnt, denn die Befreiung von ökonomischen Entfremdungen liegt noch in der Vorgeschichte, und erst die Freiheit von diesen Entfremdungen läßt den Menschen den Weg zu sich selbst, zu seinem Wesen gehen. Das aber ist (und hier noch ein Anklang an Hegel) Geschichte mit ihrem transzendenten Ziel:

Ebensowenig wie eine Erkenntnis kann eine Geschichte einen vollendeten Abschluß finden in einem vollkommenen Idealzustand der Menschheit.[25]

Entfremdend ist vor allem die Situation, in der der Mensch seine ontologische Entfremdung verkennt und die mit ihr verbundenen Unversöhntheitserlebnisse durch ökonomische Tricks abzudecken versucht:

Jeder sucht eine *fremde* Wesenskraft über den anderen zu schaffen, um darin die Befriedigung seines eigennützigen Bedürfnisses zu finden. Mit der Masse der Gegenstände wächst daher das Reich der fremden Wesen, denen der Mensch unterjocht ist, und jedes neue Produkt ist eine neue *Potenz* des wechselseitigen Betruges und der wechselseitigen Ausplünderung. Der Mensch wird so ärmer als Mensch, er bedarf um so mehr des *Geldes,* um sich des feindlichen Wesens zu bemächtigen...[26]

In der Folgezeit entwickelte eine Reihe von Autoren Entfremdungstheorien, die ebenfalls den ontologischen Aspekt (wie Marx) in anthropologischem Interesse herausgearbeitet haben. Hier wären u. a. G. Simmel[27], E. Durkheim[28], E. Fromm zu nennen. Doch wollen wir diese Jahre hier übergehen, da das Interesse der genannten Autoren eher ökonomischer oder sozialpsychologischer Art war als ontologischer. Kommen wir also gleich zur Entfremdungstheorie Herbert *Marcuses.*

Marcuse geht den Weg zur Entfremdung über die Vergegenständlichungsproblematik (nicht einfachhin identisch mit der Verdinglichungsproblematik). «Vergegenständlichung» wurde als philosophischer Fachbegriff von G. Simmel in den wissenschaftlichen Sprachschatz eingebracht:

In Sprache und Sitte, politischer Verfassung und Religionslehren, Literatur und Technik ist die Arbeit unzähliger Generationen niedergelegt, als gegenständlich gewordener Geist, von dem jeder nimmt, soviel er will oder kann, den aber überhaupt kein Einzelner ausschöpfen könnte.[29]

Der Prozeß der Umwandlung von Gedanken in Gegenstände, die diese Gedanken objektivieren, ist Grund aller Kultur. Dieser für sich neutrale Prozeß der Kulturwerdung wird jedoch problematisch durch das nur partielle Ergreifen und Realisierenkönnen der ideellen Kulturinhalte durch den einzelnen. Dies besorgt die fatale «Arbeitsteilung» (in verschiedene Produktionszweige, in der Spaltung des Herstellungsprozesses, in der zunehmenden Spezialisierung). Die Arbeitsteilung macht das Produkt der Arbeit und die Arbeitskraft zur Ware, zum Gegenstand:

Wo der Arbeiter an eigenem Material schafft, verbleibt seine Arbeit innerhalb des Umkreises seiner Persönlichkeit, und erst das vollendete Werk verläßt denselben beim Verkauf.[30]

Die Vergegenständlichung der Arbeitskraft führt zu einem Spaltungsvorgang innerhalb der Persönlichkeit des Arbeitenden: Teile seiner Persönlichkeit werden zu Gegenständen, d. h. zu unabhängigen Objekten, die dem Arbeitenden entgegen sein können. Die individuelle Kultur schwindet, die objektive schwillt an[31], wird immer weniger zuhanden, ist nicht mehr anzueignen, wird zum Gegenstand, der die soziale Interaktion der Menschen zunehmend vergegenständlicht, bis endlich «die Beziehungen zwischen Menschen zu einer Beziehung zwischen Objekten geworden» sind.[32] Abgesehen von der Begründung der Arbeitsteilung aus der wachsenden Differenz zwischen subjektiver und objektiver Kultur, werden wir vielen Gedanken Simmels bei Marx wiederbegegnen.

H. Marcuse verbindet Anregungen Simmels mit marxistischen und psychoanalytischen Überlegungen. Die Arbeit verweist den Menschen «immer von seinem Selbstsein fort auf ein Anderes»[33]. Die Arbeit ist für Marcuse, wie für viele Philosophen nach Marx, nicht nur menschliche Funktion, sondern auch das, wodurch der Mensch im sozialen Kommunikationsprozeß, der in Arbeit realisiert wird, zum Menschen wird. Diese Arbeit ist für Marcuse nun aber schon Ausdruck ontologischer Entfremdung, der Nichtidentität des Menschen mit sich selbst, Ausdruck des nichteingeholten Wesens: sie weist auch – gerade als produktive – wesentlich vom Menschen fort, insofern das Produkt der Arbeit notwendig *auch* Gegenstand ist. So ist «arbeitend der Arbeitende ‹bei der Sache›»[34], hat sich ihren Eigenarten und Zwängen zu unterwerfen und steht so auch *in der Arbeit* notwendig unter einem fremden Gesetz[35], dem bearbeiteten Gegenstand. Das «Geschehenmachen des eigenen Daseins» ist nur möglich als ein «Geschehenlassen der *Gegenständlichkeit*, als ein Sein-bei-Anderem»[36]. Die ontologische Entfremdung manifestiert sich also für Marcuse in allen wesentlichen menschlichen Lebensvollzügen. Der Mensch hat sich nicht, sondern ist stets auch bei einem anderen.

«Gegenstand» ist für Marcuse nicht irgendein X, über das man etwas aussagen kann (wie bei W. Wittgenstein), nicht also ein Leerterminus, der erst in einer sachverhaltsbezeichnenden Aussage gefüllt wird, sondern etwas, das erst durch Arbeit wirklich wird als «geronnene Arbeit»[37]. Der in Arbeit wirklich gewordene Gegenstand macht auch erst den Menschen wirklich:

Der verwirklichte Mensch ist nicht mehr der Einzelne, sondern der gesellschaftliche. *Alle* seine Sinne sind zur Aneignung des Gegenstandes gesellschaftlich gebildet, und seine Vergegenständlichung ist sein Verhalten gegenüber seiner Gattung.[38]

Der Grund für die Vergegenständlichung des Menschen, für seine Selbstentäußerung in der Arbeit, ist das Für-sich-werden-Sollen des Menschen, der das nur werden kann in der Entzweiung mit sich.[39]

Solange die Dinge an sich außerhalb der Reichweite der Vernunft standen, blieb diese ein bloß subjektives Prinzip ohne Macht über die objektive Struktur der Wirklichkeit. Und die Welt zerfiel so in zwei getrennte Bereiche, Subjektivität und Objektivität, Verstand und Sinnlichkeit, Denken und Sein.[40]

Sicherlich klingen in diesen Sätzen Hegel wie Heidegger an[41], aber Marcuse will doch in anderem Kontext gelesen werden. Die genannten Formen der Entzweiung sind weder für sich noch – innerhalb der Reichweite der Vernunft – Ausdruck ontologischer Entfremdung, die nicht mehr dialektisch geeint werden kann, denn in *dieser* Entzweiung erfährt der Mensch, der als Arbeitender nicht und niemals nur ganz bei sich sein kann, sondern auch beim Gegenstand sein muß, Entfremdung:

Zugleich entfremdet sich das Denken von der Wirklichkeit, und die Wahrheit wird zu einem ohnmächtigen Ideal, vom Denken gehütet, während die wirkliche Welt ruhig außerhalb seines Einflusses gelassen wird.[42]

Das Denken, das bei sich bleiben möchte, stellt sich der Vergegenständlichung wie dem Gegenstand entgegen, baut sich sein eigenes Haus außerhalb der Welt, um so der Entfremdung zu entgehen. Doch gerade in diesem Versuch, sich nicht selbst zu entäußern, entfremdet es sich von Wirklichkeit. Das Namensschild des Hauses des Denkens verweist zwingend auf «Ideologie», auf von Wirklichkeit abgezogene Ideengebilde.
Historisch konkret wurde die durch Arbeit vergegenständlichte

und vergegenständlichende Situation als entfremdete aber erst mit dem beginnenden Industriezeitalter. Jetzt sind zu scheiden Arbeit (ursprünglich «Selbstverwirklichung des Individuums», die sich nun zu dessen Selbstverneinung wandelt[43]), Privateigentum (als sichtbare Gestalt der entfremdeten Vergegenständlichung[44]) und Welt[45]. Die Herrschaft der Technologie endlich bringt die entfremdenden Tendenzen des Industriezeitalters zur Vollendung. Entfremdung wird total und radikal[46]: Die Menschen finden sich in Gegenständen wieder[47]. Die Valenz, die den Menschen auf den (oder die) Menschen ausrichtet und in ihrer Bindung erst Menschen zu Menschen macht, wird gesättigt durch Gegenstände. In dieser Situation wird, wegen der pervers erlebten Erfüllung der Suche nach dem Sozialen durch den Gegenstand, der Mensch selbst zum Gegenstand. Die Entfremdung wird behoben: Gegenstand ist mit Gegenstand in Eins. Die fatale Identifikation mit seiner technischen Welt und deren selbstgemachten Inhalten gaukelt den Schein einer menschlichen Versöhnung vor, einer Versöhnung von Mensch mit Gesellschaft und Geschichte, und ist doch nur die sachliche (unmenschliche) Versöhnung des Gegenstands mit sich selbst.

Heute ist also «Entfremdung» nicht mehr ein Wort für das «Fremdsein» des Menschen von den Produkten seiner Arbeit, sondern für die Hineinnahme des Menschen in das entfremdete Ding. Solche Entfremdung, weil mit dem Gefühl der Versöhntheit mit sich, wird nicht mehr als entfremdet und entfremdend erkannt, weil nicht mehr erfahren. Marcuse spricht – untertreibend – von einer sehr «fortgeschrittenen Stufe der Entfremdung»[48].

In der Situation solcher Entfremdung wird das Erfüllungserlebnis durch produktive Arbeit unmöglich. Arbeit allein noch wird als entfremdend und entfremdet erlebt. Religion, einst Opium des Volkes, das über die Unbill entfremdender Arbeit hinwegtröstete, wird in der Konsumgesellschaft abgelöst durch vermeintliche Befreiung, durch vermeintlichen Genuß, durch vermeintliche Lust. Die Verfallenheit an ein Rauschgift wird abgelöst durch die an ein anderes, ärgeres, weil dieses den Schein von Freiheit und Lusterfüllung mit sich hat. Der Sklave Gottes wird zum Sklaven des Konsums. Und nur die Arbeit erinnert ihn noch daran, daß Freiheit und Lust nicht universell sind.

Die Arbeit bleibt entfremdet, weil sie «den Individuen ihre menschlichen Fähigkeiten und Bedürfnisse zu erfüllen (sich) verweigert und eine Befriedigung, wenn überhaupt, immer nur beiläufig oder nach der Arbeit gewährt.[49]

In der «fortgeschrittenen Entfremdung» wird die Sozialkritik auf die der Sozialleistungen und der Arbeitbedingungen zurückgenommen, da der Beitrag zum Funktionieren des ökonomischen Apparats, obschon er repressiv wirkt, lustvoll erscheint und nicht als zu überwindender Mißstand, sondern als Garant des Standards (des Lebens...). Seine Erhaltung wird, wenigstens zum Teil, «Ziel der Existenz»[50].
In der Kritik des Privateigentums setzt Marcuse deutlich andere Akzente als Marx. Es ist «die nur entwirklichte Form des wahren und wesentlichen menschlichen Verhaltens»[51]. Es muß nicht grundsätzlich beseitigt werden, sondern ist aufzuheben in «wahrhaft menschliches Eigentum»[52], das nicht mehr im Dienst von Gütern und Waren steht, sondern dem «totalen Menschen»[53] in allen seinen gesellschaftlichen Dimensionen dient[54].
Marcuse unterscheidet also zwischen der beschriebenen *negativen* Entfremdung und einer *positiven,* deren Positivität nicht nur darin besteht, daß sie revolutionäres Bewußtsein evoziert. Der Mensch kann nämlich nur «immer im Durchgang durch das Andere seiner selbst zu seinem Sein kommen». Dieser Durchgang führt ihn «durch die ‹Entäußerung› und ‹Entfremdung›»[55]. Das Andere wird nicht sozialdynamisch revolutionär verstanden, sondern ontologisch. Die Revolution erhält ihre Ontologie.
Der janusköpfige Terminus «Entfremdung» wird jedoch in die-

ser Doppelung nicht in Funktion aufgelöst und aufgehoben. Er dient sowohl zur Klassifizierung einer ontologischen wie einer soziologischen Situation, die allerdings nicht statisch, sondern dynamisch verstanden sein will.

> Freie Auswahl unter einer breiten Mannigfaltigkeit von Gütern und Dienstleistungen bedeutet keine Freiheit, wenn diese Güter und Dienstleistungen die soziale Kontrolle über ein Leben von Mühe und Angst aufrechterhalten – das heißt Entfremdung.[56]
> Freiwillig wird alle Sublimierung durch die Macht der Gesellschaft erzwungen, aber das unglückliche Bewußtsein dieser Macht durchbricht bereits die Entfremdung.[57]

Mit H. Janson kann man durchaus zutreffend die Entfremdungslehre Marcuses mit «Notwendigkeit der Unfreiheit»[58] überschreiben. Das schließt nicht aus, daß Befreiung Freiheit von Repression voraussetzt. Neue Prinzipien und Werte können nur von einer Klasse verwirklicht werden, die frei ist von den alten repressiven oder repressiv gewordenen (also entfremdenden) Prinzipien und Werten. Befreiung setzt also freie Individuen voraus. Gemeint ist hier die Freiheit vom Bedürfnis und Interesse, zu beherrschen und zu unterdrücken[59].
Dieser Versuch, die Marxsche Entfremdungstheorie über Marx fortzuführen und in Entfremdung ein auch positives Ontologikum zu sehen (darin folgen übrigens Marcuse auch Th. W. Adorno und M. Horkheimer[60]), seine Konzeption von der Funktion des Privateigentums und die Ansicht, daß die Entfremdungstheorie der frühen Marxschen Schriften «in der nachmarxschen Entwicklung seiner Gesellschaftskritik (durch die internationale Arbeiterbewegung und ihre Theoretiker) verdünnt worden ist», trägt ihm die Kritik der an Lenin orientierten Marxisten ein[61].
e) Das Verdikt dieser Gruppe, Nicht-Marxist zu sein, trifft neben H. Marcuse auch *Henri Lefèbvre*[62], der, ebenfalls vor allem an den Frühschriften Marxens orientiert, eine Ontologie des Men-

schen konzipiert. Unmarxistisch klingt in der Tat sein Denkansatz:

Die wachsende Macht über die Natur ist eine wesentliche Tatsache, ohne die es gar keine Entwicklung, sondern nur Stagnation oder Chaos gäbe... Darin besteht der Sinn der Geschichte, hierdurch hat die Geschichte einen Sinn, eine allgemeine Richtung.[63]

In Anlehnung an die Entfremdungstheorie des frühen Marx schreibt er:

Im materialistischen Humanismus präzisieren sich «die idealistischen Begriffe des An-sich und Für-sich, des Keims und der Vollendung, der Entfremdung und der Aufhebung, des Objekts und des Subjekts, des Wesens und der Existenz. Ausgehend von einer Analyse der Praxis ist es möglich, die Genese der Momente der Tätigkeit, die Kategorien des Denkens und Handelns, der Erkenntnisbereiche aufzuweisen. Der dialektische Begriff der Entfremdung beherrscht und resümiert diese Beschreibung des im Werden begriffenen Menschen... Er spricht die letzte Bedeutung der Praxis aus. Umgekehrt verleiht die Analyse der Praxis diesem Begriff einen positiven Charakter.»[64]
Das Ende der Entfremdung wird die «Rückkehr des Menschen für sich» sein, das heißt die Einheit aller Elemente des Menschen. Dieser «vollendete Naturalismus» fällt mit dem Humanismus zusammen. Er wird den menschlichen Menschen hervorbringen, indem er den ganzen Reichtum der Entwicklung beibehält.[65]

«Naturalismus» meint hier – wie auch bei Marx – nicht eine Glorifizierung der Natur, sondern den Sieg des Wesens im Sein, die Naturwerdung des Menschen. Wie für Marx ist ihm Vergesellschaftung (zunächst und zuerst als anthropologische und dann erst als ökonomische verstanden) nicht Selbstzweck, sondern der Urgrund, aus dem allein der totale Mensch werden kann.
Anders als Marx, der bekanntlich den Tod als einen harten «Sieg der Gattung über das bestimmte Individuum» verstand[66], meint Lefèbvre:

Die Idee des «totalen Menschen» ist diejenige, die der Idealismus einseitig auf die theoretische Tätigkeit reduzierte und die er als außerhalb des Lebens stehend auffaßte... Das vergängliche Individuum enthält in seinem Ich mehr als sich selbst: den Menschen, den Geist, das Sein. Der menschliche Mensch will dieses Sein weitergeben und erhalten, es erweitern und vertiefen, soweit als möglich am Sein «partizipieren». So bekämpft es den Tod in sich selbst.[67]

Der «totale Mensch» ist keine Idee, sondern utopische Wirklichkeit, Sinn von Gesellschaft und individuellem Leben. Insofern das Individuum «das Sein» (Marx hätte hier vom «Wesen» gesprochen) erhält, weitergibt, erweitert, vertieft und – soweit als möglich im Vorgriff auf transzendentale Utopie – an ihm partizipiert, erhält sein Leben Sinn. Lefèbvre stellt somit der Entfremdung ein doppeltes Transzendentale entgegen: das utopische des totalen Menschen (wie schon Marx) und das existentielle des den Tod aufhebenden menschlichen Menschen. Entfremdung ist also das Fremdwerden gegenüber den transzendentalen Möglichkeiten und Vorgaben des Menschlichen *und des Menschen.* Insofern die Ursache der Entfremdung in den Verhältnissen der Produktivkräfte liegt, ist sie ökonomischer Art, insofern sie nur durch utopisches Mühen und existentielles Besorgen aufgehoben werden kann, ist sie ontologisch-anthropologischer Art. Wie für Marx ist ihm «die Gestalt der menschlichen Gesellschaft» und nicht der Kommunismus Ziel menschlicher Entwicklung. Marx schrieb:

Der Kommunismus ist die Position als Negation der Negation, darum das *wirkliche,* für die nächste geschichtliche Entwicklung notwendige Moment der menschlichen Emanzipation und Wiedergewinnung. Der *Kommunismus* ist die notwendige Gestalt und das energische Prinzip der nächsten Zukunft, aber der Kommunismus ist nicht als solcher das Ziel der menschlichen Entwicklung – die Gestalt der menschlichen Gesellschaft.[68]

Dieser Text möchte nicht überlesen werden. Vor allem alle, die den Kommunismus zum Selbstzweck und damit zur Ideologie machten und ihn entmenschlichten, sollten ihn wiederholt lesen.

Weil die Entfremdung ontologisch mitbegründet ist, universaliert Lefèbvre die Entfremdungsfolgen in alle Lebensbereiche:

Deswegen dehnt sich die Entfremdung auf das gesamte Leben aus. Das Individuum kann sich nicht von ihr befreien. Wenn es dies versucht, verkapselt es sich in sich selbst, was gerade eine akute Form der Entfremdung ist. Das menschliche Wesen geht aus der Totalität des Gesellschaftsprozesses hervor... In unserer Gesellschaft, in der die Verhältnisse verkehrt erscheinen, kann das Individuum sich einbilden, es verwirkliche sich, indem es sich isoliert. Es ist dann noch gründlicher «privat», getrennt von seiner Basis, seiner sozialen Wurzel.[69]

Heute nennt Lefèbvre retrospektiv die hier aufgewiesene Position «existentialistisch»[70], nicht aber im Schulsinn. Er und seine Freunde schlugen sich, von Zeitumständen bedrückt und vom Zeitgeist affiziert, mit Problemen herum, die ihre geistige und menschliche Existenz unmittelbar betrafen.[71]

2. Ökonomische Entfremdung

Die Entfremdung durch ökonomische Einflüsse wurde erstmals von K. Marx deutlich herausgearbeitet. Diese *sekundäre* Entfremdung setzt die primäre ontologische als Bedingung ihrer Möglichkeit, wenn nicht gar als Ursache voraus. Ökonomisch entfremdend sind ihm vor allem Privateigentum, Arbeitsteilung und die Versachlichung der Arbeit.

a) Entfremdung durch versachlichte Arbeit

x) Darstellung

Hören wir zunächst einige, inzwischen klassisch gewordene Worte Marxens:

Der Arbeiter wird eine um so wohlfeilere Ware, je mehr Waren er schafft. Mit der *Verwertung* der Sachenwerte nimmt die *Entwertung* der Menschenwelt in direktem Verhältnis zu. Die Arbeit produziert nicht nur Waren; sie produziert sich selbst und den Arbeiter als eine *Ware,* und zwar in dem Verhältnis, in welchem sie überhaupt Waren produziert.[72]

Der Gegenstand, den die Arbeit produziert, ihr Produkt, tritt als ein *fremdes*

Wesen, als eine vom Produzenten *unabhängige Macht* gegenüber. Das Produkt der Arbeit ist die Arbeit, die sich in einem Gegenstand fixiert, sachlich gemacht hat, es ist die *Vergegenständlichung* der Arbeit. Diese Verwirklichung der Arbeit ist ihre Vergegenständlichung.[73]

Die auf dem Tauschwert[74] basierte Produktion, auf deren Oberfläche jeder freie und gleiche Austausch von Äquivalenten vorgeht – ist in der Basis Austausch von *vergegenständlichter Arbeit* als Tauschwert gegen die lebendige Arbeit als Gebrauchswert oder, wie das auch ausgedrückt werden kann, Verhalten der Arbeit zu ihren objektiven Bedingungen – und daher zu der von ihr selbst geschaffenen Objektivität – als fremdem Eigentum: Entäußerung der Arbeit.[75]

Durch die entfremdete Arbeit erzeugt der Mensch nicht nur sein Verhältnis zu dem Gegenstand und dem Akt der Produktion als fremden und ihm feindlichen Menschen; er erzeugt auch ein Verhältnis, in welchem andere Menschen zu seiner Produktion und seinem Produkt stehen, und das Verhältnis, in welchem er zu diesen anderen Menschen steht ... Also durch die *entfremdete, entäußerte Arbeit* erzeugt der Arbeiter das Verhältnis eines der Arbeit fremden und außer ihr stehenden Menschen zu dieser Arbeit.[76]

Marx bezieht sich hier stets auf die Arbeit in einer kapitalistischen Wirtschaftsform (Arbeit ist also keineswegs an sich entfremdet, im Gegenteil: sie schafft als primäre Interaktion erst die Bedingung zur Sozialisation, in der der Mensch Mensch wird). Hier wird Arbeit vom Bedürfnis zum Zwang entfremdet und der Arbeiter von seiner Tätigkeit, die ihn zum Menschen machen sollte. Das Produkt der Arbeit wie die Arbeit selbst wird zur Ware, deren Wert sich nach Angebot und Nachfragen regelt. Fassen wir Marxens Thesen zur entfremdeten Arbeit zusammen:

1. Arbeit produziert den Arbeiter als Ware.
2. Arbeit ist nicht mehr gesellschaftsschaffend, sondern mächteschaffend, über die der Arbeiter keine Kontrolle hat. Sie besorgt Klassen.
3. Arbeit wird zur Zwangsarbeit[77].
4. Arbeit splittert sich in abstrakte und konkrete Arbeit.

Für Marx ist *konkrete Arbeit* die Tätigkeit, die als solche erfahren und erlebt wird und nicht auf andere Tätigkeiten zurückgeführt werden kann; *abstrakte Arbeit* ist die allgemeine Konsumtion von Energie, ungeachtet des Zweckes, für den sie genutzt wird.

y) Kritik

L. Sebag[78] verwies kritisch darauf, daß dieses Konzept von Arbeit nicht unproblematisch sei: Konkrete Arbeit verlangt:
– die Beherrschung und Anwendung bestimmter manueller Fähigkeiten,
– den Gebrauch eines bestimmten Materials,
– die Produktion eines Gegenstandes, der in eindeutiger Weise ein Käuferbedürfnis befriedigt, für das allein er hergestellt wird.

Das aber schließt alle Dienstleistungen aus dem Begriff konkreter Arbeit aus[79]. Für jede Industriegesellschaft, auch die in der Sowjetunion, ist abstrakte Arbeit, die für den Markt produziert und in die Tauschwertsituation übernommen wird, charakteristisch.

Problematisch ist auch die der Marxschen Theorie über entfremdete Arbeit zugrunde liegende Anthropologie, zu deren Rechtfertigung er sich auf Hegel beruft:

> Das Große an der Hegelschen *Phänomenologie* und ihrem Endresultat – der Dialektik der Negativität als dem bewegenden und erzeugenden Prinip – ist also einmal, daß Hegel die Selbsterzeugung des Menschen als einen Prozeß faßt, die Vergegenständlichung als Entgegenständlichung, als Entäußerung und Aufhebung dieser Entäußerung; daß er also das Wesen der *Arbeit* faßt und den gegenständlichen Menschen, wahren, weil wirklichen Menschen, als Resultat seiner *eigenen Arbeit* begreift.[80]

J. N. Dawydow[81] stellte fest, daß die Vorstellungen über individuelle Selbstverwirklichung durch Arbeit, in der manche andere Autoren Marx folgten, normative Ideen zugrunde liegen, die nicht gerechtfertigt werden: Arbeit wird soziologisch idealisiert und als die alle anderen Aspekte der Sozialisation begründende Interaktion gesehen. Da ist es schon realitätsbezogener mit F. Fredriksson zu formulieren:

Da sich die Individuen gegenseitig durch ihre gesellschaftlichen Beziehungen in einem historisch gegebenen sozialen Kontext bestimmen, ist «individuelle Selbstverwirklichung» nur als ein Aspekt einer kollektiven Verwirklichung möglich.[82]

Immerhin hat Marx selbst in seinem frühen Essay zur Judenfrage diesen Aspekt angedeutet. Die von uns zitierten Texte scheinen jedoch ausgesprochen individualistisch (*ausschließlich* auf die Selbstverwirklichung eines Individuums bezogen).

Des weiteren ist zu fragen, ob Marx, in seiner sicherlich richtigen Annahme, die entfremdete Arbeit sei durch ökonomische Ursachen bestimmt, die ökonomischen Ursachen nicht falsch interpretiert. Ist es das kapitalistische System, oder ist es der Stand der Technologie, der eine solche Form der entfremdeten Arbeit erzwingt? Wir möchten vermuten, daß es – unabhängig vom ökonomischen System – die technologische Situation einer Gesellschaft ist, die entfremdete Arbeit produziert.

Erst G. Simmel hat zureichend deutlich gemacht, daß der Marxschen Entfremdungstheorie als Apriori der Gegensatz zwischen dem Individuum und seinen Bedürfnissen und der Gesellschaft und ihren Anforderungen zugrunde liegt.[83]

M. Weber scheint das Problem der entfremdeten Arbeit gut formuliert zu haben:

Eine leblose Maschine ist *geronnener* Geist. *Nur* daß sie diese ist, gibt ihr die Macht, die Menschen in ihren Dienst zu zwingen und den Alltag ihres Arbeitslebens so beherrschend zu bestimmen, wie es tatsächlich in der Fabrik der Fall ist. *Geronnener Geist* ist auch jene *lebende Maschine,* welche die bürokratische Organisation mit ihrer Spezialisierung der geschulten Facharbeit, ihrem Abgrenzen der Kompetenzen, ihren Reglements und hierarchisch abgestuften Gehorsamsverhältnissen darstellt. Im Verein mit der toten Maschine ist sie an der Arbeit, das Gehäuse jener Hörigkeit der Zukunft herzustellen, in welcher vielleicht dereinst die Menschen sich, wie die Fellachen im altägyptischen Staat, ohnmächtig zu fügen gezwungen sein werden, wenn ihnen eine rein technisch gute, und das heißt: eine rationale Beamtenverwaltung und -versorgung der letzte und einzige Wert ist, der über die Art der Leitung ihrer Angelegenheiten entscheiden soll. Denn das leistet Bürokratie ganz unvergleichlich besser als jegliche andere Struktur der Herrschaft.[84]

So hat sich denn auch in den sozialistischen Ländern die Entfremdungsdiskussion auf das Bürokratieproblem verengt und zugespitzt.

b) Entfremdung durch Privateigentum

Die primäre, ökonomisch bedingte Entfremdung ist die der Arbeit. Aus ihr leiten sich alle anderen ökonomischen Entfremdungstypen her, auch die des Privateigentums:

> Durch die entfremdete Arbeit erzeugt der Mensch also nicht nur sein Verhältnis zu dem Gegenstand und dem Akt der Produktion als fremden und ihm feindlichen Mächten, er erzeugt auch das Verhältnis, in welchem andere Menschen zu seiner Produktion und seinem Produkt stehen, und das Verhältnis, in welchem er zu diesen Menschen steht ... Also durch die *entfremdete, entäußerte Arbeit* erzeugt der Arbeiter das Verhältnis eines der Arbeit fremden und außer ihr stehenden Menschen zu dieser Arbeit. Das Verhältnis des Arbeiters erzeugt das Verhältnis des Kapitalisten zu derselben ... Das Privateigentum ist also das Produkt, das Resultat, die notwendige Konsequenz der *entäußerten Arbeit,* des äußerlichen Verhältnisses des Arbeiters zu der Natur und zu sich selbst. Das *Privateigentum* ergibt sich also durch eine Analyse aus dem Begriff der *entäußerten Arbeit.*[85]

Man wird sich fragen müssen, ob hier nicht eine Antinomie im Marxschen Denken manifest wird: Einerseits besorgt das kapitalistische System entfremdete Arbeit, andererseits führt entfremdete Arbeit zum kapitalistischen System. Doch Marx versucht diese Antinomie aufzulösen:

> Erst auf dem letzten Kulminationspunkt der Entwicklung des Privateigentums tritt dieses Geheimnis wieder hervor, nämlich einerseits, daß es das *Produkt* der entäußerten Arbeit, und zweitens, daß es das *Mittel* ist, durch welches sich die Arbeit entäußert, die *Realisation dieser Entäußerung.*[86]

Doch zunächst einige Texte zum entfremdeten Eigentum (= Privateigentum = Kapital = Eigentum aus fremder Arbeit):

Das *materielle,* unmittelbar *sinnliche* Privateigentum ist der materielle sinnliche Ausdruck des *entfremdeten menschlichen* Lebens. Seine Bewegung – die Produktion und Konsumtion – ist die *sinnliche* Offenbarung von der Bewegung aller bisherigen Produktion, d. h. Verwirklichung oder Wirklichkeit des Menschen. Religion, Familie, Staat, Recht, Moral, Wissenschaft, Kunst etc. sind nur *besondere* Weisen der Produktion und fallen unter ihr allgemeines Gesetz.[87]
Das Privateigentum hat uns dumm und einseitig gemacht, daß ein Gegenstand erst der *unsrige* ist, wenn wir ihn haben, (er) also als Kapital für uns existiert oder von uns unmittelbar besessen, gegessen, getrunken, an unserem Leib getragen, von uns bewohnt etc. kurz, *gebraucht* wird. Obgleich das Privateigentum alle diese unmittelbare Verwirklichung des Besitzes selbst wieder nur als *Lebensmittel* faßt, und das Leben, zu dessen Mittel sie dienen, ist das *Leben* des *Privateigentums,* Arbeit und Kapitalisierung. – An die Stelle *aller* physischen und geistigen Sinne ist daher die einfache Entfremdung *aller* dieser Sinne, der Sinn des *Habens* getreten.[88]
Privateigentum, als Gegensatz zum gesellschaftlichen, kollektiven Eigentum, besteht nur da, wo die Arbeitsmittel und die äußeren Bedingungen der Arbeit Privatleuten gehören. Je nachdem diese Privatleute die Arbeiter oder die Nichtarbeiter sind, hat auch das Privateigentum einen anderen Charakter.[89]
Dinge sind an und für sich dem Menschen äußerlich und daher veräußerlich. Damit diese Veräußerung wechselseitig, brauchen Menschen nur stillschweigend sich als Privateigentümer jener veräußerlichten Dinge und eben dadurch als voneinander unabhängige Personen gegenüberzutreten.[90]

Fassen wir die Thesen Marxens über das entfremdete Privateigentum zusammen:
1. Privateigentum ist anderer Art, wenn es dem es Schaffenden gehört, oder wenn es als Kapital (aufgehäufte abstrakt gewordene fremde Arbeit) oder durch Kapital besessen wird.
2. Privateigentum setzt ein Gegenüber von voneinander unabhängigen Personen voraus.
3. Im kapitalistischen System ist das Haben zentrale ökonomische und anthropologische Kategorie.
4. Das sinnliche Privateigentum ist der sinnliche Ausdruck der ökonomischen Entfremdung.
Aus (1) folgt, daß nicht schon Privateigentum an sich vom Übel ist, sondern nur solches, das in die Warenform geht, abstrakten

(kapitalvermittelten) Tauschwert erhält und dem Menschen als äußere Sache, weil nicht mehr von ihm unmittelbar oder im Tausch als menschlicher Interaktion mittelbar erworben, entgegen ist. So läßt Marx in der dritten Stufe des Kommunismus, den er «als *positive* Aufhebung des Privateigentums als *menschlicher Selbstentfremdung* und darum als wirkliche *Aneignung* des *menschlichen* Wesens durch und für den Menschen»[91] versteht, die *negative* Aufhebung des Privateigentums der zweiten Stufe hinter sich und erlaubt wieder Privateigentum, weil auf dieser Stufe der gesellschaftlichen Entwicklung nicht mehr entfremdet und entfremdend. Er schreibt über die zweite Stufe:

> ... aber indem er (der Kommunismus der zweiten Stufe) das positive Wesen des Privateigentums noch nicht erfaßt hat und ebensowenig die *menschliche* Natur des Bedürfnisses verstanden hat, ist er auch noch von demselben (Eigentum) befangen und infiziert. Er hat zwar seinen (eigenen) Begriff erfaßt, aber noch nicht sein Wesen.[92]

Die dritte Stufe des Kommunismus bringt die wahrhafte Auflösung aller Antagonismen, auch die des Privateigentums. Marx leugnet keineswegs, wie es so mancher seiner Gegner annehmen, die positive Funktion des Privateigentums in Hinsicht auf die Bedürfnisse des (totalen) Menschen, behauptet sehr wohl aber die zwingende Entfremdungsfunktion des Privateigentums in der kapitalistischen Gesellschaft:

> ... der Gegensatz von *Eigentumslosigkeit* und *Eigentum* ist noch ein indifferenter, nicht in seiner *tätigen Beziehung* zu seinem *inneren* Verhältnis, noch nicht als *Widerspruch* gefaßter Gegensatz, solange er nicht als der Gegensatz der *Arbeit* und des *Kapitals* begriffen wird.[93]

Um die ökonomische Entfremdung – auch die der Arbeit – zu beheben, ist es vonnöten, das kapitalistische Privateigentum zuerst einmal zu negieren. Das betrifft das Privateigentum an Kapital und Produktionsmitteln, da dieses Privateigentum wesentliche Voraussetzungen entfremdender Arbeit ist.

c) Die entfremdende Arbeitsteilung

In engem Zusammenhang mit den beiden vorgenannten Formen der ökonomischen Entfremdung steht bei Marx die Arbeitsteilung im Kapitalismus.

Die *Teilung der Arbeit* ist der nationalökonomische Ausdruck von der *Gesellschaftlichkeit* der Arbeit innerhalb der Entfremdung. Oder, da die *Arbeit* nur ein Ausdruck der menschlichen Tätigkeit innerhalb der Entäußerung, der Lebensäußerung als Lebensentäußerung ist, so ist die Teilung der *Arbeit* nichts anderes als das *entfremdete, entäußerte* Setzen der menschlichen Tätigkeit als einer *realen Gattungstätigkeit* oder als *Tätigkeit des Menschen als Gattungswesen.*[94]

Daß die *Teilung der Arbeit* und der Austausch auf dem *Privateigentum* beruhen, ist nichts anderes als die Behauptung, daß die *Arbeit* das Wesen des Privateigentums ist ... Eben darin, daß *Teilung der Arbeit* und Austausch Gestaltungen des Privateigentums sind, eben darin liegt der doppelte Beweis, sowohl daß das *menschliche* Leben zu seiner Verwirklichung des *Privateigentums* bedurfte, wie andererseits, daß es jetzt der Aufhebung des Privateigentums bedarf.[95]

Die soziale Macht, d. h. die vervielfachte Produktionskraft, die durch das in der Teilung der Arbeit bedingte Zusammenwirken der verschiedenen Individuen entsteht, erscheint diesen Individuen, weil das Zusammenwirken selbst nicht freiwillig, sondern naturwüchsig ist, nicht als ihre eigene, geeinte Macht, sondern als eine fremde, außer ihnen stehende Gewalt, von der sie nicht wissen, woher und wohin, die sie also nicht mehr beherrschen können.[96]

Stellen wir uns ... einen Verein freier Menschen vor, die mit gemeinschaftlichen Produktionsmitteln arbeiten und ihre vielen individuellen Arbeitskräfte selbstbewußt als eine gesellschaftliche Arbeitskraft verausgaben. Alle Bestimmungen von Robinsons Arbeit wiederholen sich hier, nur gesellschaftlich statt individuell. Alle Produkte Robinsons waren sein ausschließlich persönliches Produkt und daher unmittelbar Gebrauchsgegenstände für ihn. Das Gesamtprodukt des Vereins ist ein gesellschaftliches Produkt. Ein Teil dieses Produkts dient wieder als Produktionsmittel. Er bleibt gesellschaftlich. Aber ein anderer Teil wird als Lebensmittel von den Vereinsmitgliedern verzehrt ... Die Arbeitszeit würde also eine doppelte Rolle spielen. Ihre gesellschaftlich planmäßige Verteilung regelt die richtige Proportion der verschiedenen Arbeitsfunktionen zu den verschiedenen Bedürfnissen. Andererseits dient die Arbeitszeit zugleich als Maß des individuellen Anteils des Produzenten an der Gemeinarbeit und daher auch an dem individuell verzehrbaren Teil des Gemeinprodukts.[97]

Es unterliegt ebensowenig einem Zweifel, daß die kapitalistische Form der Produktion ... im diametralen Widerspruch steht mit solchen Umwälzungsfermenten und ihrem Ziel, der Aufhebung der alten Teilung der Arbeit.[98]

Fassen wir wieder die Marxschen Thesen zur entfremdeten Arbeitsteilung zusammen:

1. Grund der Arbeitsteilung ist die Bildung von Privateigentum im Sinne von Kapitalbildung, die nur da geschieht, «wo der Besitzer von Produktions- und Lebensmitteln den freien Arbeiter als Verkäufer seiner Arbeitskraft auf dem Markt vorfindet»[99].
2. Die Arbeitsteilung ist in ihren Gründen dem Arbeiter fremd.
3. Die Arbeitsteilung ist durch «gesellschaftliche Arbeit» abzulösen.

Diese gesellschaftliche Arbeit ist zwar teilig, aber sie geschieht für das Individuum, das sich als in und durch Gesellschaft begründet versteht und weiß, nicht mehr entfremdend. Die Aufhebung dieser Entfremdung fordert eine revolutionäre Bemühung. Sicherlich ist Marx kein solch abstrakter Utopist, daß er meinte, daß die materielle Seite der Arbeitsteilung in einer freien Gesellschaft (oder: Gesellschaft von Befreiten) nicht nach wie vor nötig wäre, aber er ist der Überzeugung, daß das Durchschauen der entfremdenden Einflüsse zu ihrer Minimalisierung führt, vorausgesetzt, es gelingt, die die Entfremdungssituation verdunkelnden Situationen im Kapitalismus und damit den Kapitalismus zu überwinden.
Die Theorie der Arbeitsteilung hat eine lange Geschichte, weil das Faktum der Arbeitsteilung uralt ist – ja, nicht einmal als solches (sondern nur als dieses: in einer kapitalistischen Gesellschaft) entfremdend wirkt. Hören wir, was Platon in der Politeia zur Arbeitsteilung sagt:

Ich bemerkte, daß jeder einzelne dem anderen nicht ähnlich geartet ist, sondern von Natur verschieden und jeder zu einer anderen Arbeit geeignet ... Wird jemand denn besser seine Arbeit verrichten, wenn er mehrere Künste ausübt oder nur eine?... Hiernach wird also alles reichlicher, schöner und leichter zustande kommen, wenn er eines seiner Natur gemäß... erarbeitet (370 bc). Wie aber sollen die verschiedenen das verteilen, was sie produziert haben, nachdem sie in Gemeinschaft gezogen sind und eine Stadt bildeten? Durch Kauf und Verkauf. Hieraus entsteht der Markt und das Geld als Tauschzeichen (371 bc).

Marx bemerkt dazu: «Platos Republik, soweit in ihr die Teilung der Arbeit als gestaltendes Prinzip des Staates entwickelt wird, ist nur eine atheniensische Idealisierung des ägyptischen Kastenwesens.» [100] Dieser Blickpunkt ist einseitig: Wie Platon durchaus richtig sah, ist Bildung von Städten abhängig von arbeitsteiliger Arbeit.

Dennoch sei nicht geleugnet, daß die Marxsche Utopie von gesellschaftlicher Arbeit ein Ideal darstellt, dessen Unerfüllbarkeit bislang nicht bewiesen werden konnte. Konkrete Utopie also? Richtig ist auch, daß der *Typos* der Arbeitsteilung von der Art der in einer Gesellschaft entwickelten Produktivkräfte abhängt. [101] Daraus folgt, daß eine Gesellschaft, die nicht nur dem Buchstaben nach, sondern auch im Selbstverständnis des Arbeiters die Produktivkräfte sozialisiert, eher geeignet ist, zur gesellschaftlichen Arbeit zu führen als eine Gesellschaft, in der das Privateigentum auch an Produktionsmitteln den Gesetzen des Egoismus mit dem Ziel, sich möglichst viel von den Erträgen fremder Arbeit anzueignen, unterliegt. Nicht jedoch ist damit bewiesen, daß die Form der Verwaltung der Produktivkräfte schon automatisch zum Ideal gesellschaftlicher Arbeit führt.

Fassen wir die Formen und Funktionen der Marxschen Entfremdungstheorie zusammen, ergibt sich etwa dieses Schema [102]:

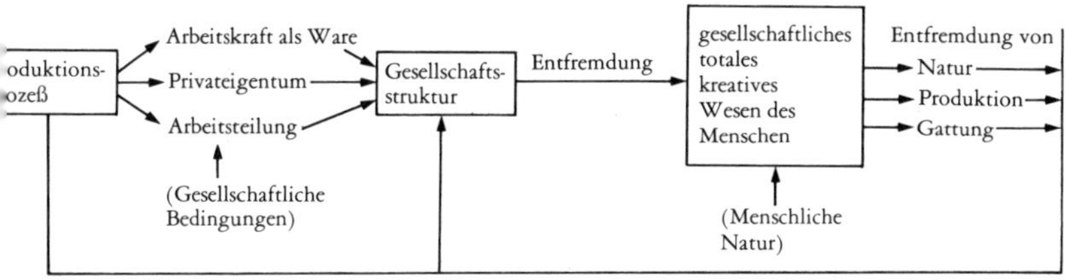

Dieses üblich gewordene Schema stimmt offensichtlich nicht mit unserer Darstellung der Marxschen Entfremdungstheorie zureichend überein, insofern die Entfremdung des menschlichen Wesens als Folge und nicht als Grund der ökonomischen Entfremdungen interpretiert wird. Wir möchten deshalb folgendes Schema zur Diskussion stellen:

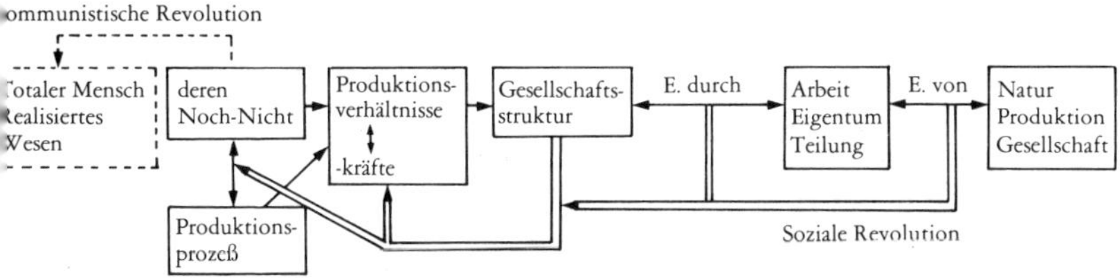

Die einfach gerahmten Strukturen, Funktionen und Situationen geben die Verhältnisse in der kapitalistischen Wirtschafts- und Gesellschaftsordnung in ihren Bezügen zu- und aufeinander wieder. Die doppelt ausgezogenen Linien bezeichnen und verbinden die durch die soziale kommunistische Revolution veränderten Verhältnisse, Situationen, Strukturen und Funktionen. Die gestrichelten Linien geben die Tendenzen der in ihrem Ziel zeittranszendenten Bezüge, die durch eine kommunistische Revolution besorgt werden, wieder. Dabei läuft jedoch die Aufhebung der «Entfremdung *durch*» über die der «Entfremdung *von*» zu der der Gesellschaftsstruktur, dem Verhältnis von Produktionsmitteln und Produktionskräften (Aufhebung antinomischer Situationen) zur Relation von noch nicht realisiertem menschlichem Wesen in (oder nach) der sozialistischen Revolution. Sie verläuft in ihrem Aufhebungsprozeß also genau gegenläufig zu den durch einfache Pfeile angedeuteten Entstehungsprozessen. Dabei sind Entstehung und Aufhebung (durch die soziale Revolution) nicht unbedingt zeitlich zu interpretieren. Es kann auch eine Abhängigkeit der Produktion und ihrer Aufhebung auf Grund sozialer Daten gemeint sein.

3. Die religiöse Entfremdung

Das Phänomen der religiösen Entfremdung (Religiosität, die den Menschen sich, der Gesellschaft, der Geschichte und der Welt fremd macht) dürfte so alt sein wie die Religiosität selbst. Dennoch wurde sie erst spät reflektiert. Noch bei *L. Feuerbach* wird uns die Religion nicht als zwingend entfremdend, sondern als verständliche Fehlinterpretation des transzendenten Wesens des Menschen geschildert:

> Das Bewußtsein Gottes ist das Selbstbewußtsein des Menschen, die Erkenntnis Gottes die Selbsterkenntnis des Menschen. Aus seinem Gotte erkennst du den Menschen, und wiederum aus dem Menschen seinen Gott; beide sind eins ... Gott ist das offenbare Innere, das ausgesprochene Selbst des Menschen; die Religion die feierliche Enthüllung der verborgenen Schätze des Menschen ... das öffentliche Bekenntnis seiner Liebesgeheimnisse ... Die Religion ist das erste, und zwar indirekte Selbstbewußtsein des Menschen ... Der Mensch verlegt sein Wesen zuerst außer sich, ehe er es in sich findet. Das eigene Wesen ist ihm zuerst als ein anderes Wesen Gegenstand. Die Religion ist das kindliche Wesen der Menschheit ... Die frühere Religion ist der späteren Götzendienst; der Mensch hat sein eigenes Wesen angebetet.[103]

Erst K. Marx hat sich von dieser «Projektionstheorie» gelöst und an ihre Stelle eine soziologische Kritik gesetzt. In dem Essay «Zur Kritik der Hegelschen Rechtsphilosophie» schreibt er:

Für Deutschland ist die *Kritik der Religion* im wesentlichen [durch Feuerbach] beendigt, und die Kritik der Religion ist die wesentliche Voraussetzung aller Kritik... Das Fundament der irreligiösen Kritik ist: *Der Mensch macht die Religion,* die Religion macht nicht den Menschen.[104]

Das *religiöse* Elend ist in einem *Ausdruck* des wirklichen Elends und in einem *Protestation* gegen das wirkliche Elend. Die Religion ist der Seufzer der bedrängten Kreatur, das Gemüt einer herzlosen Welt, wie sie der Geist geistloser Zustände ist. Sie ist *Opium* des Volks.[105]

Die Kritik hat die imaginären Blumen an der Kette zerpflückt, nicht damit der Mensch die phantasielose, trostlose Kette trage, sondern damit er die Kette abwerfe und die lebendige Blume breche. Die Kritik der Religion enttäuscht den Menschen, damit er denke, handle, seine Wirklichkeit gestalte, wie ein enttäuschter, zu Verstand gekommener Mensch, damit er sich um sich selbst und damit um seine wirkliche Sonne bewege... Es ist also die *Aufgabe der Geschichte,* nachdem das *Jenseits der Wahrheit* verschwunden ist, die *Wahrheit des Diesseits* zu etablieren.[106]

In den «Ökonomisch-philosophischen Manuskripten» stellt er ein Jahr später fest:

Der *Atheismus,* als Leugnung (der Unwesentlichkeit der Natur und des Menschen)... hat keinen Sinn mehr, denn der Atheismus ist eine Negation *des Gottes* und setzt durch diese Negation das *Dasein des Menschen;* der Sozialismus als Sozialismus bedarf einer solchen Vermittlung nicht mehr; er beginnt von dem *theoretisch und praktisch sinnlichen Bewußtsein* des Menschen und der Natur als des *Wesens.* Er ist *positives,* nicht mehr durch die Aufhebung der Religion vermitteltes *Selbstbewußtsein* des Menschen.[107]

Die positive Aufhebung des *Privateigentums,* als die Aneignung des menschlichen Lebens, ist daher die positive Aufhebung aller Entfremdung, also die Rückkehr des Menscen aus Religion, Familie, Staat etc. in sein *menschliches,* d. h. *gesellschaftliches* Dasein. Die religiöse Entfremdung als solche geht nur in dem Gebiet des *Bewußtseins* des menschlichen Inneren vor, aber die ökonomische Entfremdung ist die des *wirklichen Lebens* – ihre Aufhebung umfaßt daher beide Seiten.[108]

Atheismus, Kommunismus sind keine Flucht, keine Abstraktion, kein Verlieren der von dem Menschen erzeugten gegenständlichen Welt, seiner zur Gegenständlichkeit herausgeborenen Wesenskräfte, keine zur unnatürlichen, unentwickelten Einfachheit zurückkehrende Armut. Sie sind vielmehr erst das wirkliche Werden, die wirklich für den Menschen gewordene Verwirklichung seines Wesens und seines Wesens als eines wirklichen.[109]

In der «Deutschen Ideologie» lesen wir:

Die Moral, Religion, Metaphysik und sonstige Ideologie ... behalten hiermit nicht länger den Schein der Selbständigkeit. Sie haben keine Geschichte, sie haben keine Entwicklung, sondern die ihre materielle Produktion und ihren materiellen Verkehr entwickelnden Menschen ändern mit dieser ihrer Wirklichkeit auch ihr Denken und die Produkte ihres Denkens.[110]

In Zukunft wird Marx nur noch en passant die Frage der Religion streifen, er hält das Problem 1846 für gelöst.

Fassen wir die Marxschen Thesen über religiöse Entfremdung zusammen:

1. Alle Entfremdungskritik beginnt mit der des religiösen Bewußtseins, sie ist jedoch für Deutschland abgeschlossen.
2. Religion ist nichts als Bewußtseinsprodukt, hervorgegangen aus bestimmten ökonomischen Verhältnissen.
3. Die Verhältnisse implizieren Verelendung des Menschen, der, um dem sozialen Elend zu entgehen, sich eine heile religiöse Welt schafft.
4. Sind diese Verhältnisse beseitigt, bedarf der Mensch der Religion nicht mehr.
5. Die Negation der Religion ist dann nicht mehr vonnöten. Solange sie aber gefordert ist, muß die durch die Religionskritik geschaffene Lücke gefüllt werden durch die «Wahrheit des Diesseits».

In der Ideologiediskussion der letzten Jahre tauchte auch aus den Reihen von Marxisten die Frage auf, ob denn wesentlich *jede* theistische Religiosität entfremdend sei und entfremdend wirke, oder ob es denkbar sei, daß atheistische Religiosität[111] wieder zu Gott kommt, ähnlich wie das nicht mehr entfremdende Eigentum in der vollendeten kommunistischen Gesellschaft möglich wäre. Gemeinhin pflegt man diese Frage zu verneinen, da Religion nur Bewußtseinsprodukt und Ausdruck des kompensatorischen Bedürfnisses einer spezifischen ökonomischen Situation (eben der vorsozialistischen) sei, und nicht nur als entfremdend, sondern grundsätzlich mit der Änderung des Seins verschwinden werde. Andererseits gibt man nicht selten zu, daß theistische Religion – im Gegensatz zur Vermutung Marxens – nicht *wesentlich* entfremde. Die Religionskritik Marxens betrifft zeitbedingte Formen der theistischen (jüdischen wie christlichen) Religiosität, die in der Praxis der Religionsausübung sehr oft entfremdend wirkte. Es hieße es sich zu leicht zu machen, wenn man mit dem Hinweis auf entartete religiöse *Praxis* in weiten Bereichen die religiöse (christliche und jüdische) *Theorie* retten möchte. Die Entartung der Religiosität ist nicht nur ein praktisches Phänomen, sondern auch ein theoretisches Problem aller Reflexion über Religion. Wir werden auf diese Frage im Beitrag «Schöpfung als Offenbarung» zurückkommen. Hier sei nur festgehalten, daß man in christlichen Kirchen der Religionskritik Marxens nicht mit vordergründigen apologetischen Argumenten beikommen kann, sondern daß eine erneute Reflexion auf die Eigenart christlicher Religiosität vonnöten ist. Die Beweislast für die Behauptung, christliche Religiosität sei nicht entfremdend, liegt angesichts der häufigen Entfremdungssituationen, in die religiöses Denken und Interpretieren von Welt, Gesellschaft, Geschichte gerät, beim Behauptenden. Die Theorie der religiösen Entfremdung ist bislang nicht über Marx hinausgekommen, so daß wir diesen Abschnitt fürs erste schließen müssen.

Doch gibt es nach der Darstellung der «psychologischen Entfremdung» durch Feuerbach zahlreiche Ansätze, die diesen Fragepunkt über das Thema der religiösen Entfremdung weiterführen.

4. Die psychische Entfremdung

Die Theorie der psychischen Entfremdung wurde vor allem in den Ausdrucksformen, die ihnen M. Seeman und E. Fromm gaben, auch für die heutige Diskussion erheblich.

a) Die Entfremdungstheorie M. Seemans

Seeman[112] unterscheidet fünf Aspekte oder Dimensionen der (psychischen) Entfremdung: Machtlosigkeit, Sinnlosigkeit, Normenlosigkeit, Isoliertheit und Selbstentfremdung.

Die Darstellung der entfremdenden *Machtlosigkeit* steht in manchem den Darlegungen Marxens über ökonomische Entfremdungstypen nahe. Machtlosigkeit meint hier eine *Erwartung* (also eine psychische Situation) des einzelnen, das Ergebnis seines Verhaltens und die gesuchte Sicherheit nicht selbst bestimmen zu können. Der machtlose Mensch erfährt bedrängend, daß die Wahrscheinlichkeit, durch eigenes Handeln Einfluß auf seine individuelle Bedürfnisbefriedigung zu nehmen, in der kapitalistischen Gesellschaft recht gering ist, ja daß er darüber hinaus in seinen Bedürfnissen von außen gesteuert (manipuliert) wird. Solche Machtlosigkeit manifestiere sich etwa in der Erfahrung der nichtkontrollierbaren Kontrolle, der Unfähigkeit, selbst wirksam auf die Arbeitsbedingungen und den Arbeitsprozeß Einfluß zu nehmen, in dem Zwang, fremden ökonomischen Zielen zu dienen. Machtlosigkeit wird als entfremdend erfahren: Wenn der Arbeiter auf Arbeitsbedingungen und Arbeitsverlauf Einfluß nehmen möchte. Das ist jedoch keineswegs immer der Fall. Dieser Verzicht scheint uns ein erheblicheres Symptom für entfremdende Arbeit zu sein als das der bloßen Machtlosigkeit; Wenn der Arbeiter als Arbeitender das Bedürfnis von Selbstbestimmung und Selbstkontrolle entwickelt. Wiederum signalisiert der Verzicht auf dieses Bedürfnis eine radikalere Entfremdung als die der bloßen Machtlosigkeit. Hier bleibt Seeman hinter Marx zurück, der für solche Entfremdungserscheinungen eine konkrete Theorie anbot.

Sinnlosigkeit meint hier die Erwartung, daß das Funktionieren der gesellschaftlichen Organisationen dem Individuum unverstehbar ist und deshalb sinnlos erscheint. Diese Sinnlosigkeit wird erfahrbar, wenn sich das Individuum einem undurchschaubaren Reglement gegenübersieht, es ohne Wissen um die Rolle seiner Arbeit für das Gesamtprodukt in täglicher Routine erstickt, die Verantwortung für seine Arbeit ihm selbst abgenommen wird oder doch stark beschränkt ist.

Die Entfremdung durch *Normenlosigkeit* wurde schon von E. Durkheim angedeutet: Er analysierte Situationen, in denen die sozialen Normen, die das moralische Verhalten eines Individuums (hier der Begriff «moralisch» recht weit verstanden) bestimmen, zusammenbrechen.[113] In Anlehnung an R. Merton[114] bestimmt Seeman drei Aspekte der Normenlosigkeit:

– Ein Individuum akzeptiert die Normen seiner Gesellschaft, setzt sich aber Wert- und Zielvorstellungen, die nicht mit diesen Normen vereinbar sind. Er kann seine Ziele also nicht auf «legale» Weise realisieren, weil individuelle Mängel, Ausdrucksformen gesellschaftlichen Bewußtseins (die vielleicht das Erreichen seiner Ziele einer bestimmten Klasse vorbehalten ...) dies verbieten.

– In einer Industriegesellschaft muß das Individuum seine vielleicht monotone Arbeit als etwas Werthaftes ansehen. Die konkrete Arbeit kann diese Werthaftigkeitseinsicht schwächen, bis hin zur Überzeugung, daß Arbeit kein Wert für sich ist.

– In einer kapitalistischen Gesellschaft hält es der «Arbeitgeber» (Kapitaleigner...) für werthaft, daß sein Kapital eine beständig hohe Rendite abwirft. Der Arbeiter soll also so effektiv wie möglich arbeiten. Wenn die Ziele des Arbeiters nicht mit denen des Arbeitgebers übereinstimmen, kann sein Verhalten für den Arbeitgeber den Eindruck der Normenlosigkeit erzeugen.

Erfährt ein entfremdetes Individuum Normenlosigkeit, akzeptiert aber eigene Ziele, kann der Fall eintreten, daß es sich nicht darum kümmert, ob die Mittel zur Erreichung der Ziele legal oder illegal sind. Das kann dazu führen, daß es sich aus seinen gesellschaftlich fixierten Rollen löst und vereinsamt. Dieser *Isolierungs*effekt kann außer dem Fehlen von Zugehörigkeitsgefühlen (Ablösen von erwartetem Rollenverhalten) auch durch strenge Ritualisierung der Arbeit angezeigt werden.

Die *Selbstentfremdung* endlich tritt ein, wenn das Individuum in seinem Streben nach Selbstverwirklichung durch kreative Arbeit permanent frustriert wird. Solche Selbstentfremdung kann sich an totalem Desinteresse an seiner Arbeit oder dem Produkt seiner Arbeit zeigen, allenfalls interessiert es noch der Zeitfaktor: Es will die ungeliebte Arbeit so bald als möglich hinter sich bringen. Dieser Aspekt der Entfremdung steht im engen Zusammenhang mit der Erfahrung der Sinn- und Machtlosigkeit.

Sicherlich ist die Analyse Seemans nicht in allem zufriedenstellend. So werden die Abhängigkeiten und Beziehungen zwischen den verschiedenen Entfremdungstypen nicht zureichend dargestellt. Seine Anthropologie ist streng behavioristisch orientiert, doch liegen seiner Darstellung verschiedene praktische Betriebsanalysen zugrunde.[115] Dabei kam etwa R. Blauner[116] zu dem Ergebnis, daß die Eigentumsverhältnisse für die Entfremdung des Arbeiters keine Rolle spielen (gegen Marx).

b) Die Entfremdungstheorie E. Fromms

Für Fromm ist *Entfremdung* ein psychopathologischer Zustand, der durch einen pathologischen *Sozialcharakter* derart verursacht wird, daß der Mensch seine *«menschliche Natur»* nicht realisieren kann.

Es seien zunächst die für Fromm zentralen Begriffe «Entfremdung» und «Sozialcharakter» umschrieben. Beide sind jedoch zu interpretieren vor dem Hintergrund seiner Anthropologie.

Im Gegensatz zu den Tieren, die in «Harmonie mit der Natur» leben, ist der Mensch «ontologisch entfremdet»:

> Diese Erscheinung hat den Menschen zu einer Anomalie, zu einer Art Mißgeburt innerhalb des Universums, zu einem «Sonderwurf» der Natur gemacht. Er ist ein Teil der Natur, ihren psychischen Gesetzen unterworfen und nicht imstande, sie zu ändern, und dennoch ragt er über die ganze übrige Natur hinaus... Im Gewahrwerden seiner selbst kommt ihm seine Ohnmacht zu Bewußtsein und damit Begrenzung seines Daseins. Er faßt sein eigenes Ende – den Tod – ins Auge. Nie ist er frei von der Zwiespältigkeit seines Daseins, er kann sich seines Denkvermögens nicht erwehren, selbst wenn er es wollte, solange er lebt, nicht von seiner Körperlichkeit freimachen – und es ist sein Körper, der ihn wünschen läßt zu leben.[117]

Selbstbewußtsein, Phantasie und Vernunft machen also den Menschen zum Menschen. Seine ontologische Entfremdung, sein Bewußtsein über die Probleme seiner Existenz, bringt eine Reihe von Bedürfnissen hervor, die befriedigt werden wollen, damit der Mensch sich nicht pathologisch entfremdet. Es sind das:
– *Das Bedürfnis, soziale Bindungen einzugehen.* Nur wenn dieses Bedürfnis erfüllt ist, kann der Mensch das Wissen um Einsamkeit, Machtlosigkeit und Tod ertragen. Mißlingt es ihm grundsätzlich – individuell oder gesellschaftlich bedingt –, soziale Beziehungen herzustellen, flüchtet der Mensch in autistische Isolation – er wird psychisch krank.
– *Das Bedürfnis, schöpferisch zu sein.* Phantasie und Vernunft lassen eine passive Existenz als unbefriedigend erscheinen. Der Mensch will aktiv seine zufällige Natur und seine Naturabhängigkeit beherrschen, indem er Schöpfer wird.[118]
– *Das Bedürfnis, in Sicherheit zu leben.* Der Mensch braucht Hilfe, Wärme und Schutz, dem Bedürfnis des Kindes nicht unähnlich.[119] Doch will beim Erwachsenen diese Situation des Vertrauens aktiv geschaffen werden. Bleibt der Wunsch nach Schutz rein passiv, wird nicht selten die Mutterbindung nicht zureichend gelöst. Die kindliche Mutterfixierung wird zum Mutter-

komplex, eine pathologische (neurotische) Art, das Bedürfnis nach Schutz zu befriedigen.

– *Das Bedürfnis, eine eigene Identität zu finden.* Der Mensch möchte wissen, wer er ist, was es denn für ein Wesen ist, das Kontakte sucht, das Vertrauen wünscht, was seine Rolle in Gesellschaft ist. Ein Mensch, dem es nicht gelingt, seine Identität zu finden, zeigt die pathologischen (neurotischen) Symptome eines «desorientierten Charakters». Auf die Dauer führt solche Desorientierung zur psychischen Erkrankung.

– *Das Bedürfnis, sich in seiner Welt zu orientieren.* Der Mensch möchte seiner sozialen und kosmischen Welt einen Sinn geben, der es ihm erlaubt, die ihn betreffenden Ereignisse in einen verständlichen Kontext zu stellen. Endlich möchte er, als vernünftiges Wesen, diese Welt auch in ihren Funktionen und Strukturen verstehen.[120] Dies schafft einen Interpretationsrahmen zur eigenen Orientierung in Welt und Gesellschaft.

Diese Bedürfnisse können nun «normal» oder neurotisch befriedigt werden. Damit wird Fromm eine Bestimmung dessen abverlangt, was er unter «normal» (psychisch gesund) versteht:

Geistig-seelische Gesundheit ist gekennzeichnet durch die Fähigkeit, zu lieben und schöpferisch zu sein; durch die Erhebung über die inzestuöse Bindung an Clan und Boden; durch ein Gefühl der Identität auf Grund des Erlebens seiner selbst als Subjekt oder Organ der Eigenkräfte und durch Erfassung der Realität in uns und um uns, das heißt durch die Entwicklung von Objektivität und Vernunft.[121]

Seelische Gesundheit (kann) nicht definiert werden als «Anpassung» des Individuums an seine Gesellschaft, sondern muß im Gegenteil *unter dem Gesichtswinkel der Anpassung der Gesellschaft an die Bedürfnisse des Menschen* und ihrer Rolle als fördernde oder hindernde Macht im Hinblick auf die Entwicklung seelischer Gesundheit definiert werden ... Ob der einzelne geistig-seelisch gesund ist, das ist primär keine individuelle Angelegenheit, sondern hängt von der Gesellschaftsstruktur ab.[122]

Im Gegensatz zu Freud geht Fromm nicht von einem unlösbaren Konflikt zwischen Lust- und Realitätsprinzip, nicht von einem unlösbaren Konflikt zwischen den individuellen Triebbedürfnissen und den gesellschaftlichen Ansprüchen aus, sondern von menschlichen Bedürfnissen, die in einer idealen Gesellschaftsorganisation verwirklichbar sein sollen. Neben den Individualcharakter (Inbegriff aller spezifischen Eigenschaften eines konkreten Individuums) stellt er den *Sozialcharakter* (Inbegriff «der Charakterstruktur, der von den meisten Angehörigen einer Gesellschaft geteilt wird»[123]). Dieser Inbegriff bezeichnet keine Summe von Eigenschaften, sondern eine strukturierte dynamische Organisation von Eigenschaften. Der Idealtypus «Sozialcharakter» läßt sich also nur durch das Erheben seiner Funktionen beschreiben: Vor allem hat er die Funktion,

die seelischen Kräfte der Mitglieder der Gesellschaft so zu beeinflussen, daß ihr Verhalten in der Gesellschaft nicht eine bewußte Entscheidung ist, ob sie den gesellschaftlichen Regeln folgen wollen oder nicht, vielmehr eine Haltung, *die sie wünschen läßt, so zu handeln, wie sie zu handeln haben,* und sie zugleich Befriedigung darin finden läßt, den Erfordernissen der jeweiligen Gesellschaft gemäß zu handeln. Anders gesagt: die Funktion des Sozialcharakters besteht darin, *die menschlichen Energien innerhalb einer gegebenen Gesellschaft so zu formen und zu kanalisieren, daß sie das kontinuierliche Funktionieren eben dieser Gesellschaft verbürgen.*[124]

In der modernen Psychoanalyse würde man den Frommschen «Sozialcharakter» als wesentliches Moment der Überichstruktur charakterisieren. Er wird durch Erziehung gebildet, erlernt und internalisiert. Erziehung aber geschieht immer vor dem Hintergrund gesellschaftlich bedingter Wert- und Vorurteile. Die Spannungen zwischen Individualcharakter (und seinen Bedürfnissen) und dem Sozialcharakter (der eine Befriedigung der Bedürfnisse nicht gestattet oder verhindert) besorgt die Entfremdung. *Entfremdung* versteht er also psychisch (im Sinne von Entfremdetsein als psychischem Zustand):

Mit Entfremdung ist eine Erlebnisweise gemeint, bei der der Mensch sich selbst als einen fremden empfindet. Er ist – so könnte man sagen – sich selbst entfremdet. Er erlebt sich nicht mehr als den Mittelpunkt seiner Welt, als den

Urheber seiner eigenen Taten – vielmehr sind seine Handlungen und ihre Folgen Herren geworden, denen er gehorsam ist, die er anbetet. Die entfremdete Person ist außer Fühlung mit sich selbst und ebenso mit allen anderen Menschen, sie erlebt sich und andere, wie man Dinge erlebt, mit den Sinnen und mit dem Verstand, aber zugleich ohne eine fruchtbare Beziehung zu sich selber oder zur Umwelt.[125]

Typisch für einen entfremdeten Charakter sind «nichtproduktive Orientierungen»[126]. Dazu zählt er:
– Die *rezeptive Orientierung,* in der der Mensch die Empfindung hat, die Quelle alles Guten liege außerhalb seiner selbst. Alles Wünschenswerte möchte er also von außen empfangen. Liebe wird auf Geliebtwerden reduziert. Wenn er religiös ist, erwartet er alles und jedes von Gott, nicht aber von eigener Aktivität. Gott kann dabei auch durch Institutionen ersetzt sein. Allein fühlt er sich verloren. Oft werden Ängstlichkeit und Niedergeschlagenheit durch Essen und Trinken kompensiert (Regression auf die orale Phase). Dennoch sind solche Menschen meist optimistisch und freundlich. Doch alles dies hat zum Ziel, sich fremder Hilfe zu vergewissern.
– Die *ausbeuterische Orientierung* externalisiert ebenso die Quelle des Guten ins Selbst-Außen. Doch der «ausbeuterisch orientierte Charakter» erwartet nicht, daß ihm etwas geschenkt wird, so muß er «rauben» (Liebe, Einfälle, Eigentum). Sozialkontakte werden unter der Rücksicht eingegangen, daß etwas dabei abfällt – und das in der Grundhaltung des Mißtrauens, des Zynismus, des Neides, der Eifersucht...
– Die *Hamster-Orientierung* hat wenig Vertrauen auf das Außen als Quelle von Gütern. So orientierte Menschen schaffen sich das Gefühl der Sicherheit, indem sie «hamstern», d. h. Besitz auf Besitz häufen, und sich von dieser Häufung Sicherheit versprechen. Sie hamstern Liebe, Wissen, Eigentum... Merkmale solcher Orientierung sind Versuche, sich den Ansprüchen anderer zu entziehen, pedantische Ordnungsliebe (Dinge, Gedanken, Ge-

fühle ... müssen in Ordnung sein) als Versuch der Weltbemächtigung, pedantische Pünktlichkeit zum gleichen Zweck, Beharren als Abwehr gegen Geschobenwerden, Vertrauen wird als Bedrohung erfahren und zurückgewiesen, Gerechtigkeit wird oberste Norm.

– Die *Markt-Orientierung* wurde erst im Hochkapitalismus typisch für nichtproduktive Orientierungsmuster. «Markt» meint hier einen Mechanismus, der durch unpersönliche und abstrakte Produktions-, Distributions- und Konsumtionsmechanismen funktioniert. Der Tauschwert wird über den Gebrauchswert gestellt und diese Haltung auch auf Menschen und menschliche Arbeit (wie auch andere Formen menschlicher Interaktion) übertragen. Das «Durchsetzen» wird Wertnorm gegen «Persönlichkeitsbildung». So empfindet sich der markt-orientierte Mensch als Ware, die er so gut als möglich verkaufen möchte. Damit wird das Identitätsbewußtsein gebrochen, die sozialen Beziehungen kommerziell verflacht, Liebe zur Kameraderie, Studium zur bloßen Ausbildung (und nicht auch zur Bildung), Anpassungsfähigkeit (bis hin zur Charakterlosigkeit) ein Ideal, Qualitäten werden quantitativ be- und verwertet.

Während die vorgenannten Orientierungen – obzwar Ausdruck von Entfremdung – doch in der menschlichen Natur verankert sind, entwickelt die Marktorientierung keine menschlichen Fähigkeiten, es sei denn, sie lassen sich verkaufen. Zu den erwähnten Symptomen treten innere Leere, Streben nach Anerkennung als wesentliches Strebeziel, Labilität, Orientierungslosigkeit.

Wenden wir nun diese Einsichten auf die kapitalistische Produktions- und Gesellschaftsordnung an, stellt sich heraus, daß sie einen Sozialcharakter fördert und fordert, der zur neurotischen Entfremdung führt, da die humanen Bedürfnisse – oft nicht einmal mehr erkannt – nicht «normal» befriedigt werden können. Die kapitalistische Industriegesellschaft ist zu einer Produktions- und Konsumtionsgesellschaft geworden, der schon von

Marx[127] getadelte Warenfetischismus feiert goldene Urständ: Waren, die niemand braucht, werden, nachdem zuvor künstlich ein Scheinbedürfnis (etwa durch Werbung) geweckt wurde, produziert und gekauft.
Besitz und Konsum werden Statussymbole. Der Mensch

ist verbrauchshungrig. Kaufen und Verbrauchen ist zu einem zwanghaften, irrationalen Ziel geworden, zum Selbstzweck mit nur geringer Beziehung auf die Nützlichkeit oder Erfreulichkeit der gekauften und verbrauchten Dinge.[128]

Sicherlich könnte man Fromm manch kritische Frage stellen:
Gibt es nicht doch eine kranke Persönlichkeit (etwa ausweisbar an destruktiven Individualkonflikten) auch in einer «normalen» Gesellschaft?
Ist ein Mensch (etwa der primitive) ohne die Bedürfnisse seiner Gattung zu haben, schon psychisch krank?
Was erzeugt die konstituierenden Bedürfnisse (eine metaphysische menschliche Natur, die Gesellschaftform, die Produktionsbedingungen ...)?
Enthält die Charaktierisierung einiger Formen der Bedürfnisbefriedigung, die Fromm als «normal» bezeichnet, verbunden mit der Definition der geistigen Gesundheit, über die Bestimmung durch die Art der Bedürfnisbefriedigung nicht einen Zirkel?[129]
Obschon diese Fragen von Fromm nicht zureichend beantwortet werden, möchten wir sie nicht für unbeantwortbar halten. Wir sehen in den Darlegungen Fromms vielmehr einen erheblichen Beitrag zur modernen Entfremdungstheorie.

5. Entfremdung in sozialistischen Gesellschaften?

Gemäß marxistischer Theorie sollte in einer sozialistischen Gesellschaft jede Art ökonomischer Entfremdung schwinden. So wird es verständlich, daß sich auch sozialistische Autoren mit Entfremdungsphänomenen in sozialistischen Gesellschaften befassen. A. Schaff schreibt:

Für Marx war es ein Axiom, daß, da die ökonomische Entfremdung die Grundlage aller anderen Formen der Entfremdung ist(?), dies bedingt, daß die Abschaffung der wirtschaftlichen Entfremdung durch Abschaffung des Privateigentums der Produktionsmittel automatisch allen Entfremdungen ein Ende setzt (?). Ist dem wirklich so? Ist im Sozialismus Entfremdung unmöglich, das heißt, kann sie nicht aus einer anderen Quelle kommen als dem Privateigentum? Das ist die Frage, die aus der Entfremdung ein Problem macht, das nicht nur vom Gesichtspunkt des Kapitalismus, sondern auch von dem des Sozialismus aktuell und wichtig ist.[130]
Die Situation ist klar: In allen uns bisher bekannten Formen der sozialistischen Gesellschaft treten verschiedene Formen der Entfremdung auf. Das bedeutet, daß es keine Automatik gibt, die zusammen mit der Abschaffung des Privateigentums an den Produktionsmitteln die Abschaffung der Entfremdung herbeiführen würde.[131]

Schaff nennt folgende Formen der Entfremdung, mit denen sich auch eine sozialistische Gesellschaft auseinandersetzen muß:
a) die Bürokratie, b) der Warencharakter der Arbeit, c) die Arbeitsteilung, d) die institutionalisierte Familie.

a) Entfremdende Bürokratie
Die aufgeblähte Bürokratie in einer sozialistischen Planwirtschaft und ihre ökonomische Allmacht sperren den Menschen ein in Arbeit und Privatleben[132]. Bürokratie sondert sich ab vom konkreten Menschen, manipuliert und dirigiert ihn, eine demokratische Kontrolle entfällt, wichtige Entscheidungsprozesse (Distribution und Konsumtion der Ware, Verteilung des Sozialprodukts...) werden dem einzelnen abgenommen.
Der jugoslawische Soziologe P. Marković fordert daher Selbstverwaltung.

Sie ist die dialektische Negation des sogenannten Staatssozialismus mit seinen inhärenten Tendenzen zur Bürokratisierung.[133]

Doch auch in der Sowjetunion wurden kritische Stimmen laut. P. M. Egides stellt an Beispielen bürokratischer Willkür im sozialistischen Staat vor, wie sich «Elemente politischer und sittlicher Entfremdung durchdringen». Schuld an dieser Situation tragen *Dogmatiker* und all jene, die ihre Position in Staat und Gesellschaft hüten «und darin eine wichtige Komponente ihres Lebenssinns sehen. Gerade solche Leute zeigen einen ausgesprochenen Hang zur politischen Entfremdung.»[134]

Der grundlegende, prinzipielle Unterschied zwischen einem kreativen Marxisten ... und einem Dogmatiker besteht darin, daß letztere die kommunistische Gesellschaft freier Menschen durch die Verwandlung der Menschen in Automaten erreichen wollen, ... die mit Scheuklappen gegenüber einer zureichenden Information zu leben haben und in denen unter einer «ideologischen Kapuze» die «Geheimpolizei» steckt ... Die ersteren aber wollen die neue Gesellschaft freier Menschen als freie Menschen errichten, als Menschen der Selbstdisziplin, als ganzheitliche und selbsttätige Persönlichkeiten.[135]

Auf die Gefahren der Bürokratisierung für die Befreiung des Menschen hat schon M. Weber verwiesen:

Diese Leidenschaft für die Bürokratisierung ... ist zum Verzweifeln ... als ob wir mit Wissen und Willen Menschen werden *sollten,* die «Ordnung» brauchen und nichts als Ordnung, die nervös und feige werden, wenn diese Ordnung einen Augenblick wankt, und hilflos, wenn sie aus ihrer ausschließlichen Angepaßtheit an diese Ordnung herausgerissen werden.[136]

Noch deutlicher fällt das Verdikt Marxens aus:

Die Korporationen sind der Materialismus der Bürokratie, und die Bürokratie ist der Spiritualismus der Korporationen. Die Korporation ist die Bürokratie der bürgerlichen Gesellschaft; die Bürokratie ist die Korporation des Staats ... Sie muß also die imaginäre Allgemeinheit des besonderen Interesses, den Korporationsgeist, beschützen, um die imaginäre Besonderheit des allgemeinen Interesses, ihren eigenen Geist, zu beschützen ... Die Bürokratie ist der imaginäre Staat neben dem realen Staat, der Spiritualismus des Staates ... Was den einzelnen Bürokraten betrifft, so wird der Staatszweck zu seinem Privatzweck, zu einem Jagen nach höheren Posten, zu einem Machen von Karriere.[137]

Es ist also keineswegs verwunderlich, wenn marxistische Philosophen auch den von Marx (gegen Hegel) verpönten Bürokratismus ablehnen. Doch gilt es zu bedenken, daß der frühe Marx noch vom Absterben des Staates (und damit auch der Bürokratie) überzeugt war, eine Utopie, die die sozialistischen Staaten nicht realisierten – im Gegenteil: der Staat wurde nicht nur zum Koordinator von Gesellschaftsinteressen, sondern normierte auch die sozialen Interessen. Der divinisierte Staat Hegels wurde in manchen Ländern Osteuropas Wirklichkeit.

b) Der Warencharakter der Arbeit

Offensichtlich ist in den sozialistischen Gesellschaften menschliche Arbeit nach wie vor Ware geblieben, die der Arbeiter gegen eine andere Ware vermittels abstrakter Tauschmedien (Geld) ein- und austauscht. Zwar ist der Warenmarkt sozialistischer Staaten in manchem anders beschaffen als der kapitalistischer Staaten, doch beiden ist eines gemeinsam: der Tauschwert spielt eine erhebliche Rolle. Das, was Marx über den Fetischcharakter der Ware schrieb, trifft auch den Markt der sozialistischen Länder.

M. Almasi, ein Lukácsschüler, ist der Ansicht, daß auch hier der «Wert einer Person» (bestimmt durch ihre Fähigkeiten und ihr Können) nach Art des Warenwerts bestimmt und behandelt (bezahlt) wird. Dabei verschwinde der konkrete Mensch – den Marx aus den Verstrickungen der Entfremdung befreien wollte – nahezu vollständig.[138] Während im Spätkapitalismus der «Wert eines Menschen» an seiner Konsumkraft gemessen wird, bemißt sich sein Wert in den sozialistischen Ökonomien (wie im Frühkapitalismus) an seiner Produktionskraft. Sache bleibt er allemal. Der «sozialistische Kapitalismus» ist in manchem unmenschlicher als der bürgerliche: Die Allmacht des Staatsapparats ist «notwendig von der allgemeinen Ohnmacht des Individuums begleitet»[139].

Adam Schaff bezweifelt, ob in einer *kommunistischen* Gesellschaft dieser Entfremdungstyp überhaupt beseitigt werden kann; er ist nicht nur ein Relikt der bürgerlichen Ökonomie in der sozialistischen Gesellschaft, sondern mit dem Zwang zur Produktion verbunden. Da hilft auch die von Marx zurückgewiesene «permanente Revolution»[140], die über die Vermittlung der «Anarchisten» heute etwa in China gefordert wird, nichts, obschon in China (zum Teil geglückte) Versuche gewagt wurden, den Menschen nicht auf eine Produktionsform zu fixieren und seine Arbeit von der Warenform abzulösen, als jeder, der seinen Vermögen nach gesellschaftliche Arbeit leistet, unabhängig von dem Typ der Arbeit, den gleichen Lohn erhält.

c) Arbeitsteilung

Die Arbeitsteilung scheint in der ökonomischen Praxis unabhängig von der Gesellschaftsform zu sein.[141] Sie wird notwendig bei zunehmender Technologie, sei es in kapitalistischen, sei es in sozialistischen Ökonomien. H. Marcuse wies darauf hin, daß, unabhängig vom Gesellschaftssystem, Technologie dazu tendiere, eigene Gesetzmäßigkeiten auszubilden, die nicht mehr kontrollierbar sind und also die klassische Form entfremdeter und entfremdender Strukturen annehmen: Sie führt in der Technokratie zur totalen Verdinglichung. Das Herrschaft–Knechtschaft-Verhältnis wird *total* versachlicht, insofern der Arbeiter Sklave der Forderungen technischer Zwänge wird.

D. Ogurzow versucht in seinem Beitrag «Entfremdung» in der Sowjetenzyklopädie dem Problem beizukommen, indem er zwischen Spezialisierung und Professionalisierung unterscheidet. Die Spezialisierung sei in jeder technisierten Produktion notwendig, nicht aber die Professionalisierung, in der der Arbeiter nur bestimmte Funktionen ausführen darf und somit nur einen Teil seiner Fähigkeiten entwickelt. Dunkel bleibt jedoch in diesem – durchaus beachtenswerten – Beitrag, wie sich spezialisierende und professionalisierende Arbeitsteilung voneinander unterscheiden sollen.

d) Die institutionalisierte Familie

Schon Marx band die institutionalisierte Familie an die Bewußtseinsform der bürgerlichen Gesellschaft. Der erste Schritt war konsequent die Verlagerung der Akzente: Nicht mehr die Familie, sondern ökonomische Strukturen treten in den Vordergrund des Interesses[142]. Die schärfsten Worte der Kritik fand Marx jedoch im Kommunistischen Manifest:

Aufhebung der Familie! Selbst die Radikalsten ereifern sich über diese schändliche Absicht der Kommunisten. Worauf beruht die gegenwärtige, die bürgerliche Familie? Auf dem Kapital, auf dem Privaterwerb. Vollständig entwickelt existiert sie nur für die Bourgeoisie; aber sie findet ihre Ergänzung in der erzwungenen Familienlosigkeit der Proletarier und der öffentlichen Prostitution. Die Familie der Bourgeois fällt natürlich weg mit dem Wegfallen dieser ihrer Ergänzung und beide verschwinden mit dem Verschwinden des Kapitals.[143]

Fr. Engels stellte in seiner Schrift «Der Ursprung der Familie, des Privateigentums und des Staates» keine Prognose über die Entwicklung der Familie in einer sozialistischen Gesellschaft. Er meint:

Das wird sich entscheiden, wenn ein neues Geschlecht herangewachsen sein wird: ein Geschlecht von Männern, die nie in ihrem Leben in den Fall gekommen sind, für Geld oder andere soziale Machtmittel die Preisgebung einer Frau zu erkaufen ... Wenn diese Leute da sind, werden sie sich den Teufel darum scheren, was man glaubt, das sie heute tun sollen; sie werden ihre eigene Praxis ... selbst machen.[144]

A. Schaff glaubt, daß andere Institutionen die Bildungsfunktion der Familie übernehmen können. Vor allem ist er der Ansicht, daß die geschlechtsspezifische Rollenverteilung der bürgerlichen Gesellschaft eine für die Frau entfremdende Situation schafft, die aufgehoben werden müßte. Nun hat sich gezeigt, daß durchaus auch kapitalistische Gesellschaften diese Rollenzwänge beseitigen können und sozialistische Gesellschaften sie eher fixieren. In jedem Fall hat sich aber das zum Überbau gehörende, das Leben und die Funktion der Familie bestimmende Bewußtsein zu ändern. Wie jedoch die neuen Normen aussehen sollten, weiß kaum ein Marxist heute zu sagen. Bislang bleibt der bürgerliche Normenkatalog (mit seinen entfremdenden, weil auf falschem Bewußtsein beruhenden Inhalten) auch für die sozialistische Gesellschaft in den wesentlichen Momenten erhalten. Fixierung falschen Bewußtseins (falsch, weil von kapitalistischer Ökonomie produziert) aber entfremdet. Dabei besteht die Gefahr, daß sich solche Bewußtseinsinhalte, in Ungleichzeitigkeit zur allgemeinen Bewußtseinsevolution, isolieren und damit verdinglichen. Auch in der sozialistischen Gesellschaft ist also mit einer Reihe von entfremdenden Faktoren und Strukturen zu rechnen:

Im Gegensatz zu der These, daß das Problem der Entfremdung im Sozialismus zu einem überflüssigen Problem geworden ist, müssen wir daher auf das entschiedenste die Gegenthese aufstellen, daß das Problem der Entfremdung das zentrale Problem des Sozialismus überhaupt ist... Wenn das Problem des Sozialismus nicht in diesem Sinne verstanden wird, dann könnte das Resultat die Evolution der politischen Formen in einem Paroxysmus der Enthumanisierung sein.[145]

Ich denke, diese Worte gelten ebenfalls für Gesellschaftsformen, die sich dem Christentum verpflichtet wissen. Marxens Theorie, daß man zuerst die ökonomischen und politischen Entfremdungen – soweit als möglich – beseitigen müsse, damit der Mensch sich als Mensch wiederfindet, scheinen mir bedenkenswert zu sein. Ebenfalls wird man sich im christlichen Lager fragen müssen, ob sich diese Entfremdungen evolutiv, wie von selbst, beseitigen. Vieles spricht dagegen, denn die Entfremdung des Menschen von sich selbst, von Geschichte und Gesellschaft, von Kosmos und Religion wächst auch in «christlichen Gesellschaften».

Sollte Revolution das einzige Mittel, die einzig mögliche Strategie sein, oder kann eine gewaltige Bemühung anderer Art menschliches Bewußtsein so von Entfremdung befreien, daß es, in der Erkenntnis der sekundären Entfremdungen, diese überwindet und darangeht, die Evolution zum menschlichen Menschen in Gang zu setzen?
Dann erst beginnt der Weg des Menschen zu seiner totalen Realisierung – und sie heißt für den Christen: Einigung mit Gott in seinem Reich.
Der Anspruch des Marxismus, von der Utopie zur Wissenschaft gelangt zu sein, ist sicherlich überzogen. Er ist und bleibt utopisch, entwirft sich ins Voraus, ins Noch-Nicht. Das mag die vorliegende Studie beweisen. Aber könnte man nicht von *wissenschaftlicher* Utopie sprechen? Von einer Utopie, für die wissenschaftlich nachgewiesen wurde, daß ihr Noch-Nicht erreichbar und die Strategien auf dem Wege zum Noch-Nicht effizient sind? Man kann es nicht im Marxismus. Im Gegenteil: Alles spricht dafür, daß der Mensch aus eigener Kraft nicht zur totalen Befreiung kommen kann, daß er sich selbst nicht von allen Gestalten der Entfremdung lösen kann. Der Verdacht der abstrakten – und damit unwissenschaftlichen – Utopie haftet dem Marxismus an. Das Christentum (nicht so sehr wie es ist, sondern wie es sein soll) verkennt nicht die essentielle Schwäche, das wesentlich humane Unvermögen zur Selbsterlösung und ist – zumindest in diesem Punkt – dem Marxismus überlegen.

[1] Vgl. R. Lay, Grundzüge einer komplexen Wissenschaftstheorie II, Frankfurt 1973, 320 f.

[2] So etwa Seneca (De beneficiis 5, 10, 1), Pompeius Trogus (De dignitate 18, 1, 67)... Daneben findet sich jedoch auch «alienatio» als «Abfallen von jemandem», «Abneigung gegen jemanden» bei Cicero (De amicitia), Livius...

[3] Rhet. I, 5; 1361 a 22–25.

[4] Dieses Verständnis von «Entfremdung» finden wir etwa bei J.-J. Rousseau (Du contrat social I, Amsterdam 1762, 4–9. Vgl. dazu: B. Baczko, Rousseau et

l'aliénation, in: Annales J.-J. Rousseau 25 (1963) 223–237; J. Israel, Der Begriff Entfremdung, Hamburg 1972, 33–37; J. Mészáros, Der Entfremdungsbegriff bei Marx. München 1973, 67–77. K. Marx nimmt in seinem Essay «Zur Judenfrage» zur Rousseauschen Theorie Stellung: «Die Abstraktion des politischen Menschen schildert Rousseau richtig also: ‹Derjenige, der das Wagnis unternimmt, ein Volk zu begründen, muß sich imstande fühlen, die menschliche Natur gleichsam zu verändern, jeden einzelnen, der für sich selbst ein vollendet Ganzes und in sich abgeschlossen ist, zum Teil eines größeren Ganzen zu verwandeln, von dem dieser einzelne gewissermaßen sein Leben und sein Sein erhält, eine rein physische und unabhängige Daseinsweise durch eine abhängige und sittliche zu ersetzen. Er muß dem Menschen seine eigenen Kräfte nehmen, um ihm fremde zu geben, von denen er nicht ohne Unterstützung anderer Gebrauch machen kann› (Cont. Soc. II, London 1782, 67).» (MEW 1, 370) Marx ist jedoch der Ansicht, daß in der bürgerlichen Gesellschaft solche «Volkgründung» nicht realisiert ist. Der citoyen bleibt egoistisch. «Volkgründung ist nur durch Revolution möglich und nicht durch einen Gesellschaftsvertrag: Die politische Emanzipation ist... die *Auflösung* der alten Gesellschaft, auf welcher das dem Volk entfremdete Staatswesen, die Herrschermacht ruht. Die politische Revolution ist die Revolution der bürgerlichen Gesellschaft.» (MEW 1, 367) Die politische Emanzipation gilt es aufzuheben durch eine menschliche (MEW 1, 369), die politische Revolution durch eine soziale. «*Alle* Emanzipation ist *Zurückführung* der menschlichen Welt, der Verhältnisse auf den Menschen selbst.» (MEW 1, 370)

5 Phänomenologie des Geistes, Frankfurt 1970, 564–567.

6 a. a. O. 360.

7 ibd.

8 Wissenschaft der Logik II, Frankfurt 1969, 421.

9 Phänomenologie, 39.

10 a. a. O. 24.

11 Grundrisse der Philosophie des Rechts, § 238, Frankfurt 1970, 386.

12 a. a. O. § 192, 349.

13 Ästhetik I (ed. Bassenge), 256.

14 Wir interpretieren hier anders als E. Ritz, der schreibt: «Der philosophische Begriff der Entfremdung bildet sich nicht in der Fortsetzung ihrer theologischen Tradition, sondern in der Aufnahme des ökonomischen und juristischen Begriffs ‹alienatio› – im Sinne von Entäußerung... als Übertragung von Rechten.» (HWPH II, 512)

15 Das Wesen des Christentums, WW (Akademie-Verlag) 5, 242.

16 a. a. O. 385.

[17] «Das Bewußtsein der Welt ist... für das Ich vermittelt durch das Bewußtsein des Du. So ist der Mensch der Gott des Menschen.» (a. a. O. 166)
[18] «Dem unendlichen Wesen des Menschen ist nur die Unendlichkeit des eigenen Wesens Gegenstand, das unendliche Wesen ist nichts anderes als ein Ausdruck, eine Erscheinung, eine Offenbarung oder Vergegenständlichung von dem eigenen unbeschränkten Wesen des Menschen.» (a. a. O. 461; Kommentar zu Thomas von Aquin, Summa theol. I II, q. 2, a. 8).
[19] «Was der Mensch nicht wirklich ist, aber zu sein wünscht, das macht er zu seinem Gotte oder das ist sein Gott.» (Vorlesungen über das Wesen der Religion, WW 6, 262)
[20] «Die Abhängigkeit des Menschen von der Natur ist daher wohl... der Grund und der Anfang der Religion, aber die Freiheit von dieser Abhängigkeit... ist der Endzweck der Religion. Oder: die Gottheit der Natur ist wohl die Grundlage der Religion, aber die Gottheit des Menschen ist der Endzweck der Religion.» (a. a. O. 232)
[21] «Als die Menschen zu denken begannen, waren sie bekanntlich genötigt, die Außenwelt anthropomorphisch in eine Vielfalt von Persönlichkeiten aufzulösen.» (Zur Psychopathologie des Alltagslebens, Frankfurt 1954, 217)
[22] Ökonomisch-philosophische Manuskripte, in: MEGA I, 3, 158. Vgl. dazu die ausgedehnte Studie G. Hillmanns (Marx und Hegel, Frankfurt 1966).
[23] Ökonomisch-philosophische Manuskripte, in: MEGA I, 3, 167.
[24] a. a. O. 114.
[25] Fr. Engels, Ludwig Feuerbach und der Ausgang der klassischen deutschen Philosophie I, MEW 21, 267. Engels wendet sich hier vor allem gegen Hegel, der geschichtliche Entwicklung mit der Erkenntnis des absoluten Geistes zu Ende kommen läßt. Doch auch manche, selbst unter dem Namen «Marxismus» firmierende Utopisten sind betroffen. Engels führt den zitierten Satz weiter: «... eine vollkommene Gesellschaft, ein vollkommener ‹Staat›, sind Dinge, die nur in der Phantasie bestehen können.»
[26] Ökonomisch-philosophische Manuskripte, in MEGA I, 3, 127.
Eine von den üblicheren abweichende Interpretation von «Entfremdung» finden wir bei L. Feuer (What is Alienation? in: M. Stein und A. Vidich [Hrsg.], Sociology on Trial, Englewood Cliffs 1963). Feuer nimmt an, daß der junge Marx den Entfremdungsbegriff Feuerbachs übernehme, der ihn in romantischer Protestation gegen den sexuellen Puritanismus und die repressiven Anforderungen der bürgerlichen Gesellschaft entwickle. Entfremdet sei ein Mensch, der durch das ihm abverlangte asketische Verhalten sich seines Körpers und damit der Natur entfremde. Damit macht der Marx zu einem Vorläufer einer psychoanalytischen Metatheorie. Konsequent übersetzt er die ökono-

mischen Begriffe Marxens ins Psychologische. Ansätze zu einer solchen Interpretation, wenn auch nicht ausdrücklich auf Marx bezogen, so doch von ihm abhängig, brachte schon Erich Fromm vor allem in seinen Schriften: «Die Furcht vor der Freiheit» (1941), Frankfurt 1966, und «Der moderne Mensch und seine Zukunft» (1963), Frankfurt ²1967.

[27] Der Begriff der Tragödie und die Kultur, in: Zur Philosophie der Kunst, Postdam 1922; Die Großstädte und das Geistesleben, in: Brücke und Tür, Stuttgart 1957; Die Philosophie des Geldes, Leipzig 1907.

[28] De la division du travail social, Paris 1893; L'éducation morale, Paris 1925; Die Regeln der soziologischen Methode (1895), Neuwied 1961; Le Socialisme, Paris 1928; Le suicide, Paris 1928.

[29] Die Philosophie des Geldes, 506.

[30] a. a. O. 514.

[31] Die Großstädte und das Geistesleben, 214.

[32] a. a. O. 209.

[33] Kultur und Gesellschaft II, Frankfurt ⁷1968, 19.

[34] a. a. O. 30.

[35] a. a. O. 19.

[36] a. a. O. 31.

[37] Vgl. a. a. O. 33.

[38] H. Janson, Herbert Marcuse, Bonn 1971, 95. Vgl. H. Marcuse, *Ideen* zu einer kritischen Theorie der Gesellschaft, Frankfurt 1969, 38 f; J. Habermas, *Antworten* auf Herbert Marcuse, Frankfurt 1969, 23.

[39] Vgl. Ideen, 46.

[40] *Vernunft* und Revolution, Neuwied ²1962, 32.

[41] Vgl. den Verweis auf die Phänomenologie des Geistes in: Vernunft, 92. Auch das «Mitsein» Heideggers klingt an (vgl. Kultur, 54).

[42] Vernunft, 32.

[43] a. a. O. 79.

[44] a. a. O. 249.

[45] «Die Welt ist solange eine entfremdete und unwahre Welt, als der Mensch nicht ihre tote Objektivität zerstört und sich und sein ganzes Leben ‹hinter› der starren Form von Dingen und Gesetzen wiedererkennt.» (Vernunft, 107)

[46] «Die reale Quelle der Ausbeutung [verschwindet] hinter der Fassade objektiver Rationalität. Haß und Enttäuschung werden ihres spezifischen Zieles beraubt, und der technologische Schleier verhüllt die Reproduktion von Ungleichheit und Versklavung. Mit dem technischen Fortschritt als ihrem Instrument wird Unfreiheit – im Sinne der Unterwerfung des Menschen unter seinen Produktionsapparat – in Gestalt vieler Freiheiten und Bequemlichkeiten ver-

ewigt und intensiviert ... Die Sklaven der entwickelten industriellen Zivilisation sind sublimierte Sklaven, aber sie sind Sklaven; denn den Sklaven erkennt man nicht an seinem Gehorsam und nicht an der Härte seiner Arbeit, sondern an seiner Erniedrigung zum Werkzeug und an seiner Verwandlung von einem Menschen in eine Sache.» (Der eindimensionale Mensch, Neuwied [6]1968, 52 f.)

[47] Wenn «die Individuen sich in den Dingen wiederfinden, geschieht das nicht, indem sie den Dingen das Gesetz geben, sondern indem sie es hinnehmen». (Der eindimensionale Mensch, 31)

[48] Vgl. Ideen, 163; Der eindimensionale Mensch, 31.

[49] *Psychoanalyse* und Politik, Frankfurt [3]1968, 38. Marx vertrat – wie zu zeigen sein wird – eine ähnliche Ansicht (vgl. Ökonomisch-philosophische Manuskripte, in: MEGA I, 3, 85). Die Spannung zwischen Lust- und Leistungsprinzip ist keineswegs eine Entdeckung der Psychoanalyse.

[50] *Triebstruktur* und Gesellschaft, Frankfurt 1968, 217; Psychoanalyse, 15.

[51] Ideen, 37.

[52] ibd.

[53] Der «totale Mensch» ist für K. Marx der utopische Zielpunkt der ökonomisch bedingten humanisierten Entwicklung. Er ist der von allen Entfremdungen befreite Mensch: «Der Mensch eignet sich sein allseitiges Wesen auf eine allseitige Art an, also als ein totaler Mensch.» H. Lefèbvre bestimmt in Anlehnung an dieses Marxzitat: «Der totale Mensch ist das freie Individuum in der freien Gesellschaft. Er ist die voll entfaltete Individualität in der unbegrenzten Mannigfaltigkeit möglicher Individualitäten. Der totale Mensch hat seinen Sinn erreicht. Totaler Mensch und erfüllter Sinn sind identisch» (vgl. H. Rolfes, *Der Sinn des Lebens* im marxistischen Denken, Düsseldorf 1971, 142).

[54] Ideen, 38.

[55] Triebstruktur II, 31.

[56] Der eindimensionale Mensch, 28 f.

[57] a. a. O. 95.

[58] Herbert Marcuse, 90.

[59] Vernunft, Epilog, Vgl. J. Israel, Der Begriff Entfremdung, 204.

[60] Beide Autoren nehmen an, das Lust Entfremdung zur Voraussetzung habe (vgl. Triebstruktur, 224).

[61] Vgl. etwa M. Buhr, Entfremdung, in: Marxistisch-Leninistisches Wörterbuch der Philosophie I, Hamburg 1972, 295.
Als 1932 die Ökonomisch-philosophischen Manuskripte gefunden wurden, schrieb H. Marcuse in einer Besprechung: «Die Veröffentlichung der ökono-

misch-philosophischen Manuskripte von Marx ... muß zu einem entscheidenden Ereignis in der Geschichte der Marx-Forschung werden. Diese Manuskripte können die Diskussion über den Ursprung und den ursprünglichen Sinn des historischen Materialismus, ja der ganzen Theorie des ‹wissenschaftlichen Sozialismus›, auf einen neuen Boden stellen ... und es könnte notwendig werden, die geläufige Interpretation der späteren Ausarbeitungen der Kritik [der politischen Ökonomie] im Hinblick auf die Ursprünge zu revidieren, als umgekehrt die ursprüngliche Gestalt der Kritik von der späteren Stufe aus zurecht interpretiert wird» (vgl. a. a. O., 294).
Mit dieser Ankündigung hatte Marcuse recht. Marx erwies sich als Humanist, der die Ökonomie nur in den theoretischen und die Revolution nur in den praktischen Dienst am totalen Mensch stellen wollte. Peinlich war nur, daß sich inzwischen ein Marxismus-Leninismus etabliert hatte, der nichts mehr von diesem grundsätzlichen Anliegen Marxens wußte oder zu wissen schien. Ihm blieb nichts anderes übrig, als die hermeneutisch bedenkliche Methode anzuwenden, die Ökonomisch-philosophischen Schriften durch die ökonomisch-kritischen interpretiert sein zu lassen.

[62] Vgl. M. T. Iovčuk, Die marxistisch-leninistische Philosophie und die zeitgenössische Marxologie, in: VP 1968, H. 8, 4.

[63] Probleme des Marxismus heute (1968), Frankfurt 1965, 79.

[64] Der dialektische Materialismus, Frankfurt 1966, 132.

[65] a. a. O. 133.

[66] Ökonomisch-philosophische Manuskripte, in: MEGA I, 3, 117.

[67] Der dialektische Materialismus, 136.

[68] Ökonomisch-philosophische Manuskripte, in: MEGA I, 3, 126.

[69] Der dialektische Materialismus, 130 f.
Über die mögliche Flucht in die Isolation als Versuch der Befreiung handelt Marx erst gar nicht. Schon 1844 setzt er als selbstverständlich voraus, daß der Einzelne, «Produkt der Gesellschaft» sei («Die positive Aufhebung des *Privateigentums,* als die Aneignung des menschlichen Lebens, ist daher die positive Aufhebung aller Entfremdung, also die Rückkehr des Menschen ... in sein *menschliches,* d. h. *gesellschaftliches* Dasein.» [MEGA I, 3, 115] – «... mein *eigenes* Dasein *ist* gesellschaftliche Tätigkeit; darum das, was ich aus mir mache, ich aus mir für die Gesellschaft mache und mit dem Bewußtsein meiner als eines gesellschaftlichen Wesens.» [MEGA I, 3, 116] – «Das Individuum *ist* das *gesellschaftliche* Wesen. Seine Lebensäußerung ... *ist* daher eine Äußerung und Bestätigung des *gesellschaftlichen Lebens.*» [MEGA I, 3, 117])
Der von Lefèbvre zurückgewiesene Versuch betrifft eher die liberalistischen Vorschläge zur Überwindung der Selbstentfremdung, die, trotz M. Stirners

«Der Einzige und sein Eigentum» (1845) – von Marx und Engels in der Deutschen Ideologie heftigst attackiert –, zu Marxens Zeit kaum als *anthropologische* Theorien im Schwange waren.
Erst M. Seeman (On the Meaning of Alienation, in: American Sociological Review 26 [1961]) und E. Fromm (Der moderne Mensch und seine Zukunft, Frankfurt 1967) haben darauf verwiesen, daß Isolation zur anthropologischen Entfremdung führt.

[70] L'Existentialisme, Paris 1946.

[71] A. Schmidt im Nachwort zu «Der dialektische Materialismus», 149.

[72] Ökonomisch-philosophische Manuskripte, in: MEGA I, 3, 82 f.

[73] a. a. O. 83.

[74] «Tauschwert» bezeichnet bei Marx den Ausdruck und das Maß der abstrakten menschlichen Arbeit. Unter den Bedingungen kapitalistischer Produktion wird auch die konkrete Arbeit immer abstrakter (d. h. vom konkreten Menschen abgelöst). Unter dem Aspekt des Tauschwerts können verschiedene Waren nur verschiedener *Quantität* sein (vgl. Das Kapital I, 1. cap., in: MEW 23, 52).
«Gebrauchswert» bezeichnet dagegen den Ausdruck und das Maß der konkreten menschlichen Arbeit. Es bezeichnet den Wert eines Gutes im Hinblick auf die Erfüllung bestimmter Zwecke (Befriedigung von Bedürfnissen, Produktion von Waren). Während der Tauschwert einzig durch Angebot und Nachfrage bestimmt wird und nichts über die Nützlichkeit des Gutes aussagt, materialisiert und vergegenständlicht der Gebrauchswert menschliche Arbeit (a. a. O. 53). Die Wertgröße des Gebrauchswerts ist bestimmt durch «das Quantum gesellschaftlich notwendiger Arbeit oder die zur Herstellung eines Gebrauchswerts gesellschaftlich notwendige Arbeitszeit» (a. a. O. 54). Für den Marx der Kritik der politischen Ökonomie ist die Entfremdung der Arbeit in kapitalistischen Gesellschaftsformen durch die Differenz von abstrakter und konkreter Arbeit ausgedrückt.

[75] Grundrisse der Kritik der politischen Ökonomie, Moskau 1939, 414; vgl. Das Kapital I, 1. cap., in: MEW 23, 86.

[76] Ökonomisch-philosophische Manuskripte, in: MEGA I, 3, 91.

[77] «Worin besteht nun die Entäußerung der Arbeit? – Erstens, daß die Arbeit dem Arbeiter *äußerlich* ist, d. h. nicht zu seinem Wesen gehört [hier wird wieder der Primat der ontologischen Überlegungen vor den ökonomischen bei Marx deutlich], daß er sich daher in seiner Arbeit nicht bejaht, sondern verneint, nicht wohl, sondern unglücklich fühlt, keine freie physische und psychische Energie entwickelt, sondern seine Physis abkasteit und seinen Geist ruiniert. Der Arbeiter fühlt sich daher erst außer der Arbeit bei sich und in der

Arbeit außer sich. Zu Hause ist er, wenn er nicht arbeitet, und wenn er arbeitet, ist er nicht zu Hause. Seine Arbeit ist daher nicht freiwillig, sondern gezwungen, Zwangsarbeit.» (Ökonomisch-philosophische Manuskripte, in MEGA I, 3, 85 f.)

[78] Marxismus und Strukturalismus (1964), Frankfurt 1967.

[79] «Indem der eine der Kontrahenten dem anderen nicht als Kapitalist gegenübersteht, kann diese Leistung des Dienenden nicht unter die Kategorie der produktiven Arbeit fallen. Von der Hure bis zum Papst gibt es eine Masse solchen Gesindels.» (Grundrisse der Kritik der politischen Ökonomie, 183)

[80] Ökonomisch-philosophische Manuskripte, in: MEGA I, 3, 156.

[81] Freiheit und Entfremdung, Berlin 1964, 49.

[82] Alienation eller reification, in: Socialistik Debatt 3 (1968), 34.

[83] The Sociology of G. Simmel, Glencoe/Ill. 1950, 148.

[84] Gesammelte Politische Schriften, München ³1969, 322.

[85] Ökonomisch-philosophische Manuskripte, in: MEGA I, 3, 91.

[86] a. a. O. 92.

[87] a. a. O. 114 f.

[88] a. a. O. 118.

[89] Das Kapital, cap. 24, in: MEW 23, 789.

[90] a. a. O. cap. 2, in: MEW 23, 102.

[91] Ökonomisch-philosophische Manuskripte, in: MEGA I, 3, 114.

[92] ibd.

[93] a. a. O. 111.

[94] a. a. O. 139.

[95] a. a. O. 143 f.

[96] Deutsche Ideologie, in: MEW 3, 34.

[97] Das Kapital I, cap. 1, in: MEW 23, 92 f.

[98] a. a. O. cap. 13, in: MEW 23, 512.

[99] a. a. O. cap. 3, in: MEW 23, 184.

[100] a. a. O. cap. 12, in: MEW 23, 389.

[101] Vgl. Deutsche Ideologie, in: MEW 3, 76, 540 u.ö.

[102] Vgl. J. Israel, Der Begriff der Entfremdung, 74.

[103] Das Wesen des Christentums, in: WW 5, 45–47

[104] MEW 1, 378.

[105] ibd.

[106] MEW 1, 379.

[107] MEGA I, 3, 125.

[108] MEGA I, 3, 115.

[109] MEGA I, 3, 167.

[110] Deutsche Ideologie, in: MEW 3, 26 f.

[111] Der Atheismus des frühen Marx ist ausgesprochen religiös (ähnlich wie der Feuerbachs). Er ersetzt die transzendente Immanenz Gottes durch die immanente Transzendenz des totalen Menschen und der vollkommenen menschlichen Gesellschaft. Damit normiert er seine Theorie von einem Transzendenten aus, das grundsätzlich nicht empirisch erfahrbar, weil niemals in Zeit einzuholen ist. Jede radikale, totale, humane Utopie wird so im Religiösen enden. Wenn Marx seinen Entwurf für irreligiös hält, täuscht er sich, denn er gibt der Welt (vor allem der des Menschen) ein transzendentes Ziel und einen metaphysischen Sinn. Vielleicht begründet das die gegenseitige Abneigung der etablierten marxistischen und christlichen Strukturen: Sie sind in vielen Anliegen und manchen Aussagen einander eng verwandt.

[112] On the Meaning of Alienation, in: American Sociological Review 26 (1961). 784–787.

[113] De la division du travail social, Paris 1893.

[114] Social Theory and Social Structures, Glencoe, (Ill.), ²1957. Vgl. auch R. Blauner, Alienation and Freedom, Chicago 1964; J. Israel, Der Begriff Entfremdung, 257 f.

[115] R. Blauner, Alienation and Freedom, Chicago 1964; J. H. Goldthorpe, Attitudes and Behavior of Car Assembly Workers, in: The British Journal of Sociology 17 (1966) 277–329.

[116] R. Blauner, Alienation and Freedom, 17: «Der orthodoxe Marxismus sah die Trennung von den Produktionsmitteln als das entscheidende Merkmal des Kapitalismus an, dessen unvermeidliche Konsequenz die allgemeine Entfremdung des Arbeiters von der Gesellschaft sei. Diese Konsequenz trat jedoch nicht ein: Die Arbeiter haben lediglich feste Arbeitsplätze, vernünftige Löhne und Sozialzuwendungen verlangt, um wenigstens bescheidene Verbesserungen in Gesellschaft und Industrie zu gewinnen.»

[117] Der moderne Mensch und seine Zukunft (1963), Frankfurt² 1967, 25.

[118] a. a. O. 37 f.

[119] a. a. O. 38–40.

[120] a. a. O. 60–62.

[121] a. a. O. 65.

[122] a. a. O. 68.

[123] ibd.

[124] a. a. O. 74.

[125] a. a. O. 109 f. Das ist zweifelsfrei eine Verkürzung des Marxschen Entfremdungsbegriffs. Doch möchten wir meinen, daß man «Selbstentfremdung» bei Marx, obschon ökonomisch besorgt, durchaus psychologisch lesen kann.

E. Fromm schreibt zum Marxschen Entfremdungsverständnis: «Entfremdung bedeutet für Marx, daß sich der Mensch in der Aneignung der Welt nicht als Handelnder erfährt, sondern, daß die Welt (die Natur, die anderen, und er selbst) ihm fremd bleiben. Sie stehen ihm als feindliche Gegenstände gegenüber, obgleich sie von ihm selbst geschaffen sein können. Entfremdung heißt, die Welt und sich selbst wesentlich passiv, rezeptiv, in der Trennung von Subjekt und Objekt erfahren. (Das Menschenbild bei Marx, Frankfurt 1963, 49)

[126] E. Fromm, Psychoanalyse und Ethik, Stuttgart und Konstanz 1954, 77–97.

[127] Der Sache nach kennt und kritisiert Marx den Warenfetischismus als Ausdruck einer entfremdeten Gesellschaft schon recht früh (vgl. MEGA, I, 1, 605): Geld als Ware wird zum Machtsymbol. Im «Kapital» widmet er ihm einen eigenen Abschnitt (cap. 1, 4). Er schreibt dazu: «Das Geheimnisvolle der Warenform besteht also einfach darin, daß sie den Menschen die gesellschaftlichen Charaktere ihrer eigenen Arbeit als gegenständliche Charaktere der Arbeitsprodukte selbst, als gesellschaftliche Natureigenschaften dieser Dinge zurückspiegelt, daher auch das gesellschaftliche Verhältnis der Produzenten zur Gesamtarbeit als ein außer ihnen existierendes gesellschaftliches Verhältnis von Gegenständen. Durch dieses Quidproquo werden die Arbeitsprodukte Waren, sinnlich übersinnliche oder gesellschaftliche Dinge... Dieser Fetischcharakter der Warenwelt entspringt... aus dem eigentümlichen gesellschaftlichen Charakter der Arbeit, welche Waren produziert.» (MEW 23, 86 f.)

[128] E. Fromm, Der moderne Mensch und seine Zukunft, 122.

[129] Vgl. J. Israel, Der Begriff Entfremdung, 200.

[130] Marxismus und das menschliche Individuum, Wien, Frankfurt und Zürich 1965, 142.

[131] a. a. O. 168.

[132] Vgl. M. Almasi, Alienation and Socialism, in: H. Aptheker (Hrsg.), Marxism and Alienation, New York 1965, 133.

[133] Dialektik der Praxis, Frankfurt 1968, 104.

[134] Osnovnoj vopros etiki kak filosofskoj nauki i problema nravstvennogo otčuždenija, in: G. D. Bandzeldze (Hrsg.), Aktual'nye problemy marksistskoj etiki, Tbilisi 1967, 100.

[135] a. a. O. 106; Egides spielt, wenn er vom «Geheimpolizisten» spricht, auf die Deutsche Ideologie an, in der im Sankt-Max-Kapitel diese Figur lächerlich gemacht wird (vgl. MEW 3, 234 f.).

[136] Gesammelte Aufsätze zur Soziologie und Sozialpolitik, Tübingen 1924, 414.

[137] Kritik des Hegelschen Staatsrechts, in: MEW 1, 147–149.

[138] Alienation and Socialism, 139.

[139] Vgl. P. Vranicki, Socialism and the Problem of Alienation, in: E. Fromm (Hrsg.), Socialist Humanism, New York 1965, 281.

[140] Zur Judenfrage, in: MEW 1, 357.

[141] «Die Arbeit am Fließband etwa ist Arbeit am Fließband, unabhängig von der Gesellschaftsordnung, und nur die Arbeitsbedingungen können sich unterscheiden.» (A. Schaff, Marxismus und das menschliche Individuum, 178)

[142] Die «Familie, die im Anfang das einzig soziale Verhältnis ist, wird späterhin, wo die vermehrten Bedürfnisse neue gesellschaftliche Verhältnisse und die vermehrte Menschenzahl neue Bedürfnisse erzeugen, zu einem untergeordneten ..., und muß alsdann nach den existierenden empirischen Daten, nicht aber nach dem ‹Begriff der Familie› behandelt und entwickelt werden». (Deutsche Ideologie, in: MEW 3, 29).

[143] MEW 4, 478.

[144] MEW 21, 83.

[145] M. Marković, Dialektik der Praxis, Frankfurt 1968, 104.

IV Manipulation: Herrschaft des Menschen über den Menschen

Die Produktion produziert den Menschen als ein geistig wie körperlich entmachtetes Wesen.
K. Marx

Es mag aufs erste befremdlich erscheinen, daß ein Beitrag über Manipulation in einen Band, der von Hoffnung handelt, aufgenommen wird; doch die Möglichkeiten, menschliches Verhalten zu fremdem Nutzen zu verändern, spielt uns die Vorstellung von einer Welt zu, die nur noch aus Menschen besteht, die, Termiten gleich, einer anonymen Gesellschaft dienen, ihre Selbstverwirklichung in der Verwirklichung fremder Zwecke suchen und finden. Es geht hier also um die Darstellung konkreter Ansätze einer Anti-Utopie, einer Vision einer unmenschlich gewordenen Welt, einer Welt, in der Menschen ähnlich «gemacht» werden, wie heute die Technik naturwissenschaftlicher Herkunft eine Welt «macht». Es geht um die Darstellung der Möglichkeiten der Psychotechnik und der Soziotechnik, die den Menschen in die Fundamente einer «idealen» Gesellschaft einbauen, um die Kritik an der Technokratie, die sich der menschlichen Psyche bemächtigt, um eine Kunstwelt «gemachter» Menschen hervorzubringen. Das «Machen» von total sozialkonformen Menschen ist heute keineswegs bloß abstrakte (Anti-)Utopie, sondern erklärtes Ziel mancher Bildungsrichtlinien geworden.
Die Opferung des Individuums um einer «idealen» Gesellschaft willen, die in so manchem an A. Huxleys «Schöne neue Welt» erinnert, ist der letzte Schritt der Entfremdung des Menschen durch den Menschen. Die entfremdenden ökonomischen Ver-

hältnisse und Bedingungen werden ersetzt durch die Herrschaft eines abstrakten technischen Apparats, der, einmal von Menschen geschaffen, ein Eigenleben zu führen beginnt, wenn nicht bald Einhalt geboten wird. Unter dem Schein der Einigung und der Einheit aller Menschen wird das Individuum zum Fremdzweck, zum Zweck der (anti-)utopischen Menschheitsgesellschaft, in der Gesellschaft nicht mehr die Funktion hat, das Individuum zur Entfaltung zu bringen, sondern es auf seine Bedeutung für Gesellschaft zu reduzieren.

1. Was ist Manipulation?

Mit «Manipulation» bezeichnen wir eine *Verhaltensbeeinflussung zu fremdem Nutzen.* Ziel der Manipulation ist es also, das Individuum so in seinem Verhalten zu steuern, daß es sich, gegen seine individuellen Interessen oder doch nicht bezogen auf seine individuellen Interessen, so verhält, daß es Interessen der manipulierenden oder einer dritten Instanz nützt. Diese Verhaltensbeeinflussung sei hier von der Intention des Beeinflussenden her verstanden, nicht vom Erfolg der Beeinflussung. Manipulierend ist also jede Instanz, die das Individuum zu fremdem Nutzen in seinem Verhalten beeinflussen *will,* unabhängig davon, ob das Ergebnis dem Individuum selbst (auch) nützlich ist oder nicht.
Gemeinhin pflegt man der Definition von «Manipulation» noch das Element «gegen den Willen des Beeinflußten» hinzuzufügen. Wir wollen jedoch davon absehen, denn einmal sind die meisten Formen der Manipulation zwar Beschränkungen der individuellen Freiheit, doch so, daß der Manipulierte diese Beschränkung nicht bemerkt; zum zweiten suggeriert gerade die gekonnte Manipulation «freie Entscheidung», so daß das «Gefühl für Freiheit» nicht schwindet, sondern mitunter noch intensiviert wird. Das «gegen den Willen des Beeinflußten» kann also

nicht einmal als «ohne Zustimmung des Beeinflußten» gelesen werden, denn der geschickte Manipulateur wird Zustimmung durchaus erreichen können. Die alte Weisheit, daß Zwänge zumeist unter dem Namen der Freiheit auftreten und sich mit dem Gewand freier Entscheidung schmücken, bestätigt sich gerade im Raum der Manipulation. Der Zwang ist ja kein äußerer, sondern ein innerer, er betrifft nicht unmittelbar das Tun oder Lassen von Menschen, sondern mittelbar über die Beeinflussung der Antriebs- und/oder Motivationsstruktur.

2. Methoden der Manipulation

Der Versuch, andere zu manipulieren, dürfte zusammenfallen mit dem Auftreten der Menschen. Der erste Mensch, der eine Not- oder Zwecklüge verbal oder gestisch artikulierte, in der Absicht, den anderen zu einem Verhalten zu bewegen, das dem Lügner günstig (also zu seinem Nutzen) war, war der erste Manipulateur. Dieses Beispiel zeigt schon, daß Manipulation Information voraussetzt. Die Methoden der Manipulation arbeiten also zumeist über Informationsinhalte oder Informationstechniken.[1]

Wir wollen einige klassische Typen der Manipulation vorstellen:

a) Die Manipulation über selektive Information. Der Manipulierende informiert sein Opfer einseitig über einen Gegenstand, einen Sachverhalt, eine Situation ..., indem er etwa die positiven oder negativen Seiten besonders akzentuiert oder modifiziert oder gar einen Part ganz ausläßt, in der Absicht, den Manipulierten zu einer Handlung (Kauf, Wahl, Konsum ..) zu bewegen oder ihn von ihr abzuhalten. Selektiv ist aber auch eine Information politischer, ökonomischer, wissenschaftlicher ... Art, wenn Nachricht und Kommentar so verwischt werden, daß es einem Leser

(Hörer) nicht leicht ist, beides sauber voneinander zu scheiden. Durch geschickte Mischung von Sach- und Meinungsinformation kann man sehr leicht Meinung (als möglichen Grund von Motivationen) manipulieren. Ein Blick in die Presse überzeugt den Zweifelnden leicht, daß die vorgestellte Information oft manipulatorisch *wirkt* (Auswahl der Schlagzeilen, Reihenfolge der Prioritäten, Vermischung von Sach- und Meinungsinformation in Kommentaren ...). Man kann ohne Übertreibung sagen, daß politische Meinungen fast ausnahmslos über Manipulationsmechanismen zustande kommen. Und da spielt die selektive Information eine erhebliche Rolle.

b) Die Manipulation über falsche Information ist fast ebenso beliebt wie die des vorgenannten Typs. Hierher gehören nicht nur so manche Not- und Zwecklüge, diese sind mitunter durchschaubar – und damit ist die Grenze ihrer Verwendbarkeit gezogen. Noch beliebter ist die falsche Information über die Methode der gezielten Verstümmelung oder Veränderung. Ein Beispiel, das Geschichte machte: die von Bismarck durch Kürzungen und Umformulierungen verschärfte Fassung des von H. Abeken verfaßten Telegramms vom 13. Juli 1870 aus Bad Ems («Emser Depesche»), die den Krieg gegen Frankreich auslöste (1870).

Hierher gehört die Verwendung von Leertermini, die, obschon ein Informationsträger (Satz), der mit ihnen gebildet wird, keine materielle Information über einen ausgesagten Sachverhalt vermittelt, dennoch den Anschein erweckt, als würde etwas Bedeutendes gesagt, und so den Sprecher emotional positiv besetzt werden läßt. So war vermutlich das Wort «Lebensqualität», als es im Wahlkampf (1972) auftauchte, für die meisten Hörer ein Leerterminus, der jedoch etwas zu verheißen schien und so dem Verwender einige Stimmen einbringen mochte.

c) Die assoziierende Information gibt die Information so, daß der Empfänger mit einiger Notwendigkeit neben der Sach- oder Meinungsinformation andere Inhalte verbindet, die zwar nicht aus einer richtigen Ablösung der Information vom Informationsträger zu erheben sind, wohl aber in praxi stets «mitgehört» werden. Solche assoziierten Informationen können durch die Verwendung von «Reizworten» (Worte, die emotional positiv oder negativ besetzt sind) oder durch begleitenden stimmlichen Ausdruck, der Emotionen induziert oder evoziert, zustande kommen. Neben Reizworten kennt vor allem die Werbung «Reizbilder», die einen ähnlichen Zweck erfüllen.

d) Die Manipulation durch totale Information versucht durch Überschwemmung mit Information zu verhindern, daß richtig und vollständig gegebene Teilinformationen in ihrer Bedeutung richtig erkannt und ins Ganze der Information richtig eingegliedert werden. So manche Hauptversammlung einer AG überschüttet ihre Aktionäre mit Informationen, so daß sie die Bedeutung einer Teilinformation, die wichtig und erheblich wäre, um der Eigner Interessen zu wahren, nicht als wichtig und erheblich erkennen. Dieser Typ der Manipulation handelt nach der Maxime: «Stelle den Baum, den deine Gegner nicht erkennen sollen, in einen Wald, und sie werden vor lauter Wald den Baum nicht sehen.»

e) Die Manipulation durch mißverständliche Information macht sich den Sachverhalt zunutze, daß Verstehen nicht nur die richtige Ablösung der Information vom Informationsträger voraussetzt, sondern erst entsteht im Zusammentreffen der Information mit «Punkten im hermeneutischen Potentialfeld»[2]. Das hermeneutische Potentialfeld ist gekennzeichnet durch die Informationen, die in Begegnung mit dem Verstehenwollenden verstanden werden können. Da kann jedoch eine Information eine Stelle im Potentialfeld ansprechen, die, durch die Information aktualisiert, eine *subjektive* Information vermittelt, die von der objektiven (vom Informationsträger richtig abgelösten) erheblich verschieden ist. Solches Fehlverstehen geschieht etwa immer dann, wenn Vorurteilstrukturen angesprochen und aktualisiert werden. Die beiden wichtigsten Typen mißverständlicher Information (dieser Art) sind: die projektive und die selektive Informationsverarbeitung. Insofern erst die über die Aktualisation von Verstehenspotential gebildeter (oft verbildet deformierte) zur subjektiv verarbeiteten und damit zur *verstandenen Information* wird, kann man auch von projektivem und selektivem Verstehen sprechen.

Werden diese Mechanismen (etwa Vorurteilstrukturen) bewußt angesprochen, um daraus Nutzen zu ziehen, liegt eine verbreitete und gefährliche Form der Manipulation vor, gegen die es kaum Abwehrmechanismen gibt.

Im *projektiven Verstehen* wird nur das verstanden, dessen Übermittlung erwartet wird. Da kann es dazu kommen, daß Informationen, die an sich nicht dem Erwartungsfeld zugehören, ins Erwartungsfeld mit hineingenommen werden und so deformiert verstanden werden. Erwartet der Zuhörer eine geistvolle Rede, wird er selbst da Geist finden, wo keiner ist, erwartet er eine ehrliche und redliche Darstellung, wird er Ehrlichkeit selbst da wähnen, wo sie nicht ins Spiel kommt, erwartet er eine sachliche Ansprache, wird er demagogische Anteile sachlich interpretieren und verstehen ...

Noch häufiger macht sich der Manipulierende *selektives Verstehen* zunutze. Im selektiven Verstehen spielt das affektive Vorurteil eine erhebliche Rolle. Vorurteilsbesetzt sind alle Meinungen, Überzeugungen, Ansichten, die dem Individuum für seine Identität wichtig zu sein scheinen (Gruppenzugehörigkeit, Religionszugehörigkeit, Klassenzugehörigkeit, Ich-Ideal, Normen des Überich ...). Wird das affektive Vorurteil in Frage gestellt, tritt eine «ideologische Sperre» ein, d. h. die betreffenden Informationen werden entweder auf andere Situationen umorientiert oder aber einfach nicht verstanden (nicht wahrgenommen). Abschalten (wenn etwas nicht das eigene Vorurteil bestätigt) oder Abwälzen (wenn man selbst negativ betroffen sein könnte) auf andere sind übliche Reaktionen im Raum des selektiven Verstehens.

Neben der Bestätigungserwartung kann jedoch auch die Skandalerwartung zu selektivem Verstehen führen. Ist der Informationsgeber (etwa der Sprecher) emotional negativ besetzt, neigt der verstehende Empfänger dazu, nur das wahrzunehmen, was seiner Skandalerwartung entspricht (Fehler in den Angaben, in der Aussprache, in der Lehre...).

Für diesen Manipulationstyp ist es von erheblicher Bedeutung, daß sich der Manipulierende darüber im klaren ist, wie er selbst von seinen Hörern emotional besetzt ist. Im Falle einer neutralen Besetzung kann er, je nach seinen Interessen, ein Sympathiefeld oder ein Antipathiefeld um sich aufbauen (durch Identifikation oder Provokation), um in dieses Feld hineinzusprechen und – ohne eine der zuvor genannten Typen der Manipulation, die relativ leicht durchschaubar und damit abwehrbar sind, zu verwenden – die gewünschte Motivierung bei seinen Zuhörern zu erreichen.

3. Die Antriebsstruktur

Manipulation greift in die Motivations- und Antriebsstruktur ein. In der Darstellung unseres Strukturmodells der menschlichen Psyche (der Struktur, die Antriebe aus sich entläßt) haben wir (vgl. Exkurs zu I) zwischen Es, Überich und Ich unterschieden. Diese drei Motivationsgründe seien in folgender Übersicht noch einmal vereinfacht zusammengefaßt vorgestellt:

Struktur-element	Herkunft der essentiellen Inhalte	Funktion	Handlungstyp
Es	«angeboren»	Antriebsstruktur	Triebhandlung
Überich	«erlernt»	Sozialisation	sozialkonformes Handeln
Ich	Einsicht	Personalisation	kritisches Handeln

4. Die Manipulation der Aggressivität

«Aggressivität» bezeichnet eine endogen angelegte Verhaltensdisposition zum Zwecke der Distanzierung von anderen Individuen der Eigen- wie der Fremdgruppen. Sie richtet sich also primär gegen Fremdobjekte (Personen, Handlungen, Situationen ...)[3] und ist im Auseinandersetzen eine Bedingung der Individualisation. Da neben dem Mit das Gegen Voraussetzung aller höheren Sozialisationsformen (etwa bei Herdentieren, bei menschlichen Gruppen) ist, ist die Aggressivität eine notwendige Bedingung für die Ausbildung von Gruppen.[4] Die durch die Aggressivität endogen angelegte Verhaltensdisposition besorgt die Distanzierung durch Aggressionshandlungen.
«Aggression» bezeichnet dagegen die Summe aller (endogenen wie exogenen) Dispositionen einer Aggressionshandlung. Damit es zu einer solchen Handlung kommt, ist zumeist ein auslösender Reiz (die Aggressionssituation) gefordert (es gibt jedoch durch «Stau der Triebenergie» auch Übersprungshandlungen, aggressives Leerlaufverhalten ...). Sind die Aggressionssituatio-

nen («die Triebobjekte») negativ besetzt oder überwiegen destruktive Anteile in der Aggressivität, kommt es zu verschiedenen Formen von *Feind*aggression und – sind entsprechende Triebobjekte real oder in der Vorstellung vorhanden – zu Handlungen, die das Triebobjekt physisch, moralisch, sozial, psychisch zu schädigen trachten bis hin zur physischen, sozialen ... Liquidation.

Im Gegensatz zur Feindaggressivität intendiert die *Gegner*aggressivität nicht die Distanzierung durch die Schädigung des oder der anderen, sondern die Bewahrung des individuellen Eigenstandes innerhalb der Gruppe, der der «Aggressor» angehört, angehören will oder anzugehören meint (Bezugsgruppe). Die Gegneraggressivität setzt in der Regel ein Übergewicht von libidinösen Anteilen in der die Triebhandlung ermöglichenden Ligation Libido–Destrudo voraus. Das kann geschehen, indem etwa die exogenen Faktoren (bis hin zur Besetzung des Triebobjekts) eine bevorzugte Aktualisierung des libidinösen Potentials ermöglichen oder über eine «Triebsublimation» eine Appetenz nach libidinös besetzten Triebzielen staffindet. Je stärker die Sublimation ichgesteuert verläuft, um so berechtigter kann man von «gekonnter Aggressivität» sprechen (die stets Gegneraggressivität ist).

Durch das Fehlen geeigneter Triebziele oder durch exogen oder endogen besorgte Frustration des Aggressionstriebs (etwa durch äußere oder Überichverbote von erheblicher Stärke) kann es zu einem Umschlag der (in diesem Fall zumeist überwertig destrudoorientierten) Aggressivität auf das Individuum selbst kommen («Todestrieb»).

Die *Manipulation der Aggressivität* kann folgende Ziele verfolgen:

– Aufhebung jeder Aggressivität,
– Aufbau einer Feindsituation,
– Schwächung der kritischen Ichinstanz.

Die Aufhebung jeder Aggressivität hat zum Ziel die Errichtung einer total konfliktfreien Gesellschaft. In einer solchen Gesellschaft dominiert das Gesellschaftsinteresse, weil das Individualinteresse mit dem der Gesellschaft total identifiziert wird oder weil das totale Mit kein Handeln gegen Fremdinteressen (der Gesellschaft oder einzelner Individuen) zuläßt. Damit ist die Stabilität der Gesellschaft gewährleistet. Solche totale Sozialintegration des Individuums setzt eine erhebliche Ichschwäche und eine möglichst totale Kontrolle der Esantriebe durch Überichimperative voraus. Eine «totale Gesellschaft» erscheint denen als Ideal, die Gesellschaft als Herrschaftsinstrument benutzen. Die Situation der «Termitenstaatexistenz» gilt als mustergültiger Ordnungsfaktor, der, weil jede Form der intrasozietären Aggressivität vermieden wird, erst recht jede intrasozietäre Feindaggressivität unmöglich macht und damit Gesellschaft unbedenklich handhaben läßt. Um zu verhindern, daß sich aggressives Potential gegen das Individuum selbst richtet, dürfte neben den Methoden der Psycho- und Soziotechnik eine medikamentöse Behandlung aller Mitglieder der Sozietät mit antriebsdämpfenden Mitteln (Tranquilizern, sedierenden Psychopharmaka) notwendig sein. Neben die medikamentöse Manipulation hätte eine Konformierung und Stärkung der Überichinhalte und der Überichfunktion zu treten, derart daß – individual verschieden – die aggressiven Esansprüche entweder abgedeckt, sublimiert oder (etwa in Sexualität) umorientiert werden.

Wir wollen nun nicht behaupten, daß eine solche Gesellschaft möglich wäre, wohl aber daß sie angestrebt werden könnte und daß Tendenzen – vor allem aus pseudomarxistischem Lager – diese konflikfreie Gesellschaft begünstigen und zu rechtfertigen suchen. A. Huxley berichtet visionär von einer solchen Gesellschaft, indem er die Gesellschaft des Heute kritisieren läßt:

Kein Wunder, daß diese armen Geschöpfe der vormodernen Zeit verrückt, verrucht und todunglücklich waren. Ihre Zeit ließ sie die Dinge nicht leicht nehmen, ließ sie nicht vernünftig, tugendhaft und glücklich sein. In jener Zeit von Mutterschaft und Liebesweh, von Verboten, deren Einhaltung ihnen nicht angenormt war, von Versuchungen und einsamer Reue, von allen möglichen Krankheiten und endlosem vereinsamendem Schmerz, ewiger Ungewißheit und Armut, mußten sie notgedrungen leidenschaftliche Gefühle entwikkeln. Und mit ihren leidenschaftlichen Gefühlen, jedes Einzelwesen dazu hoffnungslos einsam auf sich allein angewiesen, wie konnte es da Beständigkeit für sie geben? Beständigkeit! Keine Zivilisation ohne Beständigkeit der Allgemeinheit. Keine allgemeine Beständigkeit ohne Beständigkeit des Einzelnen.[5]

In der Praxis häufiger sind jedoch Versuche, über Manipulation der Aggressivität gezielt ein Feindbild aufzubauen, das es, zusammen mit bestimmten (von den Manipulierenden herzustellenden) Situationen, dem Manipulierten erlaubt, ungestraft (weder von irgendwelchen Außeninstanzen noch vom eigenen Schuldgefühl, das sich immer dann einstellt, wenn im Ungehorsam gegen die Ansprüche – Gebote und Verbote – des Überich gehandelt wird), den zum Feind Gewordenen zu hassen, zu verachten, zu beleidigen, abzulehnen, ja – unter bestimmten Umständen – ihn moralisch, psychisch oder gar physisch zu liquidieren. Damit diese Art der Manipulation der Aggressivität möglich wird, ist es notwendig, Kontrollinstanzen des Überich auszuschalten oder neu oder anders zu konditionieren sowie ein Triebziel vorzustellen, das dann über psychologische oder psychosoziale Mechanismen emotional negativ besetzt wird.

Konstruieren wir nun ein *Modell* manipulierten Aggressionsverhaltens:

a) Der Manipulierende versucht entweder zu einem habituell emotional positiv besetzten «Partner» des zu Manipulierenden zu werden, indem er sich etwa selbst in die Gruppe des (oder der) zu Manipulierenden stellt und nach einer Karenzzeit, die dem Aufbau eines Sympathiefeldes dient, mit seinen Manipulationen beginnt, oder aber er stellt eine Gruppe, der er selbst zugehört, einem Noch-Gruppenfremden als Ideal vor, derart, daß über per-

sönliche Beziehungen und Bindungen die Gruppenzugehörigkeit dem zu Manipulierenden als wertvoll erscheint, er sie zu einer seiner Bezugsgruppen macht und so versucht, von der Gruppe akzeptiert zu werden. Auch wird verschiedentlich die Methode verwandt, ohne den zu Manipulierenden in die eigenen Gruppen eingliedern zu müssen, die Gruppe (und mittelbar die Angehörigen der manipulierenden Gruppe) aus dem Bereich negativer Besetzungen durch den Zu-Manipulierenden herauszunehmen, indem man entweder durch Androhung erheblicher Strafen die Richtung der Aggressionsappetenz wenigstens negativ von der eigenen Gruppe weg zu konditionieren versucht oder durch Toleranzforderungen (zumeist über Identifikationsmechanismen mit einer Gruppe) die Aggressionsrichtung von sich und der eigenen Gruppe ablenkt und sich selbst damit aus der Zielgruppe möglicher Feindaggressivität ausnimmt.
Das manipulierte Aggressionsverhalten etwa der meisten Deutschen während der Hitlerzeit (gegen Juden, gegen Kapitalisten, gegen Kommunisten) wurde über eine der hier genannten Methoden erreicht.

b) Der Manipulierende stellt «Feindpopanze» vor, die er, nachdem das aggressive Potential zureichend angereichert wurde (durch Verhindern von Sublimierungen, durch permanente Frustrationserfahrungen ...), mit negativen Eigenschaften besetzt. Eine solche Besetzung ist, wenn keine individuelle Bindung (Bekanntheit) zwischen dem Manipulierten und seinem potentiellen Feind besteht, relativ einfach zu erreichen. Vor allem, wenn der Manipulateur selbst emotional positiv besetzt ist, gelingt es meist schon nach ständigen Wiederholungen etwa von Leerformeln mit dem Ziel, Vorurteilsstrukturen zu implantieren, oder einseitiger und dauernder Fehlkommentierung des Handelns des potentiellen Feindes, diesen emotional negativ zu besetzen. Doch können auch andere Konditionierungstechniken ver-

wandt werden. Perfekt beherrschte Manipulation setzt voraus, daß man, selbst aus einem Antipathiefeld «argumentierend», einen Fremdfeindpopanz effizient aufbauen kann.
Nachdem der Feindpopanz (als idealtypisches Gebilde) konstruiert wurde, überträgt man die negative Besetzung auf einen realen Menschen, eine reale Gruppe oder Gesellschaft, einen realen Staat. Diese Übertragung ist ebenfalls einfach, da der Manipulierte in der Regel nicht den idealtypischen Charakter des Popanzes erkennt und in ihm schon einen realen Feind zu sehen vermeint. In diesen Fällen genügt zumeist schon eine bloße Namensidentität zur Übertragung. Hat man den Feindpopanz «Jude», «Kapitalist, «Kommunist», «Ketzer» ... einmal aufgebaut, muß man nur auf konkrete Juden, Kapitalisten, Kommunisten, Ketzer... verweisen, um eine reale Aggressionssituation zu schaffen (in der der Aggressivität ein reales Objekt vorgestellt wird), um zu den gewünschten Aggressionshandlungen zu kommen.
Klassische Feinde (über Manipulationstechniken zu solchen geworden) sind: der «Abtrünnige» von der eigenen Gruppe, Menschen mit anderen Verhaltensmustern (Verbrecher, Fremdrassige, Homosexuelle) oder anderen Wert- oder Glaubensvorstellungen (Kommunisten, Christen, Protestanten, Katholiken, Jesuiten ...), politische, ökonomische oder religiöse Gegner, die unter dem manipulierenden Einfluß zu Feinden werden. Sicherlich ist die Manipulation der Aggressivität im Bereich «klassischer Feinde» leicht, da sie eine kurze Kette von Übertragungen braucht, und zumeist schon, wenn auch durch Überichmechanismen gehemmt, «klassische Feinde» als reale Feinde «empfunden» und als solche betrachtet werden. Der «klassische Feind» ist schon das ideale Realisationsobjekt einer nicht manipulierten Aggressivität, die durch irgendwelche exogenen oder endogenen Hemmungen nicht im Bereich der aggressionsstimulierenden Situationen oder Objekte (Primärobjekte) zur Aktion kommt

und sich auf «klassische Feinde» (Sekundärobjekte, Ersatzobjekte) richtet. Die Manipulation kann in diesen Fällen den konkreten Feind aus der Gruppe der möglichen (die durch die Menge der «klassischen» bestimmt wird) auswählen und durch die Auswahl den Manipulierten psychisch entlasten (die Entscheidung wird ihm abgenommen), ein Prozeß, der noch dazu mit emotionaler Zuwendung des Manipulierten belohnt wird.
Dieses Vorstellen von Feindpopanzen dürfte so alt sein, wie sich menschliche Gruppen feindlich gegenüberstehen, es macht auch nicht vor den Türen der Kirchen halt. Die Kreuzzüge und Ketzerkriege, die Hexen- und Kommunistenjagden kamen nur über die Verwendung der hier angegebenen Manipulationsmechanismen durch kirchliche Würdenträger in Gang – und das in einer Kirche, der das Gebot der Liebe über alles gehen und die die Würde des Menschen (und *jede* Manipulation ist ein Verstoß gegen sie) schützen sollte. Man wird sich die Frage stellen müssen: Ist eine religiöse Gesellschaft, die das Hassen nicht nur erlaubt, sondern evoziert und sanktioniert, mitunter gar fordert, die Kirche Jesu Christi?
c) Eventuell wird der «aggressive Ausgang» der Triebenergie noch verstärkt durch gezieltes Verstopfen (Repression) des «sexuellen Ausgangs». Durch Tabuisierung des Geschlechtlichen, durch Verteufelung der Freude am geschlechtlichen Vollzug (die doch Freude am humanen Selbstvollzug sein sollte), durch kaum zu erfüllende Verbotsverpflichtungen kann es dazu kommen, daß der libidinöse Selbstvollzug mit dem Ziel der Selbstverwirklichung im Bereich des Sexuellen unmöglich gemacht wird, und das Individuum – im Bereich der Primärtriebe – nur noch den aggressiven Ausgang als erlaubt vorfindet. Auch hier hat die Kirche durch lange Jahrhunderte Unsägliches gesündigt am Menschen.[6]
Da mutet es an wie barer Hohn, daß die «Sexwelle», die zweifelsfrei aus manipulatorischem Interesse in Gang gebracht wurde,

edukatorische Konsequenzen hat. Heute wird es zunehmend eher möglich, auf Grund der Bemühungen, Geschäft mit dem sexuellen Notstand so vieler Zeitgenossen zu machen, in humaner Weise über Sexualität, Sexualhandlungen, Sublimation von Sexualität ... zu sprechen. Die «sexuelle Revolution» frißt nicht ihre Kinder, sondern wandelt sie von Sklaven zu Menschen, obschon eine neue Sklaverei, die der Herrschaft der Sexualität, die neue Manipulationsmöglichkeiten öffnet, geplant war.
Endlich kann die Manipulation der Aggressivität (wie jede andere Manipulation) das Ziel verfolgen, das Ich zu schwächen, vielleicht gar als kritische Instanz ganz auszuschalten. Solange das Individuum ich-verantwortet handelt, ist es nur begrenzt manipulierbar. Es ist Voraussetzung und Ziel jeder Manipulation, den Einfluß dieser kritischen Instanz zu minimalisieren oder ganz auszuschalten. Das kann auf sehr verschiedene Weise geschehen: Entweder man verhindert die Ichbildung unmittelbar (etwa durch Vermeiden von Situationen, die die Sinnfrage evozieren) oder mittelbar (durch Einbau erheblicher Instanzen ins Überich, gegen die keine kritische Instanz mehr ausgebaut werden kann). Der erste Weg ist der allgemeinere, der zweite wird oft in der «religiösen Manipulation» begangen (s. u.).
Die Ichbildung kann vermieden werden, indem man, edukatorisch versagend, dem (meist jungen) Menschen kein zureichendes Material (psychologischer, soziologischer, aber auch philosophischer, religiöser Art) an die Hand gibt, das allein eine halbwegs zutreffende Sinnantwort möglich macht. Eine Befragung von 385 Studenten (männlich, 19–20 Jahre alt) brachte folgende Ergebnisse:
73,4% waren während der Pubertät zumindest einmal in einer Situation, in der sich ihnen die Sinnfrage explizit stellte, ohne daß sie sie zureichend beantworten konnten. Ein Teil hat dann das Fragen aufgegeben, ein anderer hat versucht, eine Lebensbilanz zu ziehen (Was spricht dafür, daß ich weiterlebe, was da-

gegen?). Von den letzteren kamen 81,0% zu dem Schluß, es lohne sich nicht, weiterzuleben (das waren 39,8% aller Befragten). Von diesen spielten fast 90% mit dem Gedanken an einen (Bilanz-) Suizid.
92,1% gaben an, religiös (im weitesten Sinn des Wortes) erzogen worden zu sein. Desorientierungen waren unter den «religiösen Studenten» erheblich höher als unter den nicht religiös gebildeten. (Wegen der kleinen Anzahl der letzten Gruppe blieb jedoch diese Feststellung unterhalb der Grenzen statistischer Signifikanz.)
10,1% gaben an, daß sich ihnen die Sinnfrage nie gestellt habe. Wir erhalten also als Ergebnis, daß – unabhängig von der religiösen Bildung – die Zahl der desorientierten Pubertierenden der Testgruppe 1967–1970 etwa 83% betragen haben dürfte. Dieser Wert ist skandalös hoch. Offenbar versagen alle edukatorischen Instanzen (Elternhaus, Schule, Kirche...) ziemlich vollständig, wenn es darum geht, jungen Menschen die Sinnantwort zu ermöglichen. Man wird sich fragen müssen, welche Ideale eine solche Gesellschaft hat, welches Verständnis von sich selbst, wenn weniger als 17% ihrer jungen Mitglieder in der Lage waren, kritische Instanzen gegenüber den Ansprüchen des eigenen Es, des Überich, des Selbstaußen auszubilden. (Der tatsächliche Wert dürfte weit unter 17% liegen, da in ihm auch Antworten enthalten sind, die nicht kritisch orientieren, etwa des Typs: «Der Sinn meines Lebens ist es, viel Geld zu verdienen, um glücklich zu sein.») Erschütternd auch die Blindheit der Gesellschaft, die etwa die katholische Kirche Deutschlands («Gemeinsame Synode der Bistümer in der Bundesrepublik») davon abhielt, diese Frage mit zureichendem Fachwissen und genügender Kompetenz zu behandeln.
Welches sind nun die Gründe für die Ichschwäche so vieler Individuen? Wir können sie hier nicht aus-, sondern allenfalls anführen: mangelndes Selbstverständnis der sozialen bildenden Grup-

pen, Fixierung auf «Werte», die nicht mehr zureichend orientieren (Konsum, Produktion, Einkommen, Egoismus...), überstarke Überichregulierung (Bildung wird als Einbildung in soziale Gruppen und Einüben sozialkonformen Verhaltens verstanden). Totale Entfremdung scheint zunehmend Wirklichkeit zu werden. Das Erlebnis (oder die Erfahrung) der Unversöhntheit mit Welt (vor allem der gesellschaftlichen), das bevorzugt die Sinnfrage zur Sprache bringt, wird verschüttet im bloßen Aktivismus, oder eine «Konsumwelt» gaukelt im materiellen Haben Versöhnung vor.

Das ist aber die Situation, in der die Manipulateure herrschen. Nicht mehr die Entmachtung der Expropriateure ist heute *das* humanistische Anliegen, sondern die Entmachtung der Manipulateure.

5. Die Manipulation der Sexualität

Die primäre Manipulation der Sexualität durch Tabuisierungen, primäre (Inzesttabu...) oder sekundäre (Ehetabu, Kindestabu [Kinder sind keine möglichen Sexualpartner von Erwachsenen]...), oder durch Zwänge von seiten bestimmter Gesellschaftsformen (Zweck der Ehe...)[7] haben wir schon behandelt. Eine sekundäre Manipulation der Sexualität wird möglich, wenn eine Gesellschaft (partielle) sexuelle Toleranz durchsetzt. Wir möchten das Gemeinte an nur einem Beispiel erläutern:

Herrn X wird – gestattet durch die wachsende Toleranz – ein weiblicher Idealtyp (etwa in der Werbung) als Sexualobjekt vorgestellt und auf diesen geprägt. Diesem Ideal entspricht der konkrete Partner nicht oder nur recht unvollkommen. Jedenfalls läßt die durch das Vorzeigen des Idealtyps geweckte sexuelle Phantasie Möglichkeiten offen, die ein konkreter Geschlechtspartner nicht erfüllen kann. Damit wird endogen Triebpotential aufgeladen, das anderswo Realisierung sucht. Dieses Suchen kann sich (unter dem Schein des Bemühens um Selbstverwirklichung, die in der konkreten Ausübung der Sexualität zunehmend weniger gefunden wird) in einem Zustand dauernder Unzufriedenheit wiederfinden. Insofern Herr X im Vollzug konkreter Sexualität (und primärer Partnerbegegnung) nicht befriedigt wird, sucht er sich nun Ersatzobjekte, die sein Suchen nach Selbstverwirklichung (dem eine Frustration des libidinösen Anteils in der primären Triebstruktur entspricht) fündig machen sollen, es aber zumeist – insofern es sich um unbewußte erfahrenen Ersatz handelt – nicht können. Solche Ersatzobjekte sind etwa:

Konsum. Insofern Herrn X die Befriedigung seines Strebens nach Selbstverwirklichung im «sexuellen Konsum» verwehrt ist, sucht er sie im materiellen zu finden. Er ist der ideale potentielle Kunde der Konsumgüterindustrie. Von der Auto- bis zur Freizeitindustrie nutzen geschickte Feld- (ja Fach-)psychologen diesen Umstand aus und sprechen ihn in der Werbung mit unbewußten oder bewußten sexuellen Bildern an, die zusammen mit der zu verkaufenden Ware dargestellt und assoziiert wird. So erreicht Werbung über unbewußte Mechanismen eine Bindung des Strebens nach sexuellem Partnerbesitz mit materiellem Güterbesitz.

Die gestörte Sozialbindung zum Sexualpartner kann noch anders werbewirksam aufgefangen werden. Wir alle kennen das aus Slogans: «Die Zahnpasta A verführt zum Küssen», «Die Seife B macht beliebt und integriert in eine Wunschgruppe», «Die Zigarette C hilft aus allen Schwierigkeiten», «Das Getränk D verbindet Menschen», «Das Waschmittel E stellt den häuslichen Frieden wieder her» ... Sicher werden diese Slogans nicht immer voll verbalisiert, oft werden sie durch Bilder ausgesprochen.

Traumwelten. Wenn Herr X seine Selbstbestätigung durch Selbstvollzug nicht findet, bleibt ihm immer noch der Weg, sich in einer selbstgezimmerten Phantasiewelt (als Fluchtwelt vor der Unbill dieser Welt) bestätigt zu finden. Solche Traumwelten sind als Fluchtwelten immer gefährlich, weil sie, im totalen Umsiedeln in die gute, herrliche, selbstbestätigende Fluchtwelt, zu Wahnreaktionen auf die Ansprüche der konkreten Welt führen können. «Versponnene Menschen», versponnen in eine Welt ihrer Phantasie, gibt es nicht so selten, wie man meinen möchte, und nicht nur bei Pubertierenden oder Adoleszenten, für die die Konstruktion eines privaten Wolkenkuckucksheims (statistisch) «normal» ist.

Wieder sei hier auf die Werbung verwiesen. Der Leser möchte einmal «Werbeblocks» (in Illustrierten, im Fernsehen) darauf hin prüfen, ob, wenn er alle Eindrücke der Werbung bilanziert, unter dem Strich noch etwas von Orientierungshilfe in der realen Welt übrigbleibt oder aber ob eine Scheinwelt aufgebaut wird. Es ist eine gute Hilfe (übrigens auch für das psychotherapeutische Gespräch), wenn sich der Leser oder Zuschauer einmal darüber klarzuwerden versucht, welche Eigenschaften die vorgestellte (bilanzierte) Werbewelt hat. Ich habe im Gespräch, nach audiovisueller Vorführung von 15 verschiedenen (nicht ausgewählten), 20 oder 30 Sekunden währenden Werbesendungen einer deutschen Rundfunkanstalt, 20 Personen nach ihrem Eindruck befragt. Sechs waren der Ansicht, daß die Welt im wesentlichen so aussähe, wie sie hier dargestellt wurde – und das, obschon alle Befragten in leitenden Positionen der Wirtschaft und Industrie tätig sind. Hier wird offensichtlich, daß Werbesendungen – einmal nicht mehr als marktschreierisch erkannt – nach partiellem Ausfall der kritischen Ich-Instanz als primäre Information über reale Gegebenheiten vermittelnd akzeptiert wurden.

Aktivität. Die Flucht in die Aktivität als Instrument der Selbstverwirklichung ist eine der häufigsten Kompensationsreaktionen auf nicht selbstverwirklichende Sexualität. Gemeint ist hier nicht eine Aktivität, die in Entsprechung zum individuellen Antrieb geschieht und stets eine mögliche Quelle und notwendige Voraussetzung einer realitätsorientierten Selbstverwirklichung ist, sondern eine Hyperaktivität, die offensichtlich Aktivitätsmängel (Mangel an Aktivitäten, die nicht zur Selbstverwirklichung führen) auf anderen Bereichen kompensiert (oft auch überkompensiert). Solche Aktivitäten sind in unserer Leistungsgesellschaft durchaus geschätzt, so daß sexuell frustrierte Individuen nicht selten leitende Positionen in dieser Gesellschaft innehaben. Doch wie alle Ersatzbefriedigungen (insofern sie im eigentlichen Sinn «Ersatz» und nicht Folge von Sublimationsprozessen sind) befriedigen sie niemals vollständig, so daß der Betroffene in das fatale Karussell eingespannt wird, sich durch immer steigende Leistung wenigstens approximativ Befriedigung zu verschaffen. Wenn auch kaum beweisbar sein könnte, daß unsere «Leistungsgesellschaft» bewußt Situationen schafft, in denen die Selbstbestätigung über sexuelle Aktivität schwieriger wird, so kann man füglich vermuten, daß sie von solchen Situationen profitiert – zum Schaden des betroffenen Individuums. Implizite Manipulation also allzumal, insofern die «Leistungsgesellschaft» selektiv die sexuell frustrierten Individuen bevorzugt, wenn sie in Aktivität ausweichen.

6. Die religiöse Manipulation

Wir haben schon angedeutet, daß der Einbau überstarker Instanzen ins Überich eine Ichbildung erheblich erschwert, wenn nicht unmöglich macht. In der religiösen Manipulation wird etwa «Gott» als lohnende und strafende Instanz, als Instanz, die mit ihrer Überautorität die Gebote und Verbote menschlicher Autoritäten deckt (Eltern, soziale, ökonomische, politische Autoritäten), ins Überich eingebracht. Gegen diese Überautorität kann nur unter Hinnahme erheblicher Schuldgefühle das Ich als Gegenautorität aufgebaut werden. So kommt es für das Individuum mit bestenfalls rudimentär gebildetem Ich zu pseudoreligiösen Konflikten zwischen «Gott» und Selbst, die dadurch gelöst werden, daß man entweder «Gott» verdrängt oder auf Ichbildung verzichtet.

Davor liegt jedoch das Leben mit dem «Schuldgefühl», das es religiösen Gemeinschaften unter Umständen erlaubt, manipulierend (zu ihrem eigenen Nutzen) einzugreifen, indem sie etwa dem Individuum versprechen, durch bestimmte rituelle Handlungen oder Verhaltensweisen könnte es wieder von Schuld (tatsächlich liegt keine objektive Schuld vor, die nur entsteht, wenn sich ein Individuum ichungehorsam verhält) befreien. Das bindet das Individuum an die religiöse Gesellschaft, weil es deren Freispruch braucht, um nicht in permanenten Schuldgefühlen psychisch zu veröden oder gar neurotisiert zu werden.

Zum anderen könnten religiöse Gesellschaften oder Gruppen[8] daran interessiert sein, Ichschwäche zu fixieren, weil sie kritisches Engagement entgegen ihrer Autorität fürchten, und ichschwach das betroffene Individuum unkritisch die Zugehörigkeit zu dieser Gesellschaft oder Gruppe überichreguliert als Wert versteht, die es, auch unter großen Opfern, beibehalten möchte. Die damit verbundene Repression durch ein überstarkes Überich betrifft nicht nur die esbegründeten Motivationen und Antriebstypen (Sexualität und Aggressivität), sondern auch die Bildung der kritischen Ichinstanz. Da nun aber – wie gezeigt wurde – Religiosität (und damit die Entscheidung für den Theismus) und sittliches Handeln auf Ichentscheidungen beruhen, produziert eine solche religiöse Gesellschaft permanent Individuen, die vorreligiös und vorsittlich orientiert (oft gar fixiert) sind. Es ist ein eigenartiges Vorgehen dieser Gesellschaften, wenn sie zum einen die Bewahrung der Religiosität als ihr Hauptziel angeben und zum anderen Religiosität unmöglich machen.

Es wäre interessant festzustellen, wie viele Mitglieder einer der Großkirchen ihre religiösen Motivationen (es handelt sich dann offensichtlich um pseudoreligiöse) aus Überichimperativen beziehen. Im Bereich meiner Erfahrung dürften 50% weit überschritten werden.[9] Auch hier begegnen wir einer, wenn auch nicht bewußt intendierten materialen Manipulation: Ein ichschwaches Individuum ist leichter zu gesellschaftskonformem Verhalten zu bringen. Auch der Kirchen liebste Schafe sind unkritisch. Das Interesse der manipulierenden Gruppe geht über das des betroffenen Individuums.

7. Was zu tun ist

Die bedrängende Unmenschlichkeit der Manipulation muß nicht nur ihrer Unmenschlichkeit wegen beseitigt werden. Eine manipulierte Gesellschaft ist eine Gesellschaft von aggressionsintensiven Individuen, die zudem noch, wegen erheblicher Ichschwäche, keine zureichenden Kontrollinstanzen ausbilden können, die eine physische Selbstvernichtung der Menschheit zu verhindern vermöchten. Eine Gesellschaft infantil orientierter und aggressionsgestimmter Individuen ist eine Gefahr für die ganze Menschheit: aggressive Kinder spielen das Abc des Todes. Um des physischen und humanen Fortbestands der Menschheit willen ist deswegen zu fordern:

1. Vorzügliches Ziel aller Bildung ist die Begründung von Situationen, die der Ichfindung und Ichbildung günstig sind, denn nur ichstarke Individuen sind in der Lage, «erwachsen zu werden», verantwortlich zu handeln und ihre Aggressivität vollständig zu «gekonnter Aggressivität» (etwa der Gegneraggressivität) zu sublimieren.
2. Werbung hat vornehmlich zu informieren. Manipulation

sollte nur möglich sein auf Grund von vollständigen und das Wesentliche betonenden Informationen.

3. Religiöse Gruppen und Gesellschaften sollten sich stärker als zuvor in den Dienst am Menschen stellen und ihre Gruppen- und Gesellschaftsinteressen hintanstellen. Dabei können und sollen sie keineswegs ausschließlich humanistischen Idealen nachjagen, sondern das Religiöse an der einzig möglichen Stelle – der Ichfindung und Ichbildung – einzubringen suchen. Sie sollten sich bewußt sein, daß das Humanum Grundlage (nicht Ursache!) des Religiosum ist. In einer inhumanen Welt hat das Religiöse vor allem dem Anspruch zu genügen, zu humanisieren und auf die unausgeschöpften Möglichkeiten hinzuweisen (dazu sind durchaus typisch religiöse «Mittel» einzusetzen).

Dazu ist es vonnöten, «Gott» nicht als strafende und lohnende Instanz einzuführen, da gegen eine solche Instanz kaum kritische Ichbildung geschehen kann, sondern als «liebenden Gott». Zu dieser Einführung sind sie durchaus verpflichtet, insofern sie jedem Menschen die Möglichkeit geben sollen, die Sinnantwort theistisch zu finden.

4. Vorurteile müssen abgebaut werden. Insofern das bei Erwachsenen kaum mehr möglich ist, muß vor allem die Pädagogik Strategien entwickeln, damit Vorurteile nicht erst aufkommen.

5. External sanktionierte Normen sollten auf ein Mindesmaß beschränkt werden. Das ist nicht möglich, wenn stark repressive Elemente vor allem religiöser oder pseudoreligiöser Art im Normenkomplex auftauchen oder konkrete Gesellschaftsformen Selbstwert erhalten, die es darum um jeden Preis zu bewahren gilt. In beiden Fällen stehen Normenrepression und Aggressionsregulation in deutlichem Mißverhältnis zueinander. Das führt zu vermeidbarer Steigerung aggressiver Stimmung.

6. Gegneraggression («gekonnte Aggression») ist als Bildungsziel zu fördern, nicht nur weil eine Gesellschaft von Individuen, die ohne alle intrasozietäre Aggressivität miteinander leben, in

eine Termitenexistenz gedrängt werden, sondern auch um Feindaggressionen zu vermeiden.

7. Die Sexualität ist weder zu tabuisieren noch zu enttabuisieren. Im ersten Fall sucht sich «Triebenergie» meist den Ausgang destruktiver Aggression, im zweiten besteht die Gefahr, über sexuelle Manipulation ein Heer unbefriedigter Menschen zu produzieren, das gegenüber manipulatorischen Eingriffen über keine zureichenden Abwehrstrategien verfügt. Vielmehr ist dafür zu sorgen, daß der Vollzug der Sexualität zur Selbstverwirklichung führt. Dazu ist vonnöten, daß Sexualität als sozialer Vollzug gelernt wird (da in egozentrischen oder egoistischen Vollzügen der Sexualität keine Fremdorientierung als Basis der Sozialisation zustande kommt, sondern das Individuum sich neurotisch auf sich selbst zurückzieht und zunehmend unfähiger wird, konstruktive Sozialkontakte herzustellen. Nur im Vollzug gekonnter sexuell-aggressiv-legierter Sozialkontakte ist Selbstverwirklichung möglich, denn das Individuum hat einen seiner Urgründe im Mit.)

8. Es gilt, die «Produktion von Outsidern» möglichst zu vermeiden. So sollte etwa die gesellschaftliche Integration von «Straffälligen» (d. h. von Menschen, die unzureichende Mittel zuhanden haben, ihre Konflikte sozial [im Gegensatz zu asozial] zu verarbeiten) möglich werden. Dazu ist es notwendig, das gesellschaftliche Bewußtsein in zwei Richtungen zu verändern:

Die Gesellschaft darf konkrete Verteilungsfunktionen (von materiellen und ideellen Gütern) nicht zum Selbstzweck machen, denn die im Verteilungsprozeß Benachteiligten reagieren in Konfliktsituationen bevorzugt asozial. Eine solche Gesellschaft dürfte keine Feindpopanze benötigen, um ihre Feindaggression (legitim, wenn auch verpönt) abzuleiten. «Vorbestraft» ist aber ein solcher Feindpopanz mit erheblicher Entlastungsfunktion für das aggressive Potential.

Die Gesellschaft muß Menschen so bilden und zum Selbstvoll-

zug bringen, daß sie es nicht nötig haben, Gegenbilder zu entwickeln, die es ihnen erlauben, das eigene Versagen im Vergleich zu dem der Outsider zu minimalisieren (und sich so wiederum psychisch zu entlasten).
Das hier am Beispiel der «Vorbestraften» Dargestellte gilt für alle Outsider.
9. Nicht die Herrschaft des Menschen über den Menschen (deren wichtigstes Instrument die Manipulation ist) auf ökonomischem, politischem... Feld ist die menschlichste Form des menschlichen Miteinander, sondern die ichverantwortete und ichgesteuerte Sozialbindung, die keine entarteten Herrschaftsstrukturen und -formen zuläßt.
10. Konsum und Aktivität dürfen nicht gegenüber genuineren Formen der Selbstbestätigung Oberhand gewinnen. Dazu ist es nicht nur nötig, den primären Trieben durch rechte Überichbildung die notwendige Ausdrucks- und Realisationsmöglichkeit nicht zu verwehren (wenn möglich, sollte die Esregulation bevorzugt durch das Ich erfolgen), sondern auch die soziale Welt von Leistungs- und Konsumfetischismus zu befreien. Nicht schon ein an Konsum und Leistung reicheres Leben ist ein menschlicheres. Vor allem aber sollte die Entwicklung menschlicher Verhältnisse (d.h. von Verhältnissen, die Ichfindung und Ichbildung gestatten) oberstes gesellschaftliches Ziel sein. Lebensstandard ist kein Maß für Menschlichkeit.
Diese Regeln wollen nicht im Sinne von Patentrezepten verstanden werden, noch sind sie Zehn Gebote der Soziologie, sondern Hinweise, auf die vor allem im edukatorischen und konkret gesellschaftlichen Vollzug zu achten wäre. Mag sein, daß hinter diesen Regeln utopisches Denken steht; mag sein, daß man sie für unrealisierbar hält. Doch das Ausgreifen in Hoffnung auf eine neue humane Welt ist stets das legitime Anliegen aller Utopie gewesen, und ohne die Träume der Utopien wäre vermutlich unsere Welt noch unmenschlicher, als sie es schon ist.

[1] «Information» meint

a) wahrscheinlichkeitstheoretisch: Eine Meßgröße für die Ungewißheit des Eintretens von Ereignissen. Der Informationsgehalt ist erhebbar durch das tatsächlich eintreffende Ereignis aus der Menge der möglichen. Er ist um so größer, je größer die Unbestimmtheit vor dem Eintreten eines Ereignisses war, das dann doch eintritt.

b) informationstheoretisch: Die sich realisierenden (unter a genannten) Ereignisse sind Zeichen (Nachrichtenelemente), die von einer Quelle (Informationsquelle, Nachrichtenquelle, Sender) durch einen Auswahlvorgang aus einem Zeichenvorrat (Repertoire, z. B. Alphabet) erzeugt werden und in statische Zeichen (gedruckt, gelocht, auf Bändern aufgezeichnet) und/oder in dynamische Zeichen (Töne, elektrische Impulse)
umgesetzt werden. Ihre Zeichenform ist eine notwendige Bedingung für die Kommunikation mit dem Empfänger. Im Kommunikationsfall werden die Zeichen zu Signalen.

c) verstehenstheoretisch: Die Zeichen sind Ausdruckszeichen (Worte, Gesten ...) oder Bilder.

Eine fehlerfreie Informationsübermittlung ist nur möglich:

1. Wenn beim «Sprechenden» die gleiche Grundprogrammierung (Wortschatz, Wissen, Interessen ...) vorliegt wie beim «Hörenden». Diese Bedingung ist als erfüllte nicht leicht auszumachen, denn der Sprechende ist für den Hörenden (und umgekehrt) eine «black box», für deren Programmierung allenfalls ein Modell ausgemacht werden kann.

2. Muß eine «richtige» Technik der Informationsablösung vom Informationsträger beherrscht werden. Zur Entscheidung, ob die Informationsabnahme richtig erfolgen kann, ist in der Verstehenstheorie ein Rückgriff auf die Informationstheorie vonnöten. Zur Entscheidung, ob die Informationsabnahme richtig erfolgte, ist ein Rückkoppelungsmechanismus zwischen Sender und Empfänger anzunehmen, der es dem Sender gestattet, Abweichungen vom Sollwert aus der Reaktion auf die Information beim Hörer festzustellen und seinen Träger eventuell nach der Trial error-Methode geeignet zu modifizieren, damit der Istwert dem Sollwert möglichst nahe kommt. Doch ist zu bedenken, daß die handlungsorientierende (die reaktionsbestimmende) Information nicht die abgehobene objektive Information, sondern die vom Hörenden verarbeitete subjektive Information ist. Der Verarbeitungsprozeß geschieht in der Aktualisation von Momenten des hermeneutischen Potentialfeldes durch die objektive Information.

3. Muß die Information auf ihre Stimmigkeit geprüft werden können. Hier kommen eine Fülle von Problemen ins Spiel: Wahrheitsproblem, Verifika-

tionsproblem, Entscheidungsproblem. (Näher darauf einzugehen, müssen wir uns versagen.)

[2] Vgl. R. Lay, Grundzüge einer komplexen Wissenschaftstheorie II, Frankfurt 1973, 389–393.

[3] Vom Triebobjekt her bestimmt man zumeist den Typ der Aggressionshandlung (Schmerzaggressivität, Angstaggressivität, Rivalitätsaggressivität, Skandalaggressivität, Missionsaggressivität ...). Vgl. dazu R. Lay, Die Entwicklung des Menschen II, Aschaffenburg 1970, 159–161.

[4] Ob niedere Sozialisationsformen, wie sie uns etwa in Insektenstaaten begegnen, eine intrasozietäre Aggressivität voraussetzen, läßt sich bezweifeln. Hier scheint die Aggressivität im Regelfall keine gruppenbildende Funktion zu haben, so daß in der Ausschließlichkeit des Mit (ohne Gegen) eine Art kollektiver Organismen gebildet werden (vgl. R. Lay, Das Leben, Wesen und Werden, Aschaffenburg 1969, 64–68).

[5] Schöne neue Welt, Frankfurt 1953, 43. Huxley löst in seiner antiutopischen Vision auch die Sexualität von der Zeugung und Aufzucht der Kinder ab, die weitgehend maschinell gesteuert erfolgen.

[6] Die Unterdrückung (etwa durch sanktionierte Verbote) der sexuellen Selbstverwirklichung hat sicher auch andere mögliche Konsequenzen als die Steigerung der Aggressivität. Hierher gehören etwa:

Aufsuchen von Ersatzobjekten der Primärtriebe, die sich etwa als «Ehrgeiz», «Machttrieb», «Freßsucht» ... darstellen.

Regressive Verhaltensmuster (Rückkehr zu infantilen oder pubertären Verhaltensmustern [nicht nur sexuellen]).

Sublimation (hervorragende wissenschaftliche oder künstlerische Leistungen, Produktivität ...).

Umschlag des ursprünglich sozial-gebundenen Triebs auf das Individuum (Masochismus, bei starken Destrudo-Anteilen bis hin zum sozialen oder physischen Suizid).

Der üblichste und gewöhnlichste Ausgang (der «normalste») ist jedoch der aggressive.

[7] Vgl. R. Lay, Die Entwicklung des Menschen II, a. a. O. 149– 153.

[8] «Gruppe» bezeichnet eine integrierte soziale Struktur, die durch regelmäßige dauernde Interaktion zustande kommt. Fraglich ist, ob das «Gefühl der Zugehörigkeit» für die Gruppenzugehörigkeit notwendig und konstitutiv ist. «Gruppe» ist keine Sozialkategorie (wie «die Studenten», «das Proletariat», die weder eine Integration über soziale Kommunikation kennen, noch eine Struktur, sondern eher eine Summe bilden), auch ist nicht «Bezugsgruppe» gemeint (ein nicht integriertes Kollektiv, mit dem sich ein Individuum identi-

fiziert oder vergleicht). «Gruppe» ist vielmehr eine soziologische Kategorie. Seit Ch. H. Cooley (Sozial Organization and Human Nature and the Social Order, Glencoe/Ill., 1909) unterscheidet man «Primär- und Sekundärgruppen». In einer Primärgruppe sind die Bindungen relativ intim, vorwiegend emotional bestimmt und beruhen auf häufigen persönlichen Interaktionen. Die Folge sind ähnliche Einstellungen, Weltbilder, Normen ... Solche Gruppen heißen primär, weil sie grundlegend den primären Sozialisationsprozeß und die soziale Entwicklung des Individuums auslösen. In der «primären Sozialisation» wird das Individuum in eine Gruppe eingegliedert, indem es gruppenspezifische soziale Normen, Werte, Überzeugungen erlernt und internalisiert (im Überich) und eventuell integriert (ins Ich). In der primären Sozialisation geschieht der Aufbau des sozialen Selbst. Die primäre Sozialisation wird besorgt in Familie, Kindergarten, Schule, Freundesgruppen (nicht selten vom Typos der Subkulturen) ... «Sekundärgruppe» bezeichnet eine Gruppe, in der die konstitutiven Interaktionen relativ unpersönlich, wenig emotional besetzt und relativ locker sind. Die Bindung geschieht entweder durch bewußte Zweck- und Zielorientierung der Gruppe und der Identifikation des Individuums mit diesen Zwecken und Zielen oder durch rationale Organisation oder beides.

«Gesellschaft» bezeichnet eine Struktur von Individuen, die durch ein Netzwerk sozialer Beziehungen (primärer oder sekundärer Art) miteinander in Kontakt treten und in Interaktion stehen. M. Weber definierte «soziale Beziehung» als soziales Handeln (der vom Handelnden gemeinte Sinn ist auf das Handeln anderer bezogen und durch diese Orientierung gesteuert). Seit G. Simmel ist es eine der erheblichsten Aufgaben der Soziologie geworden, die Beziehungstypen und Interaktionsweisen zu untersuchen und zu analysieren. Gruppen wie Gesellschaften bilden Einheiten (als Strukturen), das hat u. a. zur Folge, daß sie andere Verhaltensmuster entwickeln als die bilanzierte Summe des Mitgliederverhaltens.

Während die Begriffe «Gruppe» und «Gesellschaft» theoretische Begriffe sind, um das «Handeln von Sozialkörpern» zu erklären, ist der von F. Tönnies in die Wissenschaftssprache eingebrachte Begriff der Gemeinschaft nicht dieser Art. Er bezeichnet einen idealen Typos. «Gemeinschaft» wird begründet durch instinktives Gefallen, gewohnheitsmäßige Anpassung, gemeinsame Ideale..., während der Gegenbegriff «Gesellschaft» (jetzt idealtypisch verstanden) eine Verbindung bezeichnet, die durch planmäßiges Aufeinanderabstimmen des Denkens und Handelns einer Mehrzahl von Individuen, die einen bestimmten Zweck zu persönlichem Nutzen erreichen wollen, zustande kommt.

Wir verstehen, wenn wir von «religiösen Gruppen» sprechen, Primärgruppen; mit «religiöse Gesellschaft» bezeichnen wir eine «idealtypische Gesellschaft».

[9] Vgl. R. Lay, Atheismus in der modernen Psychoanalyse, in: Zukunft ohne Religion?, Olten [2]1974, 124–127.

V Schöpfung als Offenbarung

Diese Mischung von Wasser und Wein lasse uns teilhaftig werden der Gottheit dessen, der unsere Menschennatur angenommen hat.
Missale Romanum

Offenbarung macht Unbekanntes offenbar. Und die Welt des Menschen ist voller Unbekanntheit. Menschliches Suchen nach Wahrheit hat seine Grenzen, Grenzen, die gezogen sind durch die der Sprache, der Vorurteile, des Intellekts, der Aktion, des Interesses (des erkenntnis- wie handlungsleitenden)... Diese Grenzen sind niemals in allen ihren Bereichen zu überwinden, bestenfalls können sie ins Weiter, ins Land des Unbekannten, verschoben werden. So ist all unser Wissen Stückwerk, Ausschnitt, Teil. Doch in der Erfahrung dieser Grenze erfährt der Mensch zugleich mittelbar das ungeheuer große dunkle Land «Unbekannt». In Utopia, im Noch-nicht, läßt sich siedeln, lassen sich hoffend Häuser bauen – aber ein Ausgreifen ins Nicht des Wissens, des radikalen und vollständigen Dunkels, scheint nicht möglich. Sicherlich denkt der kreative Mensch hart an den Grenzen des Unbekannt, kann die Grenze neu ziehen, doch dieses Ausgreifen läßt das Unbekannte nur noch dunkler, noch unzuhandener, noch umfangreicher erscheinen.

In dieses Reich des Unbekannten ist eingebettet unser kleines Wissen von Mensch, Gesellschaft, Welt und Gott. Dieser schmale Ausschnitt, den die flackernde Kerze unseres Wissens oft undeutlich ausleuchtet, fordert Orientierung an. Wie diese Orientierung geschieht, haben wir schon angedeutet. Die Antwort auf die Sinnfrage erlaubt, wenn sie an Realität objektiv orientiert ist, solche Orientierung: Wir können – unter einiger Mühsal – den eigenen Ort in Gesellschaft, Welt und Geschichte bestimmen und orientiert in der Welt unseres Wissens und Verstehens agieren und reagieren.

Wir setzen im Folgenden voraus, daß die diese Grundorientierung erlaubende Sinnantwort «religiös» gegeben wurde, d. h. daß ein Heiliges, ein mysterium tremendum et fascinosum, eine orientierende und informierende Rolle spielt. Insofern die Sinnantwort *alle* Handlungsmotivationen und Interpretationen von Welt, Geschichte, Gesellschaft ... mitbestimmt, ist die religiöse Orientierung, die um die Grenze, die sich in Leid, Hoffnung, Liebe, Tod ... weiß und sich ihrer bemächtigt, indem sie sie anerkennt und damit, wenn auch oft unthematisch, um das «Jenseits» der Grenze weiß, universell und radikal. Radikal, weil sie den Menschen ganz in Anspruch nimmt und unter Anspruch stellt. Sicher ist dieser Anspruch nicht schon wie selbstverständlich ein Anspruch «des Absoluten» – eher im Gegenteil –, es sei denn, man behaupte das Dunkel als das Absolute. Dennoch verweist die Transzendenz im Dunkel auf irgend etwas, das menschlicher Relativität, die sich in der Ausschnitthaftigkeit seines Wissens und Wollens, seines Hoffens und Liebens, seiner Not und in seinem Tod manifestiert, enthoben ist. Das Dunkel, das Transzendente, weil jenseits der Grenze menschlichen Wissens und Wollens, wenn auch nicht menschlichen Ahnens, hat etwas vom Heiligen an sich. Aber es ist nicht das Heilige. Die Existenz des Dunkels nicht zureichender Grund für eine religiöse Grundorientierung des Ich. Das Heilige lebt im Grenzbereich zwischen Licht und Dunkel, zwischen Wissen und Unwissen, zwischen Wollen und Nicht-Können. Damit wird das Heilige in seinem Spruch und Anspruch, wenn auch stets unvollständig und nur «in Bildern und Gleichnissen» begreifbar (wenn auch nicht als zuhanden, so doch als vorhanden), erfahrbar.

Zum anderen ist Spruch und Anspruch des Religiösen universell, d. h. es fordert eine Haltung ein, die sich in *allen* Situationen des Menschen aussprechen muß. Nichts bleibt von der Information durch das Religiöse ausgespart. Nichts entzieht sich religiös bestimmter Orientierung in Interpretation und Aktion. Diese Behauptung ist voller Dynamit. Nimmt man sie ernst, kann niemand einmal religiös und ein andermal unreligiös orientiert und motiviert handeln. Die Universalität des Anspruchs der Ichtreue verbietet jede Form der Aussparung, wenn es um menschliches Handeln geht. Für einen theistisch-religiösen Menschen bedeutet das, daß er nicht, wenn er nicht in Untreue gegen sein «Ich» handeln will und damit sich ein unreligiöses Refugium schafft, einmal Theist (etwa Christ) und ein andermal Politiker, Arzt, Anwalt, Arbeiter... sein kann. Er ist stets theistischer (etwa christlicher) Politiker, Lehrer, Arzt, Anwalt, Arbeiter... Offensichtlich gibt es also einen unreligiösen Theismus wie einen religiösen Atheismus.

Unreligiös ist Theismus immer dann, wenn er Bereiche der Orientierung und des Wollens wie Handelns vom religiösen Anspruch ausspart. Religiös ist ein Atheismus, wenn er um das Heilige wissend (und mag er es «totaler Mensch», «Wesen des Menschen» nennen), dieses Heilige als universelle Informationsinstanz für all sein Handeln, als seine radikale Grundorientierung, die sich in Aktion und Reaktion auf geeinzelte Motivationen und Handlungsanforderungen ausspricht, grundsätzlich realisiert. Wir möchten hier nicht werten, welche der beiden – immanent widersprüchlich erscheinenden – Positionen die «bessere» ist. Eines sei hier jedoch festgehalten: ein unreligiöser Theismus, der Theismus für den Sonntagsgebrauch, siedelt bedenklich in die Nähe desorientierten, ja korrumpierten religiösen Bewußtseins.

Die Sinnantwort sei also theistisch gegeben. Doch schon stellen sich dieser Voraus-Setzung Fragen in den Weg:

1. Woher nimmt sie ihre Normierung, wie führt sie zu Normen?
2. Impliziert Theismus nicht notwendig externe Normen, fordert er nicht vor allem Überichgehorsam ein?
3. In welchem Verhältnis stehen religiöses und profanes Bewußtsein zueinander?
Ich möchte diese Fragen hier kurz abhandeln, da sie schon anderswo[1] gründlicher und schärfer gestellt und beantwortet wurden.
1. Die Ichfindung und -bildung nimmt ihre Norm aus den objektiven Bedingungen des Individuums. Während manche Vertreter der klassischen Naturrechtslehre über diese Bedingungen integrierten und so zu einer abstrakten und universellen «Natur» des Menschen kamen, orientiert sich unsere normierende Instanz an der «konkreten Natur» des Individuums, ohne jedoch einer Beliebigkeit das Wort zu reden, denn die Sinnantwort muß sich, um die Funktion der kritischen Orientierung des Individuums in seiner *Eigenwelt* (Es, Überich...) und *Umwelt* (der sozialen, kosmischen, historischen) zu gewährleisten, an objektiven Strukturen, Funktionen, Anforderungen orientieren. Geschieht die Sinnantwort implizit oder explizit theistisch, wird man auf die Schöpfungssituation der beiden «Welten» Bezug nehmen, die nicht statisch, sondern (insofern Schöpfung sich nicht in Sinnlosigkeit verlieren kann, vielmehr auf ein – evolutiv zu erreichendes – Ziel hingeordnet ist) dynamisch (in evolutiver Veränderung begriffen) verstanden werden müssen. Die «Schöpfungsoffenbarung» liefert also verpflichtend Normen, doch sind diese nicht external zu interpretieren. Sie wandeln sich mit den evolutiven Prozessen innerhalb beider Welten, sind also evolutiv-immanent (der konkreten Schöpfungssituation), jedoch innerhalb unveränderlicher Rahmen, die durch die grundsätzliche Schöpfungssituation gegeben sind.
2. Damit ist die zweite Frage schon beantwortet. Das religiöse Bewußtsein wird sich je nach dem Stand seiner Entwicklung,

insofern sie in «Gleichzeitigkeit» mit anderen Bewußtseinssituationen stehend eine Universalisierung für alle unter dieser Gleichzeitigkeit stehenden Menschen gültig ist, auch in «externer» Normierung beschreiben lassen. Doch ist deren Herkunft aus der individuellen Bewußtseinssituation erhebbar und der allgemeine Anspruch nur begründet in der ähnlichen Bewußtseinsstruktur von in Gleichzeitigkeit miteinander lebenden Individuen (d. h. von Individuen mit ähnlicher religiöser Bewußtseinssituation). Hierher gehören etwa die sogenannten «Zehn Gebote», die interne, am Ich orientierte Imperative einer Gruppe von Menschen mit ähnlichem Stand der Bewußtseinsevolution externalisieren (2 Mos 20,3–17 und 5 Mos 5,7–21). Die verschiedenen Einzelgebote dürften verhältnismäßig alt sein (Davidzeit), ihre Zusammenfassung bald nach der Trennung des Judenstaates in zwei Reiche (932 v. Chr.) erfolgt sein.
Einen erheblichen Fortschritt der Entwicklung religiösen Bewußtseins gibt die Neufassung der Gebote durch Jesus wieder, der sie universell unter das Gesetz der Liebe stellte, als Ausgliederung des einen universellen Liebesgebots (jetzt nicht nur den Nächsten, sondern auch den Feind betreffend) formulierte. Auch die Jesusgebote sind also Ausdruck einer (fortgeschrittenen) Schöpfungsoffenbarung, denn sie betreffen religiös weit entwickeltes Bewußtsein. Da über die Jesusgebote hinaus nichts «Besseres» gefunden wurde (der Marxismus ist in seinen Geboten weitgehend ein Rückfall in die Vorjesuszeit – erlaubt, ja fordert er gar den Feindeshaß), dürfen wir annehmen, daß wesentliche Inhalte des religiösen Bewußtseins mit und in Jesus ihr evolutives Ende fanden. Dennoch erscheint es uns falsch, die Jesusgebote in totale Vorzeitigkeit zum herrschenden religiösen Bewußtsein zu setzen. Die Unfähigkeit vieler, sich an ihnen grundsätzlich zu orientieren, spricht allenfalls für eine verbreitete Nachzeitigkeit der Evolution religiösen Bewußtseins bis hin ins Heute. Die schnelle Verbreitung des Christentums (und der

Christusbotschaft mit ihren Imperativen) zeigt, daß Jesus nicht in Ungleichzeitigkeit mit seinen Zeitgenossen lebte, sondern eine latente Bewußtseinssituation formulierte (und dadurch externalisierte). Wir möchten das praktische Verblassen des universellen Liebesgebots, seine eschatologische Umdeutung (nach der es nicht heute, sondern erst im erfüllten Gottesreich *wirksam* gelte) als Ausdruck einer weltverbreiteten Regression des religiösen Bewußtseins auf archaische Stufen interpretieren.

3. Wie schon erwähnt, sind wir der Ansicht, daß das religiöse Bewußtsein nicht zusammen mit dem «Selbstbewußtsein» auftrat, das es dem Menschen ermöglichte, sich im Entgegensatz zu Gesellschaft und Welt zu verstehen. Dieses Selbstbewußtsein ist zwar ein Grund für die typischen Formen menschlicher Weltbemächtigung, nicht aber zureichender Grund religiösen Bewußtseins. Der «von Natur aus» offenbar nicht religiöse Mensch entwickelte religiöses Bewußtsein erst in der Erfahrung der *Grenzen* seiner Weltbemächtigung und damit *seiner* Welt. Die Erfahrung der Grenze ist immer auch Bedingung der Möglichkeit der Erfahrung des «Jenseits der Grenze», diese wiederum notwendige Bedingung für die Entwicklung religiösen Bewußtseins. Die Erfahrung der Grenze fordert die Sinnfrage ein, weil das Dunkel jenseits der Grenze den schmalen Streifen erkannter und bemächtigter Welt sinnlos, treibend ohne Ziel, dem Zufall ausgeliefert erscheinen lassen möchte. Sinnbegabung als Ursprung und erster Inhalt religiösen Bewußtseins ist eine Protestation gegen den Anspruch der Sinnlosigkeit, des Dunkels, des ziellosen Treibens, der baren Zufälligkeit.

Doch ist nicht schon jede Protestation gegen Sinnlosigkeit religiös. Wir möchten bestimmen:

Bewußtsein ist inhaltlich bewußtgewordenes Sein (wobei «Sein» nicht nur das zuhandene, sondern auch das im hoffenden Ausgriff utopische, das Noch-Nicht-Sein mitmeint).

Religiös ist eine Bewußtseinssituation, die 1) die Sinnfrage als beantwortbar zuläßt, 2) die Sinnfrage positiv (und nicht nur negativ im Ausmachen, was alles nicht Sinn des und der Menschen Leben sein kann) beantwortet, und 3) das «Absurde» als mögliche positive Antwort ausschließt.[2]

Religiöses Bewußtsein setzt einen erheblichen Stand der Reflexion über den Ort des Menschen in seiner sozialen, kosmischen und historischen Welt voraus, eine Reflexion, die an eine entwickelte Sprache gebunden ist, denn eine unentwickelte Sprache erlaubt bestenfalls dumpfes Ahnen, nicht aber bewußte Reflexion. Diese Bestimmung des religiösen Bewußtseins zeigt, daß es keinesfalls eine absolute Sonderstellung einnimmt, sondern eine notwendige Begleiterscheinung eines zu einem bestimmten Grad der Entwicklung gelangten reflektierenden Bewußtseins ist, gegen das die unreligiöse Interpretation von Welt sekundär, als Protestation, erscheint. Sicherlich gibt es vorreligiöses Bewußtsein ohne religiöses, nicht aber unreligiöses oder antireligiöses ohne religiöses.

Von einer bestimmten Schwelle an, die gekennzeichnet ist durch die Fähigkeit, Grenze von Welt zu erfahren, zu erfassen und zu reflektieren, trat notwendig religiöses Bewußtsein auf, um die durchaus reale Welt *jenseits* der Grenze zu bewältigen, sich im unheimlichen Dunkel heimisch zu fühlen, die Angst vor dem Anspruch des Dunkels zu wandeln in Hoffnung. Religion wurde damit als durchaus kreatürlicher Bewußtseinsinhalt möglich und wirklich.

Nach diesen Vornotizen können wir versuchen, den Bereich unseres Themas abzuschreiten. Sehr wohl: es wird ein Abschreiten, ein Gehen auf schmalen Wegen sein.

Beginnen wir mit einer Frage, deren Beantwortung für das Folgende zentral wichtig ist: Wie steht es mit dem Verständnis der Schöpfung als Gnade? Nur wenn wir legitim von Schöpfungsgnade sprechen können, wird eine gnadenhafte Offenbarung Gottes durch und in Schöpfung möglich sein.

1. Schöpfungsgnade?

Was Gnade sei, ist seit den Anfängen der Kirche umstritten. Zum ersten Mal spitzte sich die Frage im Streit um die Gnadenlehre des Pelagius (um 370–420) zu. Seitdem probt die Theologie in der Gnadenlehre den existientiellen Ernstfall. Die Gnadenlehre ist zur Psychologie des Religiösen geworden. Versuchen wir zunächst umschreibend dem beizukommen, was «Gnade» (im allgemeinsten Sinn) bezeichnet.

– Gnade ist vor allem der sich mitteilende und Kreatur informierende Gott (ungeschaffene Gnade).
– Gnade ist die von Gott ausgehende Hinordnung der Kreatur auf ihre Vollendung im Gottesreich.
– Gnade ist aus Freiheit gegeben und will Befreiung.

Vor dem Hintergrund dieser Bestimmungen wird offensichtlich, daß das Wort von der Schöpfungsgnade seinen Sinn hat. «Schöpfungsgnade» meint, daß die gesamte Schöpfung (additiv und komplexiv) von Gott frei «hervorgebracht» wurde und wesentlich auf ihn hingeordnet ist, so daß sie ihre Vollendung im Gottesreich, der strukturellen Einigung von Gott und Kreatur, findet. Das «hervorgebracht» sagt, daß Welt nicht ohne Gott sein kann, bezeichnet also nicht notwendig einen einmaligen «Akt Gottes». An anderer Stelle haben wir darauf verwiesen, daß wir die Schöpfungsrelation Gott – Welt nicht in Analogie zur Wirk-Ursächlichkeit, sondern in der Analogie zur Form-Ursächlichkeit gegründet sehen.[3] Schöpfungsgnade bezeichnet die Situation von Welt, die es ihr nicht erlaubt, aus dem Wesensbezug auf Gott auszuscheren. Diese Schöpfungsgnade manifestiert sich in folgenden Fakten:

1. Welt kann nicht ohne Gott sein.
2. Welt ist auf Gott hin. Er ist ihr Ziel (der Zielpunkt ihrer Evolution wie ihr Sinnziel).
3. Gott ist in allem Geschaffenen (den Dingen, Situationen und

Ereignissen) allgegenwärtig. Nur in ihnen kann er gefunden werden.[4]

Wenn Schöpfung zu sich kommt und sich als Schöpfung weiß, also am Ort des Menschen, erhält die Schöpfungsgnade noch eine weitere Dimension:

4. «Gnade ist die dem Menschen geschenkte konkrete Freiheit», kraft deren er sich und mit sich die nicht-menschliche Kreatur bewußt in Gottesreich zur Vollendung bringen kann. Der Mensch in seiner Freiheit realisiert das «nach Gottes Bild geschaffen».

Alle genannten Manifestationen von Gnade sind Ausdruck und Ausfluß göttlicher Liebe, insofern Liebe Selbstmitteilung an anderes oder andere impliziert.[5] Diese Theorie der Schöpfungsgnade ist orientiert an der Lehre früher Schriftsteller der Kirche. Der Dualismus Gnade–Natur (übernatürliche Gnade–natürliche Gnade), Schöpfung–Inkarnation, Sünde–Erlösung … ist ihnen fremd. Doch wie dieser gedankliche Dualismus aufzuheben sei, war umstritten. Pelagius und Augustinus wurden zu den klassischen Vertretern extremaler Positionen hochgespielt: Pelagius wollte die Gnade (bzw. die Gnadenordnung) aufgehoben (verwahrt wie erhoben) wissen in dem, was er «Schöpfung» (Natur) nannte; Augustinus setzt den Akzent konträr: Die Dialektik zwischen Natur und Gnade wird aufgehoben in die dialektische Einheit «Gnade». Bei aller Differenz der Akzente sollte man auf dieser Stufe der Reflexion jedoch nicht vergessen, daß die Differenz zwischen Augustinus und Pelagius eher terminologischer denn sachlicher Art ist: Beiden geht es darum, jeden Dualismus zu vermeiden.[6] Sicherlich hat dieser differente Aspekt in der «Gnadenlehre» zur Entwicklung verschiedener Lehren von Erbsünde, Inkarnation … geführt[7], doch sollte man ihn nicht überschätzen, denn bei allen Differenzen überwiegt doch das Bemühen um dialektische Einigung der gespaltenen Begriffe. Beide denken radikal anti-arianisch («una operatio» von Schöpf*er* und

Erlöser). Der entscheidende Grund für die antipelagianische Theologie des Augustinus scheint in seiner Meinung begründet zu sein, daß die «Natur», von der Pelagius spricht, nicht mehr existent sei – der Mensch durch den Sündenfall der Stammeltern aus der von Gott gewollten «Natur» herausgetreten sei.

Beide Positionen – der Augustinismus und der Pelagianismus – führten in radikaler Zuspitzung zur Ausbildung von Theologien, die der Lehre der Kirche widersprachen. Ein übertriebener Antipelagianismus ist ebenso gefährlich wie ein übertriebener Antiaugustinismus. Während die Kirche jedoch die Lehre des Pelagius schon acht Jahre nach dessen Auftauchen in Rom durch das 15. Konzil von Karthago (418) verdammte (D 222—230) und damit dem Antipelagianismus die Möglichkeit gab, sich ungestört bis hin zur antikirchlichen Doktrin zu entfalten, förderte sie den Augustinismus. So dekretierte das 2. Konzil von Orange (529): «Wenn jemand sagt, daß wir ohne göttliche Gnade glauben, wollen, wünschen, etwas versuchen, erarbeiten, erbeten... könnten... wie es sich (für einen Menschen) geziemt..., der widerspricht dem Apostel, wenn er sagt: ‹Was hast du, es sei denn du hättest es zuvor empfangen?› (1 Kor 4,7) und: ‹Durch die Gnade Gottes bin ich, was ich bin› (1 Kor 3,15).»[8]

Der sich auf Augustinus berufende Antipelagianismus ging jedoch in der Folge daran (offensichtlich, weil ihm dialektisches Denken zu schwierig war), den zitierten Text auszuhöhlen und in einen von Augustinus nicht gewollten Dualismus hineinzusteuern. (Ansätze dazu finden sich schon bei Augustinus selbst.) Mit der Leugnung der Schöpfungsgnade und der radikalen Akzentuierung der Erlösungsgnade begann der fatale Dualismus, das Zerbrechen der religiösen Weltinterpretation in zwei Ordnungen, der «weltlichen» und der «göttlichen». Der universelle Anspruch des Religiösen verkümmerte in genau dem gleichen Umfang, als sich die Welt als weltlich verstehen und interpretieren ließ. Der religiös bedachte Rest wurde kleiner bis hin zur

Grenze der Unerheblichkeit. Die Gnade wurde aus der Erfahrungswelt eliminiert und damit der Raum des Religiösen, das Unerfahrbare, der transzendente Gott.
Die folgende Übersicht soll – stark schematisiert und etwas willkürlich etikettiert – die beiden Positionen vorstellen:

	«Pelagianismus»	«Augustinismus»
Schöpfung	als Gnade (Liebe)	aus Freiheit
Erbsünde	Welt als Sache (metahistorisch)	Folge der Ursünde (historisch)
Sünde	Welt als Sache (individuell)	Abwendung von Gott
Inkarnation	Welt mit Gott «Befreiung»	«Erlösung»

Wir werden im Folgenden noch auf dieses Schema zurückkommen. Offensichtlich ist jedoch die erste Spalte an Schöpfungs-, die zweite mehr an Wortoffenbarung orientiert. Der Sieg des Augustinismus gegen den Pelagianismus entartet im unguten Antipelagianismus zu einer einseitigen Betonung der Bedeutung der Wortoffenbarung. Als sich die Menschen – jenseits von wortverwaltender Theologie – der Natur (in den aufkommenden Naturwissenschaften) zuzuwenden begannen, waren Theologie und Kirche so stark auf den «Augustinismus» fixiert, daß sie zunächst die Naturwissenschaften und ihre Aussagen mit der zu kurzen Elle der Wortoffenbarung maßen, dann aber, als die Naturwissenschaftler dieses Messen ignorierten, sich ausschließlich auf die Verwaltung und Vermittlung der Heilsinformation, die das Wort der Schrift und der Tradition enthält, beschränkte.

Diese Beschränkung wiederum profanisierte die «Welt», entließ sie als Instanz religiöser Ansprüche und Sprüche aus dem Religiösen.

Erst das Zweite Vatikanische Konzil bestimmte wieder (allerdings noch recht dualistisch):

Die Christen, unterwegs zum Gottesreich, müssen suchen und sinnen, was oben ist; dadurch wird jedoch die Bedeutung ihrer Aufgabe, zusammen mit allen anderen Menschen am Aufbau einer menschlicheren Welt mitzuarbeiten, keineswegs vermindert, vielmehr wächst sie nur... Wenn nämlich der Mensch mit der Arbeit seiner Hände oder mit Hilfe der Technik die Erde bebaut, damit sie Frucht bringe und eine würdige Wohnstatt für die gesamte menschliche Familie werde... dann führt er den schon am Anfang der Zeiten kundgemachten Plan Gottes aus, sich die Erde untertan zu machen und die Schöpfung zu vervollkommnen, und bildet zugleich sich selbst. (Über die Kirche in der Welt von heute, Nr. 57).

Wenn auch ein und derselbe Gott Erlöser und Schöpfer, ein und derselbe Herr der menschlichen Geschichte und der Geschichte des Heils ist, so wird doch in eben dieser göttlichen Ordnung die rechte Autonomie der Schöpfung und besonders des Menschen nicht nur nicht aufgehoben, sondern in ihrer Würde wiederhergestellt und bestätigt. (a. a. O. Nr. 41)

Wer demütig und ausdauernd das in den Dingen Verborgene zu durchdringen sucht, wird, auch wenn er sich dessen nicht bewußt ist, von Gott, der alle Dinge hält und ihr Sein bestimmt, an der Hand geführt. Deshalb sind gewisse Geisteshaltungen, die einst auch unter Christen wegen eines ungenügenden Verstehens der rechtmäßigen Autonomie der Wissenschaft nicht fehlten, zu bedauern. Die dadurch entfachten Streitigkeiten und Kontroversen führten dazu, Glauben und Wissenschaft als Gegensätze zu betrachten. Wird aber mit den Worten «Autonomie der zeitlichen Dinge» gemeint, daß... der Mensch sie ohne Bezug auf ihren Schöpfer gebrauchen könne, spürt jeder, der Gott anerkennt, wie falsch eine solche Auffassung ist. (a. a. O. Nr. 36)

Das ist sicherlich noch ein recht zögerndes Bekenntnis, die religiöse Bedeutung der Schöpfung zu erheben. Es gilt, dem ersten Schritt weitere folgen zu lassen.

Im Folgenden möchte ich einige Gedanken vorlegen, die das Verständnis von Welt als gnadenhafter (geschenkter und total auf Gott gerichteter) Wirklichkeit erleichtern könnten.

a) Gott und Welt

Das Problem des (dialektischen) Zusammens und Auseinanders von Gott und Welt zu erklären und in Handlungsmaximen für den Menschen in Welt zu übersetzen, ist *die* Aufgabe der Theologie. Wir möchten grundsätzlich zwei Erklärungsansätze unterscheiden: der erste verwendet das Modell «Wirkursache», der andere das der «Formursache». Beide seien hier kurz dargestellt.

Das *Modell «Wirkursache»* hat sich vor allem die Scholastik zu eigen gemacht, und insofern selbst in der modernen Theologie noch ein gut Teil Scholastik steckt, ist es das verbreitetere. Selbst die christliche Religiosität hat sich an diesem Modell orientiert. Es versucht das Zusammen von Gott und Welt in Entsprechung zur Wirkursache zu erklären. Danach greift Gott wie eine äußere Ursache in das Weltgeschehen durch Begnadung, Wunder, Inkarnation, Inspiration … ein. Wir haben an anderer Stelle[9] darauf verwiesen, daß die wirkursächliche Interpretation von Schöpfung erhebliche philosophische und empirisch-wissenschaftliche Bedenken mit sich bringt. Andererseits war es aber gerade die Vorstellung, daß Gott diese Welt zu einem bestimmten Zeit*punkt* (zusammen mit der Zeit[10]) geschaffen habe, die das Modell «Wirkursache» stützte. Gott wurde zur «Erstursache», zum «subsistierenden Sein», zum «absoluten Sein» … degradiert und so recht handlich – bis hin zur Zuhandenheit – gemacht.[11] Im Hintergrund solchen Gottesverständnisses stehen ontogenetisch und phylogenetisch infantile Gottes*bilder*[12], zumindest aber werden solche Gottes*bilder* durch die Annahme, Gott wirke von außen auf diese Welt ein, gestützt und verfestigt. Hierher gehören die Bilder vom weltfremden, radikal transzendenten Gott, vom Gott als einer manipulierbaren Instanz, die wir durch unser Wohlverhalten in ihren Stimmungen und Launen manipulieren könnten. Kindlich sind solche Bilder, als sie der kindlichen Erfahrung entsprechen, daß nichts auf dieser Welt vollkommen gut, wahr, mächtig … ist und somit also

Gott ins Weltaußen projiziert werden müsse; daß alle Autorität durch Wohlverhalten in ihrer Wirkung manipuliert werden kann – somit auch die Autorität.

Der Dualismus von Gott und Welt wird zur Grundlage der (kindlichen) Religiosität. Offensichtlich führt, da beide Bilder von Gott – das vom weltfernen und das vom von außen veränderlichen – nicht mit einem entwickelten Monotheismus vereinbar sind, solche Vorstellung zur Religiosität vor einem Ungott. Zu Recht ist «die frühere Religion... der spätere Götzendienst» [13]. Religiöses Bewußtsein entwickelt sich, orientiert sich zwingend an den profanen Inhalten menschlichen Bewußtseins. Die Entwicklung des religiösen Bewußtseins aber erlaubt es uns heute nicht mehr, die alten Bilder zu benutzen. Sie werden zu Bildern vom Ungott.

Im Modell «Wirkursache» gehören Welt und Gott zu zwei verschiedenen «Gegenstandsbereichen», die nach Art von Wirkursachen miteinander verbunden sind. Da kann dann Inkarnation unverbunden neben Schöpfung, Gnade unverbunden neben Natur, Erlösung unverbunden neben Sünde stehen. Sicherlich verbindet auch dieses Modell die wesentlich relationierten Begriffe (Erlösung etwa, weil «Erlösung» immer «Erlösung von etwas» sagt), doch ist die Beziehung äußerlich und nur – weil denknotwendig – auf solche Begriffe beschränkt.

Im Modell «Wirkursache» fächert sich das «kausale» Zusammen von Gott und Welt in eine reiche Palette von göttlichen Tätigkeiten in Welt auf. Es besteht die Gefahr einer magischen Weltinterpretation, die Gott nach Art einer geheimnisvollen Kraft denkt, die auf mancherlei Art in diese Welt wirkt. Von seinem metaphysischen Olymp schleudert «Gott» Blitze, sendet er seine Boten aus, schickt er Hilfe... Ja, das Gottesreich selbst wird zum «Himmel», zum irgendwie lokalisiert verstandenen «Jenseits», zum metaphysischen Olymp. Und wiederum wächst die Gefahr einer gefährlichen Fehlinterpretation der christlichen Botschaft: Nicht auf einen fernen Himmel hin ist sie orientiert, will sie orientieren, sondern auf das Ziel der Schöpfung. «Dieser Kosmos», als dieser sicher immer *auch* böse und gefährlich, *auch* Bedrohung, will aber wieder in seiner Geschöpflichkeit eingesetzt und damit zum Ort der Gnade werden, um endlich in der Vollendung seiner Geschöpflichkeit Gottesreich zu werden. Endgültig «böse» wird «dieser Kosmos» also erst, wenn er aus seiner Geschöpflichkeit entlassen, sich selbst überlassen bleibt. Er wird zum Widerpart des Gottesreiches, insofern er sich gegen seine Geschöpflichkeit, seine Gnadenhaftigkeit sperrt und in einen Selbststand gesetzt wird, der nichts mehr von dem Verweis auf seinen gnadenhaften Ursprung und seine gnadenhafte Erfüllung weiß.

Das *Modell «Formursache»* begreift Gott und Welt in einem funktionalen dialektischen Zusammen, als funktionale dialektische Einheit, so daß alles, was an Wirkursächlichkeit geschieht in und an Welt, eine kosmische und eine göttliche (gnadenhafte) Komponente (als Momente dialektischer Einheit) hat. Das ist sicherlich nichts Neues, denn die scholastische Lehre vom «göttlichen Mit» (dem «concursus divinus») meint genau dasselbe. Neu ist allerdings, daß das Modell «Formursache» Ernst macht mit dem universellen Anspruch dieses göttlichen Mit.

Sicherlich ist es heute schwerer geworden, das Zusammen Gottes mit Welt nach Art einer Formursache zu verstehen, denn unser Bild von Welt ist ein Bild von der Welt des Menschen, der gemachten vor allem, geworden. Technische Rationalität aber reduziert den Ursachenfächer auf nur eine: die Wirkursache. Dennoch gibt es auch heute noch verständliche Bilder von Formursache, einer Ursache, die nicht durch «actio», sondern durch «informatio» verursacht. Immer da, wo Strukturen tätig werden, werden sie es nicht als wie durch eine bloße Summe ihrer Elemente, obschon oft ein Element Träger der Wirkursache der Struktur sein kann. Struktur wird über Summe hinaus durch eine spezifische «informatio». So ist die Struktur «Gesellschaft» mehr als die Summe ihrer Elemente, sie wird auch anders wirksam, als durch Ausmittelung des Verhaltens ihrer Elemente zu erwarten stände. Träger der Wirksamkeit (Wirkursache) kann aber durchaus ein Element der «Gesellschaft» sein. Auch die Struktur «Mensch» ist mehr als die Summe ihrer Elemente, etwa des psychischen und somatischen Strukturmoments (beide sind ihrerseits wieder Strukturen). Nur ein platter Cartesianismus kann den Menschen in additiv zwei Teilstrukturen, die res extensa und die res cogitans, zerlegen, die dann wirkursächlich miteinander verbunden werden. Der Mensch *besteht* nicht aus Leib *und* Seele, wenn man das «und» als additive Verknüpfung versteht, sondern *ist* eine psychosomatische (strukturierte Einheit), in der der psychische Anteil die «informatio» übernimmt.[14] Wir wollen hier keineswegs die «Geistigkeit» der «Seele» behaupten, wenn man mit «Geistigkeit» einen Zustand bezeichnet, der unabhängig von «Leiblichkeit», von «Materialität», auch nur denkbar wäre, sondern die Immaterialität des informierenden Strukturmoments, immateriell, nicht weil nicht vielleicht einmal auf in Materie enthaltene Information (etwa die der DNS oder/und RNS) reduzierbar, sondern immateriell, weil Information nicht materiell ist und der Informationsträger also immaterielle Substrukturen besitzt (etwa in der Codierung). Psyche, als Grund von Handlungsmotivationen verstanden (als Grund also der motivationalen Verarbeitung von Es-, Ich-, Überich- und Selbstaußenimperativen), übernimmt, ohne daß wir seine ontologische Konstitution über die Feststellung seiner Strukturfunktion und Struktureigenschaften hinaus behaupten müßten, die Information der somatischen Strukturkomponente, ja ist der informierende Grund für die Strukturhaftigkeit der somatischen Komponente. Gesellschaft wird zur Gesellschaft, Mensch zum Menschen erst durch die Annahme einer Entität, die durch «informatio» das Ganze von Gesellschaft, von Mensch (als Struktur) *verursacht* (nicht aber bewirkt). Wenn der Mensch als Mensch wirkursächlich tätig wird, dann als psychosomatische Struktureinheit, wobei die Teilstrukturen (Psyche und Soma) jedoch in verschiedener Weise und Intensität in die Wirkursächlichkeit eingehen. Gehen etwa bedarf weniger «informatio» als Denken.

Wir möchten nun annehmen, daß das Zusammen von Gott und Welt *nach Art* der Formursächlichkeit optimal erklärt werden kann. Dabei setzen wir im allgemeinen keine Struktureinheit von Gott und Welt voraus (diese wurde erst mit Jesus und dem mit ihm beginnenden Gottesreich realisiert), sondern eine funktionale, doch so, daß die beiden «Komponenten» nicht wirkursächlich aufeinander bezogen werden, sondern nach Art der Formursache, wobei Gott den Part der informierenden Instanz übernimmt.

Diese kann sehr verschieden informieren: Im Wirken *gegen* das Weltziel (das Gottesreich) ist er gering, im Wirken *für* das Weltziel ist er intensiv. Andererseits sind «Wunder» ... in der üblichen Interpretation – Gott wirkt gegen die Gesetze der Welt auf Welt ein – auszuschließen.[15] «Wunder» sind vielmehr vom außerordentlichen Engagement Gottes in der funktionalen Welt–Gott-Einheit (als spezifische Form der «informatio» also) her zu interpretieren, derart daß eine Hinordnung der sich «wundernden» Menschen auf das Gottesreich erfolgt. Dabei können sich Wunder durchaus als sinnlich wahrnehmbare Ereignisse formulieren.

«Schöpfung» – wenn sie nicht als wirkursächliches Tun Gottes interpretiert werden kann – wird dann bedeuten, daß Welt nicht ohne Gott sein kann, daß Welt radikal auf Gott hingeordnet ist. Diese Hinordnung, zunächst durch das funktionale Zusammen von Gott und Welt bestimmt, impliziert eine Evolution des Kosmos hin auf seine kreative Vollendung, in der der Kosmos – als Schöpfung – in eine Struktureinheit mit Gott eintritt. Diese

Struktureinheit begann mit Jesus von Nazareth, als Gott einen Menschen erstmals in die Struktureinheit mit sich nahm, und wächst seitdem unter uns heran hin auf die Vollendung dieser Einheit (des «Gottesreiches»), in dem die ganze Schöpfung, insofern sie sich nicht in Freiheit gegen diese Einigung entschied, in Struktureinheit mit Gott von Gott angenommen wird. Das Dogma von Gott als dem Ziel aller Dinge (D 3004) erhält von hier her seine Bedeutung. Nicht dagegen behauptet das Bild von der Struktureinheit Gott–Welt den Untergang des Kosmos aus seinem relativen Eigenstand, wie ja auch die menschliche Natur Jesu nicht durch die Struktureinheit mit Gott unterging. Das Bild verweigert sich jedem Monophysitismus, wonach die menschliche Natur Jesu in der göttlichen wie «ein Tropfen Milch in einem Ozean» unter- und aufgegangen ist[16], zugleich aber auch jedem Pantheismus, wonach Gott nicht «alles in allem», sondern alles Gott ist. Endlich verbietet uns das Bild von der funktionalen und strukturellen Einheit, die Inkarnation, die «Menschwerdung Gottes», als außerhalb des Schöpfungsinns gelegen zu interpretieren. Wenn Gott nur auf sich hin schaffen kann, wird man kaum die Inkarnation als von menschlicher Sünde abhängiges Ereignis interpretieren können, sondern als beginnende Realisierung des Schöpfungsziels verstehen müssen. Die Christusgnade (letztlich also das Gottesreich und alles, was darauf hinordnet) ist konsequenter Ausdruck der Schöpfungsgnade.

Doch auch die *Sünde* erhält von hier her ihre Deutung. Sie ist der Mißbrauch Gottes in einer freien Tat des Menschen (oder einer frei gewählten Grundentscheidung) gegen das Schöpfungsziel, eine Verweigerung der Ansprüche des Gottesreiches (des kommenden, des werdenden oder des vollendeten). Insofern auch menschliches Tun immer bestimmt ist (als wirkursächliches) von beiden Komponenten der Funktionseinheit Gott–Welt), wird es im Handeln gegen Gott und das Schöpfungsziel zu einer

Ungeheuerlichkeit. Gott wird nicht in seiner Stimmung negativ beeinflußt, wie es ein infantiles Gottesbild zuläßt, sondern mißbraucht. Der sich in der Schöpfung und ihrem Ziel ausdrückende Wille Gottes steht dem des Menschen – in der Sünde – entgegen, eine Möglichkeit, die Gott zuläßt, wenn er in der Phase der Funktionseinheit kreatürliche Freiheit zuläßt, die in dieser Situation (nicht aber mehr in der der Struktureinheit) des Gott-Entgegen erlaubt. Dieses Gott-Entgegen ist das Sich-Verweigern gegenüber den Ansprüchen des Schöpfungsziels (entweder, daß die Kreatur an die Stelle Gottes gesetzt wird, oder im offenen Ungehorsam gegen die aus der Kenntnis des Ziels erhebbaren Imperative).

Ferner erhält das, was *Erbsünde* meint, seinen Platz im Bild. Erbsünde bezeichnet die menschliche Grundbefindlichkeit, sich, solange noch nicht die Struktureinheit realisiert wurde, gegen das Schöpfungsziel entscheiden zu *können*. Sie ist Ausdruck der Freiheit des Menschen in dieser Weltsituation. Sicherlich wird man sich fragen können, ob Gott auch eine andere kreatürliche Ordnung, in der sich etwa das Schöpfungsziel im optimalen bloß funktionalen Zusammen (ohne die Ausrichtung auf die Struktureinheit in Gottesreich) realisiert, hätte schaffen können (eine Ordnung der «reinen Natur» also). Doch ist diese Frage abstrakt, das heißt an der konkreten Welt vorbei und von ihr «absehend». Sie mag theologisch relevant sein – religiös ist sie allemal unerheblich, insofern sich Religiosität an der einmal vorhandenen Ordnung zu orientieren hat und sich nicht in abstrakte Konstruktionen flüchten darf.

Erbsünde kann jedoch nicht in diesem Bild auf eine konkrete Ursünde zurückgeführt werden, eine Rückführung, die allemal problematisch ist, weil sie auf einem Mißverstehen der mythischen Aussagen der Heiligen Schrift beruht. Mythologisches Sprechen ist immer notwendig, wenn Menschen vor einer Situation stehen, die sich nur in Bildern beschreiben und verstehen läßt. Im Gegensatz zum Märchen erzählt der Mythos nach Art eines historischen Ereignisses eine metahistorische Situation (Schöpfung, Erbsünde...). Im Falle der Erbsünde soll also berichtet und im Bericht *erklärt* werden (solche Erklärungen sind immer unzulänglich, denn das Zusammen und Auseinander von Gott und Welt läßt sich wegen der Welttranszendenz [Gott ist nicht Welt] Gottes und der daraus resultierenden Sprachtranszendenz, nur im Bild erklären) die Unheilssituation, in der sich der Mensch befindet, indem er sich frei gegen Gott entscheiden *kann.* Zudem wird miterklärt das Fascinosum dieser Welt, das es erlaubt, Schöpfung als Sache ohne Gott zu gebrauchen, zu interpretieren. Das Einsetzen der Schöpfung als Sache und damit die weltliche Interpretation von Welt ist sicher abstrakt, aber wegen der erfahrenen Weltnähe, bei gleichzeitiger Vermutung der Gottferne, immerhin möglich. «Erbsünde» ist also ein Wort zur Bezeichnung der Möglichkeit des Menschen, sich frei Schöpfung so anzueignen, als ob sie eine gottlose Sache sei.

Man wird also das mit «Erbsünde» Gemeinte durchaus in den Kategorien der Entfremdung ausdrücken können. Bedingung der Möglichkeit von Erbsünde ist die ontologische Entfremdung eines freien Geschöpfs von seinem Schöpfer, d.h. wenigstens das Fehlen einer Struktureinheit von Schöpfer–Geschöpf. Die tatsächliche Erbsünde bringt dann mit der Fehlinterpretation der eigenen Situation als geschöpflicher oder anderer Dinge als geschaffener, die durch diese Fehlinterpretation zu gottlosen Sachen werden, eine Verkennung der realen Struktur von Welt mit sich, die mit Notwendigkeit zu entfremdetem Verhalten gegenüber Welt (in allen ihren Dimensionen: dem Selbst, der Gesellschaft, der Geschichte, dem «Kosmos») führt. Erbsünde ist also Selbstentfremdung, Fremdwerden der Schöpfungsbedeutung, mit der Gefahr, sie gar zu übersehen. Der Mensch lebt in einer ihm fremden Welt (fremd, weil sie es ihm leicht macht, ihn mitunter gar zu nötigen scheint, ihre Gotthaltigkeit zu übersehen) – und er weiß darum. Dieses elementare Erlebnis, diese Grunderfahrung, daß Welt ihr Eigentliches verdunkelt – sicherlich eine Folge der ontologischen Entfremdung –, daß sie fremd ist allem Menschlichen, daß sie sich sperrt, ihr Geheimnis – im Guten und Bösen – dem Menschen mitzuteilen, es mit ihm zu teilen, ist weitgehend identisch mit der *Erfahrung* der Erbsünde. Die Bedingung der Möglichkeit der individuellen Sünde ist in dieser konkreten Welt die ontologische und gnoseologische Entfremdung des Menschen von Gott und Welt sowie von der fundamentalen Relation der «informatio» (Gott→Welt).

Endlich läßt die Erklärung des Gott–Welt-Zusammens und -Auseinanders durch die Formursächlichkeit Gottes auch die *Gottesbilder* reifer werden. Die Gefahr schwindet, Gott in ein fernes Jenseits zu bannen, von wo aus er wirkursächlich die Welt regiert, wie auch jede andere, Gott zu einer manipulierbaren Autorität zu degradieren. Es ist kaum verständlich, wie die Menschheit einerseits einen reflektierten Theismus (mit dem notwendigen Implikat der Einsicht, daß Gott allgegenwärtig sein müsse) entwickeln und anderseits am «Wirkursachemodell» festhalten konnte. Es entstammt zweifelsfrei mythischen Zeiten, da der Mensch der Wirkursache als einziger Ursache in seiner Weltreflexion begegnete und Gott in die Nischen seiner Unwissenheit, der nicht durch weltimmanente Wirkursachen erklärbaren Ereignisse einsiedelte. Nimmt man die Allgegenwart Gottes ernst, glaubt man daran nicht nur in der theologischen Theorie, sondern auch in der religiösen Praxis, drängt sich das Modell der Formursächlichkeit geradezu auf. Ich denke, daß man sehr wohl Gott als «Weltseele» verstehen darf, wenn man zugleich daran festhält, daß er personales Du ist und «Seele» in diesem Wort ein zunächst bloß funktionales Zusammen Gottes mit Welt bedeutet.

Doch auch das Bild vom «manipulierbaren Gott» wird unmöglich, da «Manipulation» ein wirkursächlicher Vorgang ist, der voraussetzt, daß der Manipulator und der zu Manipulierende derart entzweit sind, daß der zu Manipulierende als externe Autorität, die belohnt oder bestraft, angenommen wird.

Das bedeutet nicht, daß das Bild vom «lohnenden» und «strafenden» Gott grundsätzlich falsch wäre, nur wird es aus seiner Wirkursächlichkeitsverbindung entlassen. «Himmel» und «Hölle» sind nicht Folgen eines wirkursächlich wirkenden Gottes, sondern Situationen des Menschen vor dem Anspruch der schöpferischen Vollendung im Gottesreich. Nur wer den Ansprüchen einer unendlichen Liebe genügt, nur wer im endlichen Lieben unendliches Lieben (deren Abbild sich im Gebot der Feindesliebe widerspiegelt) lernte, wird zu Gott, als dem in seinem Dusein unendlichen Du (oder dem in seinem Wirsein unendlichen Wir), «Ja» sagen, wird auch das Angebot unendlicher Liebe akzeptieren können. Das das Selbst erst zur vollen Erfüllung bringende unendliche Liebenkönnen und Unendlich-geliebt-werden-Können bedeutet – realisiert – «Himmel», Eingang in die Struktureinheit mit Gott. Sicherlich hat Jesus uns versöhnt, doch nicht «nur» mit Gott, sondern auch mit uns selbst, mit Gesellschaft und Welt. «Es war Gottes Ratschluß ..., durch ihn [Jesus] die ganze Welt in ihn hinein zu versöhnen ..., durch ihn zu versöhnen alles das, was auf der Erde, als auch das, was in den Himmeln ist», schreibt Paulus (Kol 1,19 f.) und er ergänzt: «Ihr seid ja doch gestorben, und euer Leben ist mit Christus zusammen in Gott geborgen». (3,3) Diese Paulusworte betreffen offensichtlich *diese* Welt im Zustand der aufgehobenen Unversöhntheit, der aufgehobenen Entzweiung, denn «alles ist durch ihn und für ihn geschaffen und das ganze Weltall hat in ihm [Jesus] seinen Bestand». (Kol 1,16 f.)

b) Gedoppelte Erkenntnis?

Die Lehre von der doppelten Offenbarung[17] hatte die von der doppelten Erkenntnis zur Folge. Mit der Behauptung des Primats der Wortoffenbarung vor dem der Schöpfung wurde letztere nicht selten auf einen Platz verwiesen, der kaum mehr das Wort «Schöpfungsoffenbarung» als legitim erscheinen ließ. Seit sich die «Theologie der Wortoffenbarung» (und zunehmend mehr verstand sich Theologie als ausschließlich der Wortoffenbarung verpflichtet) der Schöpfung nur noch unter dem Aspekt des *über* sie gesprochenen und offenbarten Wortes verstand, schuf sie die Kluft zwischen der «natürlichen Erkenntnis» und der «Glaubenserkenntnis», die den erkennenden Glauben ausschließlich am inkarnierten Logos orientierte. Das schöpferische Wort, das sich *in* Schöpfung aussagende Wort, wurde stumm und kam erst zur Sprache im «Lichte der Wortoffenbarung», obschon der von einem gebildeten judenchristlichen Schriftsteller um 90 n. Chr. verfaßte «Hebräerbrief» sicherstellte, daß «wir durch Glauben erkennen, daß die Welt durch Gottes Wort gerufen worden ist». (11,3)

Es ist nicht das Wort, das die Offenbarung zur Sprache bringt, sondern der Glaube – und das gilt für beide Formen des sich offenbarenden Ausdrucks: die der Schöpfung wie die des Wortes. Sicherlich setzt der Glaube das Hören voraus, doch auch die Schöpfung spricht, wenn auch nicht zuerst, durchs Wort. Wäre das Hören des Wortes notwendig fürs Glauben, stellte sich die Frage, ob denn das Wort ohne Glaube Glauben aus- und zuspricht. Der Zirkel von Wort und Glaube wäre perfekt. Wir möchten daher das Glaube voraussetzende Wort nicht als einzigen Grund des Glauben zeugenden Hörens verstehen. Auch das Wort offenbart nur, wenn zuvor geglaubt wird (wie auch die Schöpfung stumm bleibt ohne Glaube).

Sehr wohl gilt es zu unterscheiden zwischen Glaube (als Gnade), Glauben (als begnadete menschliche Funktion) und dem Geglaubten. Der Glaube als reines Angebot Gottes, als Aufforderung zum Hören des Wortes wie zum Anhören von Schöpfung, ist zugleich mit der Gabe verbunden, das Gehörte zu verstehen.

Die im Menschen hörend und sprechend gewordene Schöpfung hört und spricht aus Gnade (der der Schöpfung allemal) und hört im Schweigen vor dem Lärm der versachlichten Schöpfung den in allem wesenden Gott. Gott läßt sich hören, sich vernehmen in allen Dingen und Situationen bis hin zu der der Sünde, die nichts anderes ist als Erfahrung *und* erfahrener Ausdruck *und* ausgedrückte Handlung oder Stellung der Nichtversöhntheit dieser Welt mit sich selbst und damit auch mit ihrem Ziel, dem Gottesreich. Sünde macht taub. Ja auch: felix culpa.
Glauben ist das angenommene Angebot zu hören. Dieses Angebot geschieht in Schöpfung *und* Wort. Zugleich aber ist es das Ergreifen des Gehörten. Da hat das Wort seine relative Dominanz: Das geoffenbarte Wort, das offenbart, gibt dem Glauben (als Funktion von Gott und Mensch im funktionalen Zusammen) Inhalte, die der Spruch der Schöpfung nicht kennt, das Geheimnis. Geheimnis wird offenbar durch das offenbarende Wort. Zugleich aber verschweigt das Geheimnis sich selbst, denn es kann nicht vom Menschen gesprochen werden. Es offenbart sich als Frage und nicht als Antwort. (So ist die Einheit im Glauben eher die Einheit im Fragen denn im Antworten.) Es offenbart sich im Abbild und nicht im Urbild. Nur wenn es gelingt, Wort und Schöpfung in eins zu sehen, ist es nicht ein mysteriöser Fremdkörper im Raum des Religiösen.
Doch hat das Glauben außer dem Hören aufs Wort und im Lauschen auf die Sprache der Schöpfung noch andere Quellen, die deutlich machen, daß die Schöpfungsoffenbarung zum Sehen bringt. Es ist das sicherlich ein Sehen mit geschlossenen Augen (wie auch das Hören des Glaubens ein Hören in der Stille ist). Das offene Auge sieht nicht das Licht, sondern allenfalls die erleuchtete Sache und damit nur mittelbar und reflektiert das Licht. Nur das geschlossene Auge sieht das Licht, sieht es, wenn die Sachen unsichtbar werden. Mag auch die Etymologie des Wortes «Mystik», wenn sie sich auf «myein» (die Augen schlie-

ßen) beruft, umstritten sein, das Gemeinte wird doch richtig und wahr ausgesagt: Man sieht das Licht, den Grund der sichtbaren Dinge, des Sichtbarwerdens der Dinge nur mit geschlossenem Auge. «Gottes unsichtbares Wesen läßt sich seit der Erschaffung der Welt an seinen Werken mit dem *geistigen* Auge deutlich sehen», meint Paulus. (Röm 1,20) Schöpfung offenbart sich als Schöpfung also dem geistigen Auge, und das geistige Auge sieht nur, wenn das «körperliche» nicht mehr an der Sache haftet, sich vom Scheinen ablöst und sich vor ihm verschließt. Mit dem Hören ist das ganz ähnlich.

Gedoppelte Erkenntnis also? Sicherlich eine gedoppelte Erkenntnis*quelle,* doch nicht so, als wenn die eine einen anderen Urgrund hätte als die andere: Er ist beidemal der sich gnadenhaft offenbarende Gott. Gedoppelt allenfalls, insofern einmal die zur Sprache gekommene Schöpfung, das andermal das zur Schöpfung gekommene Wort spricht, einmal die funktionale, das andermal die strukturelle Einheit von Gott–Welt sich zur Sprache bringt. Sicherlich sind auch manche Offenbarungsinhalte andere: So bleibt die Offenbarung der «Geheimnisse» (Trinität, Inkarnation in, mit und durch Jesus...) dem offenbarenden Wort, das sich in der Struktureinheit des zur Sprache gekommenen Gottesreiches ausspricht, vorbehalten. Doch ist andererseits das Gottesreich nichts als der Zielpunkt, der Sinn der Schöpfung. Das zur Sprache gekommene Gottesreich offenbart seine Geheimnisse, die nicht schon die der zur Sprache gekommenen Schöpfung sind. Die Transzendenz des Vorhandenen, das niemals ganz zuhanden werden kann, wird erfüllt in der Transzendenz des Vorhandenen, das in dieser Weltzeit nicht zuhanden werden *kann.* Beide aber sind insofern Eines, als auch in der Struktureinheit Gott–Welt im Gottesreich das funktionale Zusammen von Gott und Welt nicht untergeht, sondern aufgehoben wird.

2. Wortoffenbarung versus Schöpfungsoffenbarung?

Trotz der theologisch und religiös relativen Einheit beider Offenbarungstypen gibt es zwischen beiden erhebliche Unterschiede, die die Erhebung und Verwaltung der Offenbarung betreffen.

a) «Abgeschlossene Offenbarung»

Die Wortoffenbarung ist ihrem materiellen Inhalt nach mit dem «offiziellen» Schweigen Jesu (symbolisiert durch «Himmelfahrt» und pfingstliche «Geistsendung») abgeschlossen. Sie ist virtuell vollständig enthalten in der mündlich oder schriftlich festgemachten Tradition der Lehre Jesu. Diese Feststellung des Wortes durch die Schrift ist mit der Abfassung der letzten inspirierten Schrift (vermutlich ein «johanneischer Text») spätestens wenige Jahre nach 100 n. Chr. abgeschlossen (vgl. D 3421). Das schließt jedoch weitere Entfaltungsfähigkeit der Jesusoffenbarung nicht aus. Diese Entfaltung des sich offenbarenden Logos ist der durch den Geist inspirierten Kirche anvertraut, die die Wortoffenbarung in Geiste verwaltet und schützt. Sie ist der Träger des durch sein Leben, sein Handeln und sein Wort sprechenden Jesus durch die Zeit, insofern sie Gottesreich sakramental (als wirkkräftiges Zeichen) darstellt und sein Wachsen hütet. Insofern das offenbarte Wort des offenbarenden Wortes sich auf das Gottesreich, das Heil (= die Hinordnung der Menschen auf Gottesreich) und die Versöhnung von zum Bewußtsein gekommener Schöpfung mit Gott bezieht, ist sie frei von Irrtum. Diese relative Irrtumslosigkeit des Wortes (und die absolute der Wortoffenbarung) steht im erheblichen Gegensatz zur sich immer irrenden Interpretation von Schöpfung als Gegenstand (nicht als Schöpfung), wie sie unter anderem in der Schöpfungsoffenba-

rung geschieht. In diesem Sinne steht die Wort- über der Schöpfungsoffenbarung.
Doch auch die Irrtumslosigkeit der Wortoffenbarung ist nicht ohne Probleme. «An sich» ist sie zwar irrtumslos, zugleich aber auch stumm. Wird sie zur Sprache gebracht, unterliegt sie den Regeln der Hermeneutik, die darauf verweist, daß ins sprechende Wort immer auch Elemente des Weltbildes, der Interessen, des Wissens, der Bildung... des Sprechers miteingehen, und zwar konstitutiv. Das gesprochene Wort verbindet zwar Sprecher und Hörer miteinander, setzt sie aber zugleich auch ins Auseinander. Obschon die Hermeneutik Methoden entwickelte, den Täuschungseffekt des gesprochenen Wortes zu objektivieren und zu minimalisieren, stellt sie doch zugleich fest, daß eine totale Abdeckung der Verstehenshorizonte zweier Menschen selten möglich ist. Bestenfalls haben sie einen gemeinsamen Durchschnitt, der partielles Verstehen unverstellt ermöglicht. Doch kann man nicht annehmen, daß gerade und grundsätzlich die Inhalte der Wortoffenbarung als formulierte zu diesem Durchschnitt für alle Menschen aller Zeiten gehören. Zudem verschieben sich Begriffe (nach Inhalt und Umfang) gegenüber den sie bezeichnenden Gegenständen, und die Worte (nach Inhalt und Umfang) gegenüber den Begriffen, die sie benennen. Auch die Verschiebungen der Syntax und die Differenzen der Syntax beim Übergang von einer Sprache (etwa vom Semitischen zum Indoeuropäischen) geben erhebliche hermeneutische Probleme auf[18]. Wie steht es also um die Irrtumslosigkeit der *formulierten* Wortoffenbarung?
Hier wird man darauf verweisen dürfen, daß vieles in Bildern und Gleichnissen von Jesus Ausgedrückte (vgl. das «Gleichnis vom verlorenen Sohn» ...), vieles von Jesu Tun und manches aus seinem Leben «überzeitlich» und «überregional» alle Menschen anspricht, und zwar so, daß Verständnisprobleme (über lexikalische und grammatikalische hinaus) kaum auftauchen. Doch ist

damit noch nicht der Kern des Problems getroffen. Lange Passagen selbst der Evangelien, erst recht aber der «Briefe» . . . vermitteln theologische Reflexion der frühen Christengemeinden. Und da wird Religiosität in theologisch reflektierter, an Weltbild, Wissen, Interessen . . . gebrochener Form dargestellt. Wir möchten meinen, daß hier unsere Darstellung des Zusammens von Gott und Welt weiterhelfen könnte. Die Wortoffenbarung spricht aus der Struktureinheit in die Funktionseinheit von Gott und Welt. Insofern Welt auf Gottesreich hingeordnet ist, dürfte diese Hinordnung zureichend gewährleisten, daß auch das in Funktionseinheit verwaltete und formulierte Wort sich nicht vor dem Ziel, dem Gottesreich verliert. Die Kirche als Sakrament des Reiches darf also sehr wohl für sich in Anspruch nehmen, das aus dem Gottesreich gesprochene Wort, das wesentlich irrtumslos ist, irrtumslos zu verwalten. Das funktionale Zusammen von Gott und Welt kann nicht an der Stelle mit Irrtum beladen sein, da es und insofern es auf Gottesreich hin sakramental orientiert ist.[19]

Anders die Schöpfungsoffenbarung. Sie ist nicht abgeschlossen, sondern spricht zu uns immer wieder Neues aufs neue. Sie ist radikal offen, offen, weil sowohl die sprechende Instanz wie die hörende in grundsätzlicher Entwicklung begriffen. Darüber hinaus weiß sich jeder, der sich mit Schöpfung abgibt, stets als Fragender. Schöpfung gibt nur Antwort verbunden mit neuen Fragen, die endlos auf neue Horizonte verweisen – bis endlich wachsendes Weltwissen alle Horizonte sprengt und hin zur Orientierungslosigkeit zwingt, wenn nicht Welt als Schöpfung verstanden wird.

Während die Wortoffenbarung – nach kirchlichem Selbstverständnis – von der Kirche als Sakrament des Reiches, von wo her allein sie ihre Irrtumslosigkeit im Glauben bezieht, verwaltet wird, steht sie der Verwaltung der Schöpfungsoffenbarung – wiederum nach eigenem Selbstverständnis – nicht nur unbeholfen und zögernd gegenüber, sondern verweist sie geradezu in den Raum der nicht-ekklesialen Profanwissenschaften. Durch den übertriebenen Antipelagianismus beschränkte sie sich – zu Unrecht, wie wir sehen werden – auf das Hüten des offenbarenden Wortes und bringt es in verschiedenen Zeiten und Kulturen zur Sprache. Dabei hilft ihr die Theologie.

Es wäre somit falsch, die Theologie als eine Wissenschaft vergleichbar einer profanen zu konzipieren. Sie ist ancilla ecclesiae, nicht mehr und nicht weniger, und zwar einer Kirche, die sich ins selbstgewählte Getto der Verwaltung und Verkündigung des Wortes zurückzog. Die aufarbeitende und entfaltende Verwaltung des Wortes im Dienst der Kirche, die Analyse und Ordnung des Wortes mit dem Ziel, es der Kirche zu übergeben, damit sie es zur Sprache bringe, ist Aufgabe der Theologie, die dazu zwar wissenschaftliche Methoden verwendet und Hilfswissenschaften (Philosophie, Soziologie, Psychologie, Pädagogik, Hermeneutik, Geschichtswissenschaften ...) heranzieht, sich jedoch nicht in ihnen verlieren kann, es sei denn, sie würde dem kirchlichen Anspruch an sie nicht mehr gerecht. Eine nicht-kirchlich bezogene, beauftragte und orientierte Theologie wäre stumm, sie spräche allenfalls als Religionsphilosophie, Religionssoziologie ..., nicht aber als Verwalterin des Wortes.

Die Gefahren eines solchen Rückzugs ins bloße Wort sind offensichtlich. Die Kirche macht es den Menschen, zu denen sie sprechen soll, zu leicht, die Welt zur Sache zu machen und als Sache zu verwalten. Das gestörte Verhältnis des profanen Verhältnisses zur Sache «Welt» wird manifest an der falschen Einstellung auch vieler Glaubenden zu ihrer Erde (als Teil der Welt).

Das Verhältnis zur Erde wird weitgehend vom Bild von Welt bestimmt. Das Problem ist hier nicht das *äußere* Wachstum der Herrschaft über die Erde, des Gebrauchs und Mißbrauchs der Erde, der technischen Verwaltung der Erde, sondern die Grenzen des *inneren Wachstums.* Das menschliche Bewußtsein bleibt ungebildet, so daß es nicht mehr in der Lage ist, Sein recht zu verwalten. Die Grenzen aber des inneren Wachstums zu sprengen, wäre heute eine der wichtigsten Aufgaben der Kirche. Nur ihr allein ist es gegeben, die Welt – im Verständnis derer, die mit ihr umgehen – wieder zur Schöpfung zu machen und von der Versachlichung zu befreien.

Das AT gibt uns übrigens ein reiches Zeugnis von dem, was Schöpfungsoffenbarung sagen kann. Wir wollen hier die Bücher des AT als zum Worte gekommene Schöpfungsoffenbarung verstehen. Dazu ist jedoch anzumerken:

1) Die Offenbarung (gleich welcher Art) kommt nicht «durch sich selbst», sondern stets durch Menschen zum Wort. Das gilt auch für die Schöpfungsoffenbarung. Das Verbalisieren des Wissens um Welt als Schöpfung (und damit das Wissen um das Weltziel und den «Heilsplan Gottes» als Weg zu diesem Ziel) und nicht als Sache ist – wie könnte es anders in unserem «Weltbild» sein – ein Ausdruck des (funktionalen) Zusammens von Gott und Welt mit einem Übergewicht des «Gottanteils». Wir behaupten also nicht, daß die «Inspiration» der Verfasser der Schriften des AT und der des NT qualitativ voneinander verschieden wäre. Nicht die «Inspiration» macht aber den Unterschied zwischen Wort- und Schöpfungsoffenbarung aus, sondern der Grund des menschlichen Wortes: einmal ist er die Schöpfung, das andermal der Logos.

2) «Schöpfung», die offenbart, ist für Israel nicht erststellig die kosmische, sondern die historische Welt. Während die kosmische Welt in ihrem Schöpfungscharakter weitgehend mythisch behandelt, als metahistorisches Ereignen verstanden wird, kommt Israel über die in den Bildern von den Bundesschlüssen dargestellte und erfahrene Wahrheit von der Führung des Volkes durch die Geschichte zu seinem Bild von Gott, das die Hagiographen des AT in allen möglichen Variationen ausmalen.

3) Das Gottesbild der Schöpfungsoffenbarung ist offensicht-

lich stark abhängig vom Weltbild, doch so, daß beide Bilder sich gegenseitig befruchten, ergänzen, aufheben und erfüllen. Vom Gottesbild des ersten Erzählers der Zipporageschichte (2. Mos 4,24–26), in der uns Jahve noch als Bergdämon vom Sinai begegnet, bis hin zu dem des Jahvisten und der Verfasser der Psalmtexte, legte Israel einen (wenn auch nicht unbedingt zeitlich gemessen) langen Weg zurück: den von einem irrenden Nomadenvolk zu einem seßhaft gewordenen und mächtigen Staatsvolk. In beiden ändert sich das Verhältnis zu Welt, Geschichte und Gesellschaft, und somit auch das Weltbild.

Doch wäre es falsch, zu vermuten, daß sich das von der Wortoffenbarung vorgestellte Gottesbild in völliger Lösung vom Weltbild entfaltete. Das Welt- wie Gottesbild der Verfasser des 1. und des 4. Evangeliums sind keineswegs identisch. Auch hat sich unter dem Einfluß des Weltwissens und damit auch des Weltbildes das Gottesbild im Raum der die Wortoffenbarung hütenden Kirche durchaus gewandelt, wenngleich auch diese Wandlungen nicht so heftig sind wie die in Israel, dem klassischen (und einzig kirchenähnlich organisierten) Verwalter der Schöpfungsoffenbarung.

Die Schöpfungsoffenbarung ist also keineswegs blaß und schal, nicht blutleer und religiös unerheblich, wie das so manche Vertreter der bloßen Wortoffenbarung meinen. Sie kommt im, durch und mit dem Menschen zur Sprache: und spricht von dem einen wahren Gott, dem liebenden Hirten (noch nach dem Bild eines nomadischen Hirtenkönigs verstanden [vgl. etwa Psalm 23]), dem für sein Volk, für die gerechte Sache streitenden Gott, dem treuen, allgütigen, allmächtigen, allweisen Gott, der sich in Schöpfung offenbart und in inspirierten Texten angebetet, besungen, verherrlicht ... wird. Das ist ein sehr lebendiger Gott, der eine lebendige Religiosität einfordert. Da nimmt sich der positive Inhalt der Wortoffenbarung vergleichsweise bescheiden aus: Aus der Schöpfungsoffenbarung wissen wir, daß diese Welt hin auf Gott geschaffen wurde (hin also auf die Struktureinigung im Gottesreich), die Wortoffenbarung sagt uns, daß diese Einheit von Gott–Welt in Jesus wirklich wurde; die Schöpfungsoffenbarung sagt uns, daß Gott aus Liebe schuf, die Wortoffenbarung darüber hinaus, daß Gott die Liebe ist; die Schöpfungsoffenbarung sagt uns, daß Gott allgegenwärtig ist, die Wortoffenbarung sagt uns, daß er in den Sakramenten in besonderer Weise gegenwärtig ist (insofern Sakramente vollzogenes Gottesreich sind, kann man nach Art der Idiomenkommunikation sagen: Gott spendet die Sakramente) ... Das AT kommt also keineswegs erst im Lichte der Wortoffenbarung des NT zur Sprache, und das eigentlich Neue und Besondere der Wortoffenbarung ist die Mitteilung Gottes durch den inspirierten Menschen über die «Geheimnisse des Glaubens».

3. Konsequenzen für Theologie und Kirche

Die Konsequenzen für die Theologie, die diese Konzeption mit sich bringt, sind nicht unerheblich: Ihre vornehmste Aufgabe wäre nicht mehr ausschließlich die Verwaltung (die wissenschaftliche etwa) des geoffenbarten und offenbarenden Gotteswortes, sondern die (wissenschaftliche) Reflexion auf die konkrete Religiosität konkreter Menschen, ohne selbst aus Religiosität herauszutreten. Sie kann das jedoch nur, wenn sie religiöse Idealtypen von der konkreten Religiosität abhebt. Doch sind diese Idealtypen so geartet, daß sie auf die Religiosität zurückwirken, sie vor Abwegigkeiten, Willkürlichkeiten ... bewahren. Die ursprüngliche Quelle konkreter Religiosität ist *formal* die religiös gegebene Sinnantwort und *material* der Inhalt der Offenbarung. Diese Offenbarung bezieht ihre Inhalte jedoch aus Bildern (Gottesbildern, Weltbildern), die miteinander wechselwirken und sich gegenseitig informieren.

Diese Bilder geben das Zusammen und Auseinander von Gott und Welt wieder, eine Relation, die jedoch nicht statisch zu begreifen ist, sondern dialektisch: Das Zusammen und Auseinander von Gott und Welt wird dialektisch aufgehoben hin auf Gottesreich. Das aber bedeutet, daß sich die Bilder von Gott und Welt auf Grund *objektiver* Veränderung (zugunsten des Gottesreiches) modifizieren müssen – dazu kommt die *subjektive* Veränderung durch zunehmende Fähigkeit auf das Gott–Welt-Zusammen und -Auseinander zu reflektieren, durch das wachsende Weltwissen, durch das sich ändernde Interesse an Welt...
Religiosität ist (im formalen und materialen Zusammen) nicht etwa interpretierend, sondern das Auseinander hin auf das Zusammen von Gott und Welt wandelnd. Das aber bedeutet, daß die Theologie als reflektierte und reflektierende Religiosität in wissenschaftlicher Manier die Strategie zu dieser Veränderung auszumachen hat. Diese sind uns zwar materialinhaltlich aus der Wortoffenbarung bekannt (Metanoia und Agape), doch müssen sie an die jeweiligen Situationen des Seins und Bewußtseins adaptiert werden, um nicht ins Refugium bloßer Subjektivität eingesperrt zu werden.
Von hier her wird die Rolle der Theologie in bezug auf die Profanwissenschaften deutlich. Ihre Erkenntnisse verändern unser Weltwissen und damit unser Bild von Welt. Insofern es mit dem Gottesbild wechselwirkt und auch unmittelbar die Religiosität (durch die Schöpfungsoffenbarung besorgt) modifiziert, hat sie sich zum ständigen Dialog mit den Profanwissenschaften einzufinden. Dazu ist es jedoch erforderlich, die Sprache der Profanwissenschaften beherrschen zu lernen – daß sie sie noch nicht gelernt hat, zeigt das völlige Schweigen der Theologie vor dem Anspruch der Profanwissenschaften. Die Ansicht, Theologie habe es ausschließlich mit wissenschaftlich verantworteter Verwaltung der Wortoffenbarung zu tun, erscheint von hier her als bloße Schutzbehauptung, um ihr Unvermögen zu kaschieren.

Das bislang Dargestellte mag durch folgendes Schema verdeutlicht werden:

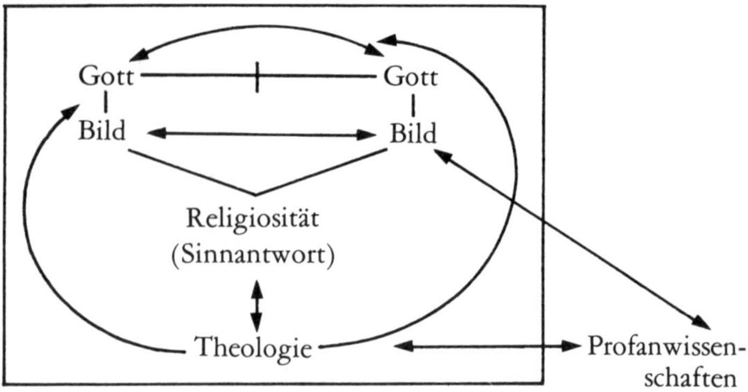

Das Schema verdeutlicht auch die Funktion der Kirche. Zwar ist sie Hüterin der Wortoffenbarung, aber zunächst und vor allem sacramentum regni Dei. Insofern sie Sakrament des Reiches ist, hat sie den Inhalt des gesamten im Kasten vorgestellten Inhalts in sich einzubegreifen. Das scheint, insofern sie auch das Bild von Welt und damit den Einfluß der Profanwissenschaften zu «verwalten» hat, ein Rückfall in die Zeit vor Galilei zu sein. Doch es scheint nur so. Das Auseinander von Wortoffenbarung und Weltbild führt in die ausschließlich am Wort orientierte Religiosität und damit zum Sterben der Religiosität (die ja ihren Ursprung unter anderem in der alle menschliche Orientierung besorgende Sinnantwort hat), insofern sie sie erheblich beschneidet und in die fatale, letztlich tödliche Dualität des Auseinanders von (wortoffenbarungsorientierter) Religiosität und (areligiösem) Weltengagement führt. Der Fall Galilei hat nicht etwa seinen Grund in einem illegitimen Ausgreifen der Kirche auf die Profanwissenschaften, sondern unmittelbar in der Konfrontation einer Wortoffenbarung verwahrenden und hütenden Kirche mit den Ansprüchen der Profanwissenschaften, derart, daß sie alles, was das Religiöse betrifft, an der Latte der Wortoffenbarung zu messen wagte. Grund des Konfliktes war also ein eingeschränktes Verständnis der Kirche von sich selbst und die Extrapolation ihrer Ansprüche auf Wissensgebiete, die sie aus ihrer Verantwortung entlassen hat, oder die sich selbst, auf Grund der Selbstbescheidung der Kirche, aus ihr emanzipierten.

Wir verstehen also der Verantwortung der Kirche alles das unterworfen, was in Religiosität wesentlich miteingeht. Insofern sich die Kirche als Sakrament des Gottesreichs versteht, macht das, da auch Welt auf Reich geordnet ist, kaum Schwierigkeiten. Anders jedoch, wenn und insofern sich Kirche als verfaßte Organisation gibt, die ihre Verfaßtheit (mittelbar) aus der Wortoffenbarung herleitet und sich auf die Verwaltung der Wortoffenbarung beschränkt. (Als Hüter der Welt und der, insofern Geschöpf, ergehenden Offenbarung, die – wie gesagt – auch auf Gottesreich verweist, würden sich ihr die folgenden Probleme nicht oder nicht in der gleichen Dringlichkeit stellen.)

Da ist vor allem das Problem der *Autorität.* Wir unterscheiden funktionale (etwa über gruppendynamische Prozesse zustande gekommene), charismatische (auf Grund spezifischen göttlichen Mitwirkens im gesellschaftlichen Handeln des Menschen mit dem Ziel der Führung) und hierarchische (durch Ernennung «von oben» zustande gekommene) Autorität. Sicherlich «gibt es» *in* der konkreten Kirche alle diese Formen von Autorität, doch die Autorität *der* Kirche ist hierarchisch. Es scheint nun fraglich zu sein, ob mit der geforderten Öffnung der Kirche dieser Autoritätstyp seine absolute Dominanz behalten könnte, denn die starke Dynamisierung, die durch die Akzeptation der Profanwissenschaften wegen ihrer Bedeutung für die konkrete Religiosität zur Sache der Kirche wird, verträgt sich weniger gut mit der vergleichsweise statischen Hierarchie als Autoritätsträger. Es wird die Frage gestellt werden müssen, ob eine Autoritätsform, die ihre Legitimität «von unten» bezieht und wegen der religiösen Grundorientierung der Kirche stets auch charismatisch («von oben») sein wird, nicht auch mit dem Jesuswillen, insofern er aus der Wortoffenbarung (fixiert in Schrift und Tradition) erhebbar ist, vereinbar sein könnte.

Der Streit zwischen Amt und Charisma um die religiöse Autorität ist so alt wie die Kirche selbst: Es ist der Streit zwischen Petrus und Paulus (Apg 15,6–29), zwischen Paulus und der Gemeinde zu Korinth (1 Kor 12,4–13,13)... Auch für die aktive Betätigung der charismatischen Gemeinde bei der Berufung ihrer religiösen Autoritätsträger gibt es zahlreiche Beispiele: So wurde 391 Augustinus bei einem Besuch in Hippo unerwartet und von ihm selbst nicht gewünscht als Priester begehrt und dann von Bischof Valerius geweiht; im 2. und 3. Jahrhundert wurde der Papst gewählt durch Volk und Klerus. Erst als Konstantin und Licinius das Toleranzedikt erließen (313), wandelte sich die Kirche langsam zur Staatskirche (381 wird das Christentum Staatsreligion im Römischen Reich) und übernahm das hierarchische Denken des römischen Staats- und Beamtenapparats. Vor dem Hintergrund dieser Wandlung bahnte sich die Entscheidung an, die endlich zur einseitigen Bevorzugung der Wortoffenbarung (die sich leichter hierarchisch verwalten läßt als die Schöpfungsoffenbarung, deren klassische Verwalter die charismatischen Propheten waren) führte.

Ein zweites Problem wäre das der *«Unfehlbarkeit im Glauben»*. Versteht man Glauben als religiösen Vollzug, der sich im Vollzug an der umfassenden Sinnantwort orientiert, wird man mit der Frage konfrontiert, ob nicht auch *das* Glauben Irrtum, weil Fehlorientierung, enthalten kann, der durch mangelndes Weltwissen, ein unzureichendes Weltbild besorgt wird.

Wir wollen die in diesem Beitrag dargelegten Vorstellungen nicht als apodiktische Wahrheiten verstanden wissen, sondern als Überlegungen zur Krise des Religiösen unter uns, nicht als Aufweis einer unfehlbaren Strategie, diese Krise zu beheben, sondern als Denkanstöße, die vielleicht einmal dazu mithelfen können, den Umfang und das Ausmaß der Krise zu erkennen und zutreffender als hier geschehen zu artikulieren, mit dem Ziel, die Christusbotschaft vom Gottesreich wieder lebendiger und zentraler zu machen für christliche Religiosität.

Dem aufmerksamen Leser wird nicht entgangen sein, daß wir «Welt» in sehr verschiedener Bedeutung verwandt haben. In einem Exkurs wollen wir deutlicher machen, was Welt für uns bedeutet.

[1] Vgl. R. Lay, Zukunft ohne Religion?, Olten [2]1974, 107–128.

[2] Die Aussage «Das Leben des Menschen ist absurd» als Antwort auf die Sinnfrage wird von A. Camus durchaus als positive Antwort verstanden und ist nicht einfachhin identisch mit der Behauptung der Unsinnigkeit der Frage oder der Unsinnigkeit als Antwort.

Die dichterischen Aussagen über das Absurde und die Sinnlosigkeit als Zentralbegriff der Sinnantwort lassen sich jedoch nicht immer deutlich voneinander scheiden. Die Nachfolger der klassischen Humanisten in der frühen Nachweltkriegszeit waren die Propheten der Sinnlosigkeit, die man recht verkürzend mit dem Etikett «Nihilisten» zu versehen pflegt. Ist aber das Besinnen von Welt die typische menschliche Leistung, gilt das harte Wort Fr. Grillparzers: «Von der Humanität führt der Weg in die Bestialität.» Die klassische Humanität kennt jedoch zwei Ausgänge: Sinn und Sinnlosigkeit, Religion oder Unreligion. Daß der Entscheid der bloßen Humanität zugunsten der Sinnlosigkeit ausfiel, ist sicherlich auch eine Folge des sinnlosen Mordens der 40er Jahre. J.-P. Sartre, A. Camus, W. Faulkner, E. Hemingway, A. Gide, Fr. Kafka wurden zu literarischen Zeugen zerbrochener Humanität. Daß sie so zerbrechlich war, liegt an ihrer Blindheit, die nicht sehen konnte, daß der Mensch, für sich allein gelassen, alles andere als ein «gutes Wesen» ist. Und der Mensch fühlte sich allein gelassen – und wurde zur Bestie.

In seinem Drama «Die Pest» versucht Camus im Arzt Rieux, dem die Hoffnung auf ein anderes Leben als das auf dieser Erde in ihrem Jetzt als diesem Leben sinngebende Instanz verwehrt ist, den Heiligen der Sinnlosigkeit, den Heiligen ohne Gott zu zeichnen: ein Heiliger vor den Abgründen, die ins Nichts greifen.

Sartre zeichnet in seinem Szenario «Das Spiel ist aus» ein «Jenseits» als gnadenlose Fortsetzung eines ausweglosen Diesseits und eines sinnlosen Erdendaseins. Hoffnung endet in Angst und pervertiert sich so zur radikalsten Form der Hoffnungslosigkeit. Jede Sinngebung scheint ihm verboten, da sie menschliche Freiheit einschränkt. Der Mensch aber ist seine Freiheit, und diese Freiheit verurteilt ihn – wenn er sie nicht einer unmenschlichen Begrenzung und Beschränkung opfern will – zur unmenschlichen Sinnlosigkeit. Unmenschlich ist der Ausgang immer, wie auch der Mensch sich entscheiden mag.

Hemingway stellt sein Schaffen unter das Wort: «Des Menschen Leben ist ein dunkler Weg, der nach Nirgendwo führt, und wieder nach Nirgendwo, immer und ewig nach Nirgendwo und noch einmal nach Nirgendwo und noch einmal nach Nirgendwo, dunkel ohne Ende, nach Nirgendwo.» In seiner Erzählung «Der alte Mann und das Meer» schildert er den sinnlosen Kampf des Menschen wider die Natur: 84 Tage müht sich ein kubanischer Fischer um den Fang seines Lebens. Am 45. fängt er einen großen Delphin, doch Haie kommen. Und als er endlich erschöpft landet, ist nur mehr das Skelett des Delphins übriggeblieben. Teil der Natur, liebt und haßt der Mensch sie gleichzeitig, ohne alle Hoffnung, den Kampf zu gewinnen, in barer Hoffnungslosigkeit. «Der Fisch ist auch mein Freund, aber ich muß ihn töten. Ich bin froh, daß wir nicht versuchen müssen, auch die Sterne zu töten.»

W. Faulkner beschreibt im Roman «Wendemarke» das Schicksal eines Fliegers, der seiner Leidenschaft, sich über die Erde erheben zu können, alles andere opfert. Am Himmel erkennt er die Sinnlosigkeit seiner Flucht, die keinen Ausweg kennt, doch ehe er die Wendemarke seines Lebens, die Rückkehr zur Erde, zu Liebe und Freundschaft, leisten kann, stürzt er mit seinem Flugzeug brennend ins Meer.

Der Anspruch der Sinnlosigkeit ist noch nicht gestorben in uns. Alleine gelassen mit uns selbst erfahren wir ihn in dunkler Angst.

[3] Vgl. R. Lay, Der neue Glaube an die Schöpfung, Olten 1972, 107; Schöpfung ohne Zeit, in: Zeitwende 44 (1973), 80.

[4] Die Allgegenwart Gottes ist zentrale Aussage aller entwickelten monotheistischen Religionen. In der Kirche wurde dieser Sachverhalt als so selbstverständlich betrachtet, daß er nur in Parenthese genannt wird: «Im Menschen ist Gott nicht nur wie in den Sachen, sondern wird weitergehend als bei diesen von Gott erkannt und geliebt» (D 3330); die Lehre, daß «allein der an allen Orten gegenwärtige Gott Gegenstand des Betrachtens und Betens» sei, wird als quietistisch zurückgewiesen (D 2185). Im Judentum benannte man Gott sogar als «makom», als den allgegenwärtigen Raum, in dem alles ist (vgl.

R. Lay, Die Welt des Stoffes II, Aschaffenburg 1966, 60 f.). Dieses rabbinische Motiv dürfte in Apg 7,48–50 noch nachklingen. Die klassische Formulierung der Allgegenwart Gottes ist uns in der Apg überliefert. Paulus spricht zu den Athenern auf dem Areshügel: «Sie sollten Gott suchen, ob sie ihn wohl wahrnehmen und finden möchten, ihn, der ja nicht fern von einem jeden unter uns ist; denn in ihm leben wir ja, bewegen wir uns und sind wir.» (17,27 f.)
Der 139. Psalm hat den gleichen Sachverhalt dichterisch besungen:
Wohin soll ich gehen vor deinem Geist
und wohin fliehen vor deinem Angesicht?
Führe ich auf zum Himmel, so wärest du da,
und lagerte ich in der Unterwelt, so wärest du dort.
Nähme ich die Schwingen des Morgenrots zum Flug
und ließe mich nieder am äußersten Westmeere,
so würde auch dort deine Hand mich führen
und deine Rechte mich fassen.
Und spräche ich: «Lauter Finsternis soll mich umhüllen
und Nacht sei das Licht um mich her» –
auch die Finsternis würde für dich nicht finster sein,
vielmehr die Nacht dir leuchten wie der Tag:
Finsternis wäre für dich wie das Licht.

[5] Die Darstellung der Liebe als Selbstmitteilung ist vor allem vom Verfasser der pseudodionysischen Schrift «De divinis nominibus» in die abendländische Theologie eingebracht worden. Obschon die klassische Formel «bonum est diffusivum sui» nicht in dieser Schrift auftaucht, bestimmt sie doch ihren Tenor.

[6] Die substantivische Form «Übernatur» ist problematisch. Da wird eine relationierte Eigenschaft («übernatürlich = hingeordnet auf die Vollendung im Gottesreich) hypostasiert. Insofern alles Geschöpfliche wesentlich auf die Vollendung im Gottesreich hingeordnet ist, trifft es die *Eigenschaft* «übernatürlich».

[7] Vgl. zum Thema: G. Greshake, Gnade als konkrete Freiheit, Mainz 1972 (doch orientiert sich der Autor recht selektiv an den Schriften des Pelagius und interpretiert so manches falsch).
Wird die Natur in der Gnade aufgehoben, wird man die Erbsünde nicht leicht als ontologische Entfremdung der konkreten Menschen interpretieren dürfen, sondern wird sie auf ein fatales Ereignis irgendwann zu Beginn der Menschheitsgeschichte zurückführen. Ebenfalls wird die Inkarnation nicht als Brennpunkt der Schöpfung verstanden werden können, sondern eher als ein «Zweckereignis» (Befreiung von der Erbsünde, Erlösung).

[8] D 376. Der Text faßt den Inhalt der augustinischen Schrift «De praedestinatione Sanctorum» (PL 44, 959–992) zusammen.

[9] R. Lay, Weltschöpfung – Weltformel, in: Der neue Glaube an die Schöpfung, Olten 1971, 186–192.

[10] Das «simul cum tempore» (Zugleich mit der Zeit), das erstmals in der Schöpfungstheologie des Augustinus auftaucht und dann vom 4. Laterankonzil (1215) in eine dogmatische Definition gebracht wurde, bleibt nach wie vor problematisch. Mit der Übernahme aristotelischer Gedanken in die theologische und philosophische Schöpfungsspekulation kaum 20 Jahre später, relativierte sich der Definitionsinhalt, als viele große Theologen (Thomas von Aquin, Johannes Duns Scotus ...) Zeit als Geschöpf des Menschen (ens rationis) behaupteten (vgl. dazu: R. Lay, Die Welt des Stoffes II, Aschaffenburg 1966, 222–236).

[11] Die Bestimmungen «subsistierendes Sein», «absolutes Seiendes» ... wurden über das Kausalprinzip ausgemacht, nach dem alles Nicht-Göttliche einer zureichenden Wirkursache bedarf, um zu existieren. Sicherlich kann man zu Recht so verfahren, um das Unendliche aus dem Endlichen zu *erklären,* doch ist dabei zu bedenken, daß in solcher Erhebung nicht «Wirkursache», sondern «die Bedingung der Möglichkeit von», nicht etwas Reales, sondern etwas Transzendentallogisches ausgemacht wird, wie Kant richtig sah. «Subsistierendes Sein» ... sind «transzendentallogische» und nicht «ontologische» Entitäten. Die Ontologisierung solcher transzendentallogischer Entitäten in den klassischen «Gottesbeweisen» dürfte neben manch anderen wissenschaftstheoretischen Bedenken ihr erheblichster Mangel sein. Das «et hoc dicimus Deum», angewandt auf den unveränderlichen Beweger, die Erstursache, das notwendig Seiende ..., wie es Thomas von Aquin behauptet (Summa contra gentiles I, c. 13; Summa theol. I, q. 2, a. 3 c) ist einfachhin falsch. Der entscheidende Schritt vom Transzendentallogischen zum Ontologischen wird nicht als legitim bewiesen.

[12] Vgl. R. Lay, Zukunft ohne Religion?, 123.

[13] L. Feuerbach, Das Wesen des Christentums, WW 5, 47.

[14] Das Konzil von Vienne bestimmte: «Wir verwerfen jede Lehre ... oder jedes Bezweifeln, daß die Substanz der Vernunftseele wahrhaftig und für sich nicht Formursache des menschlichen Körpers sei ...» (D 902)

[15] Vgl. R. Lay, Zukunft ohne Religion?, Olten ^{2}1974, 72 f.

[16] Der Monophysitismus wurde vom Archimandriten Eutyches (378 bis nach 454) in klassischer Form als extreme Gegenposition zum Arianismus entwikkelt. 448–451 folgten Synoden und Dekrete rasch nacheinander, die den Monophysitismus entweder bestätigten oder verwarfen. Erst das Konzil von Chal-

zedon machte dem Streit ein Ende, als sich die Mehrheit der Teilnehmer für die Zweinaturenlehre entschied und sich, zur Bestimmung der Zusammens und Auseinanders der beiden Naturen in Christus, auf die Formel «unvermischt und ungeteilt» (D 302) festlegte. Diese Formel scheint uns außerordentlich fruchtbar, nicht nur für die Christologie, sondern auch für die theologische Kosmologie, zur Bestimmung des Ortes von Welt im Gottesreich.
Andererseits ist heute manches an diesem Streit unverständlich geworden. Die vom Konzil (anscheinend) recht univok verstandenen Begriffe «Person» und «Natur», angewandt auf Gott und Mensch, sind durch das prüfende Feuer der Analogiediskussion des Mittelalters gegangen. Man wird, denke ich, dem Anliegen des Konzils durchaus gerecht, wenn man heute annimmt, daß Jesus ganz Mensch (als *auch* menschliche Person) gewesen ist, wobei «Person» allerdings nicht im ontologischen Sinne, sondern im sozialen und psychologischen verstanden werden soll. In diesem Sinne ist der Logos «Überperson». Eine nicht-ontologische Assumptus-Homo-Theologie scheint also möglich.

[17] Die von der *Schöpfungsoffenbarung,* die ihre Inhalte unter dem Spruch der Gnade aus der Situation der Geschöpflichkeit und ihrem Anspruch ausmacht, wird in der Lehre von der doppelten Offenbarung inkohärent eine *Wortoffenbarung,* die im inkarnierten Logos (seinem Leben, seiner Lehre, seinem Wirken) und durch den Logos zum (menschlichen) Worte kommt. Wir leugnen hier nicht den wesentlichen Unterschied der beiden Offenbarungen in ihrem Ursprung, doch sind beide Ursprünge (Schöpfung und inkarnierter Logos) kohärent zusammenzusehen. Auf weitere wesentliche Differenzen («Offenbarung von Geheimnissen») werden wir noch zu sprechen kommen.

[18] Die diffizile hermeneutische Problematik kann hier nur angedeutet werden. Zu einer gründlicheren Behandlung der Fragen vgl. R. Lay, Grundzüge einer komplexen Wissenschaftstheorie II, Frankfurt 1973, 73–434.

[19] Die «Dogmatische Konstitution über die Kirche» des 2. Vatikanischen Konzils stellt dazu fest: «Die Gesamtheit der Gläubigen, welche die Salbung vom Heiligen haben, kann im Glauben nicht irren». (Nr. 12) Die Irrtumslosigkeit im Glauben ist jedoch nicht schon identisch mit der Irrtumslosigkeit der Lehre.

Exkurs

Was heißt «In-Welt-Sein»?

Das In-Welt-Sein ist eines der transzendentalen Existentialien. Ein Existentiale ist ein Grund des Menschseins, eine arché (ein Urgrund) des Menschen. Urgründe erscheinen nicht selten als Abgründe, ja als Ungründe. Ihre Grundhaftigkeit erhalten sie nicht aus sich selbst, sondern durch die Erkenntnis des Sinns. In unserem Fall geht es um den Sinn von Welt. Wir haben ihn als Gottesreich vorzustellen versucht. Transzendental ist ein Grund, wenn er jede beschränkende Horizonthaftigkeit ins Unbegriffliche, ja ins Unbegreifliche sprengt. Sprache und Begreifen greifen immer kurz, denn «Welt» als Grund sprengt alle Erfahrbarkeit. Zunächst möchten wir auszumachen versuchen, was «Welt» bezeichnet. Auf den ersten Blick erscheint sie als Ungrund.

a) «Welt»

Alle folgenden Bestimmungen von «Welt» zeugen von der Unversöhntheit des Menschen mit Welt. Der Anspruch des Kulturoptimismus, Mensch und Welt zur Versöhnung zu bringen, in der Kultur die vermittelnde und versöhnende Rolle spielt, kann heute als gescheitert betrachtet werden. Die Welt wurde zunehmend unheimlicher, unbegreiflicher, ja die Kulturwelt ist unheimischer geworden als einst die Naturwelt.

Was Welt ist, bleibt uns unbekannt. Wer Welt versteht, versteht niemals «Welt an sich», sondern «Welt für sich», begreift stets eine, seine Innenwelt. Unsere Sinnlichkeit ist nicht einmal dazu eingerichtet, die «Welt an sich» zu erkennen, sondern uns in Welt möglichst ungefährdet einzurichten. Die verschiedenartigen Bilder von Welt – hat nicht jeder Mensch sein eigenes – zeugen von der Sperrigkeit der Welt gegen jedes Begreifen. Die Pluralität der Weltbilder, nicht nur in der zeitlichen Abfolge normierter Weltbilder, die idealtypisch gemeinsame Inhalte der realen individuellen Weltbilder zu einem künstlichen Konstrukt zusammenbegreifen, sondern auch die Verschiedenheit der Weltbilder der uns gleichzeitigen Menschen, bezeugt mittelbar die Unversöhnheit des Menschen mit Welt, die Fremdheit von Welt. Welt *ist* nicht heimisch, sondern erst die «privat» *eingerichtete* Welt *wird* heimisch. Diese «private» Welt also ist das Ergebnis getäuschter Sinne. Es muß schon eine erhebliche Abweichung von der sich im Weltbild niederschlagenden Interpretation von Welt dazukommen, ehe die menschliche Reaktion auf Ansprüche von Welt ins Leere stößt und ein Weltbild, eine private Welt, als Unwelt, als Wahnwelt ausweist. Das gilt offensichtlich in dieser extremen Formulierung nur für die «kosmische Welt» (und nur über diese handeln wir in diesem Exkurs, denn nur für sie trifft das transzendentale Existential «In» zu) und nicht für die «soziale Welt» (die vom transzendentalen Existential «Mit» betroffen wird). In der sozialen Welt werden Fehleinrichtungen sehr viel schneller und deutlicher offenbar als in der kosmischen.

Die Physik des 20. Jahrhunderts hat das Unbegreifliche dieser Welt auch wissenschaftlich erhebbar gemacht (vgl. Welle – Teilchen – Dualismus). Sie sah sich genötigt, in asemantische Sprachen (Wellenmechanik, Matrizenmechanik) auszuweichen, um Welt widerspruchsfrei beschreiben zu können. Die Symbole der Wellenmechanik bezeichnen keine Begriffe und keine Gegenstände mehr, und ihre Syntax ist keineswegs die einer «natürlichen Sprache», sondern die Mathematik des natürlichen Zahlkörpers. Die natürlichen Sprachen mit ihren «natürlichen Begriffen» (Beobachtungs- und Erklärungsbegriffen zu beobachteten Erscheinungen) betreffen also – wegen ihrer immanenten «Widersprüchlichkeit» – nicht «Welt an sich», wenn wir annehmen, daß die «Welt an sich» nicht in sich widersprüchlich bis hin zur Sinnlosigkeit sein soll.

Wir wissen nicht einmal, was die für jedes Weltverstehen zentralen Begriffe «Raum» und «Zeit» bezeichnen, außer dem, daß sie sicherlich nicht das bezeichnen, was wir in Welt erfahren.

Diese unbekannte Welt, unheimisch und unheimlich wie sie ist, wurde nicht von ungefähr zum Ausgangspunkt allen philosophischen Denkens. Der Ausgang der europäischen Philosophie ist gekennzeichnet durch das fortwährende Bemühen, Welt zu verstehen, die archai dieser Welt zu erkennen. Doch schon am Anfang stand die Pluralität. Die «ionischen Naturphilosophen» verstanden, jeder für sich, Welt ganz anders und benannten recht verschiedene Urgründe, um sich Welt zuhanden zu machen. Die Pluralität der Weltinterpretationen zeugt bis heute von der Unversöhntheit, dem Unheimischen, dem Unbegreiflichen, Mysterium «Welt». Sicher gab es in der Geschichte der Philosophie Emanzipationsversuche, die sich von der Tyrannis der unverständlichen Welt zu lösen versuchten – doch sie alle endeten in «idealistischen Systemen», die ideale Typen mit Realität verwechselten und Ideen ihr eigenes, von Welt abgezogenes Spiel spielen ließen. Der Grund aller Philosophie ist «Welt» und nicht bloße Idee, nicht Typos. Das Spielen mit Ideen, die sich verselbständigten, führt in die Ideologie, ins bare Sprechen von und über abstrakte Ideen. Ideologien sind die Kapitulationssymbole einer Menschheit, die sich ihr Unvermögen eingestand, sich der Welt zu bemächtigen. Das titanische Werk der Philosophie verlor seine weltgestaltende und weltverändernde Kraft, wenn sie nicht (wie der Antaios der griechischen Sage) immer wieder neue Kraft aus der Berührung mit der «Allmutter» Gäa, der Erde, holte. Doch «Allmutter» war die Erde allenfalls im mythologischen Versuch, sich des Unheimlichen zu bemächtigen, indem man ihm einen vertrauten und Geborgenheit versprechenden Namen gab. Der Abgrund «Welt» konnte nur scheinbar, nur mythologisch geschlossen werden, indem man ihn zum Urgrund «Allmutter» machte. Dennoch ahnt der Mythos vom Schicksal der Gäa und ihrer Söhne etwas Richtiges, setzt eine Grundsituation des Menschen ins (Vor-)Geschichtliche, wohl wissend, das sie alle Menschen betrifft. Doch daß sich der Mythos der Erde annahm, zeigt eine weitere Dimension von Welt auf. Sie ist Ausdruck und Anspruch des «Heiligen».

Der Anspruch des Heiligen, der sich in Welt ausspricht, kann durchaus legitim verstanden werden: dann nämlich, wenn man Welt in funktionaler (oder gar in struktureller) Einheit mit Gott begreift. Welt ist nichts Profanes. Doch die Erfahrung des Heiligen, das Ahnen um die Gotthaltigkeit der Welt, kann sich selbst dann noch zur Sprache bringen, wenn die Welt als gottlose Sache ins Begreifen tritt. Der doppelte Ausdruck des Numen, das Fascinosum und das Tremendum, spricht dann von Gott, wenn Welt von Gott entzweit verstanden wird – sie erhält ihr eigenes Numen: fasziniert und macht erschaudern zugleich, wie Abgründe faszinieren und erschrecken. Das galt einst für die Naturwelt, wie es heute für die Kulturwelt gilt. Die gottlose Welt wird zum Abgrund, zum Moloch, der seine eigenen Kinder frißt. Der Moloch wird zum Numen, zum Heiligen, in der Verkennung, daß Welt (die immer mit Gott funktionsgeeinte) Urgrund des Menschen ist. Urgrund wie Abgrund machen schaudern und erschrecken, faszinieren und blenden – aber in sehr verschiedener Weise. Die Herrschaft technischer Rationalität hat im Versuch, auch die vom Menschen geschaffene Welt begreiflich zu machen, versagt, die Kultur hat nicht den Abgrund (geschweige denn den Urgrund) verschütten können, hat ihn allenfalls zeitweise verdeckt. Doch heute gähnt er wieder, sperrt sein riesiges Maul auf, um Menschen zu verschlingen.

Versuchen wir nun herauszufinden, was «Welt» bezeichnet. Sicherlich ist das Wort «Welt» kein Zeichen für einen Allgemeinbegriff, denn Allgemeinbegriffe beziehen sich auf zu summierende Elemente einer Menge, die den Umfang des Begriffes ausmacht. Welt ist aber keineswegs die Summe der *in* Welt Seienden, sondern *eine* Struktur. «Welt» ist aber auch kein Name für eine strukturierte oder unstrukturierte Menge mit vielen Elementen oder für eine Menge mit einem Element, denn «Welt» bezeichnet keine Sache, sondern einen Urgrund. Wir möchten annehmen, daß man es hier mit einem «Inbegriff» zu tun hat. Nun ist die wissenschaftstheoretische Behandlung von Inbegriffen bislang kaum zureichend geleistet, so daß wir uns hier mit einer Beschreibung des mit «Inbegriff» Gemeinten begnügen müssen.

Der Terminus «Inbegriff» wurde von I. Kant in die Sprache der Philosophie eingeführt. Er bezeichnet einen transzendentallogischen Gegenstand (B 607), der nur durch (unerlaubte) Hypostasierung zum Grund wird (vgl. B 610). In diesem Sinne spricht er von der Natur als dem Inbegriff *aller* Erscheinungen (B 163, 391, 447) oder der Gegenstände der Erfahrung (B XIX). Die durch Inbegriffe bezeichneten Gegenstände vertragen also nicht die Formel: «Es gibt den Gegenstand a.» Wir wollen Kant darin folgen, daß wir sowohl das durch Inbegriffe Bezeichnete nicht als durch Kausalnexus Verbundene verstehen, nicht einmal als ontologische Gegenstände, nicht als Ursachen, sondern als transzendentallogische Gegenstände, die das «Es gibt ...» nicht gestatten. Die klassische Existenzaussage (ExFx) scheint uns also verboten zu sein. Wenn wir dennoch das durch den Inbegriff «Welt» Bezeichnete als Urgrund interpretieren, ist dieser nicht als kausal-wirkender Grund zu verstehen (ein solches Verständnis machte Welt zum Ungrund), sondern als transzendentaler. Auch von hier her wird deutlich, wie fatal die Interpretation der Welt als Sache (= ontologischer Gegenstand) ist. Dennoch gibt es zahlreiche Versuche, Welt als ontologischen Gegenstand der menschlichen Leiblichkeit entgegenzustellen und sie so in den physischen Entgegenstand zu bringen. Welt ist als transzendentallogischer Gegenstand vielmehr ein denknotwendiges Erklärungsschema für den Menschen in seiner psychosomatischen Ganzheit. Als Erklärungsschema wird er zum transzendentallogischen Grund des Selbstverstehens und damit zum Grund des Menschseins. Nur als Schema und Grund ist Welt real. Real ist nur der Inbegriff. Und so wird «Welt» als Schema und Grund durchaus in die Nähe des mit «Bild von Welt» Bezeichneten verrückt.[1] In diesem Sinne sei folgende Bestimmung von «Welt» und Welt verstanden.

1) Welt ist Struktur. Das soll einerseits ausschließen, daß Welt als Summe von Gegenständen verstanden wird, zum andern auch, daß sie als Kollektiv (wie «Wald», «Stadt», «Herde», «Gesellschaft» verstanden werden könnte) begreiflich ist. Sie ist kein zufälliges Etwas, keines, das «größer» oder «kleiner» sein könnte, sondern eben ein transzendentallogisches. Als solches stellt sie sich als strukturiert vor (und nicht durch funktionales Zusammen ihrer «Teile» konstituiert).

2) Welt ist abstrakt. Das soll einerseits ausschließen, daß es Welt «gibt», zum anderen auch, daß man auf sie weisen könnte. Sie ist allumfassend und allgegenwärtig, so daß sie uns nicht in einzelnen Gegenständen begegnet (und damit kategorialisiert werden könnte). Konkret wird Welt erst (und damit zu einem Ontologicum) in der Struktureinheit mit Gott, dann allerdings hat sie ihren (stets) relativen Eigenstand. «Welt» ist abgezogen aus der funktionalen oder strukturellen Gott-Welt-Einheit. «Für sich» ist sie nichts Reales.

3) Welt ist transzendental. Das soll einerseits ausschließen, daß sie etwas kategorial Zuhandenes oder andererseits etwas ontologisch Vorhandenes sei. Sie ist vielmehr etwas transzendental Vorhandenes, das niemals zuhanden werden kann.

4) Welt ist Grunderfahrung. Das soll heißen, daß in ihr Grund erfahren wird. Damit wird sie zum Inbegriff alles Erfahrenen, insofern es sich vor dem Grund der Grunderfahrung spiegelt, sich in ihr bricht, in ihr erklärt und – unzureichend und unvollständig – zur Sprache bringt.

b) «In»

Welt wird als erfahrener Grund (ein Indiz ihrer legitimen «Heiligkeit») allen in Welt Seienden, nicht als «Behältnis» aller welthaften Gegenstände erfahren. Das «In» bezeichnet also kein kategoriales Enthaltensein, sondern ein transzendentallogisches Durchsein. Der Mensch mag sich als in Welt geworfen erfahren, doch trügt diese Erfahrung. Er ist nicht in Welt geworfen (das würde das «In» und das «Welt» zur Kategorie und zur Sache machen), sondern allenfalls in sein Bild von Welt geworfen. Überläßt er sich diesem Geworfensein, wird er Welt verwerfen, wie sie ihn verwirft. «Die Welt ist alles, was der Fall ist» – mit dieser Aussage beginnt L. Wittgenstein seinen Tractatus logico-philosophicus und meint damit, daß Welt der Inbegriff aller wahren Sätze über Welt ist. Diese Behauptung mag befremden und hat doch ihr relatives Recht. Später wird er erkennen, daß die Reihe Satz – Sprache – Denken – Welt sehr viel spröder ist, als er im Tractatus vermeinte, denn «es fehlt das Sprachspiel, worin sie [die gereihten Begriffe] anzuwenden sind (PhU 96). Sehr recht: Es gibt überhaupt kein Sprachspiel, in das sich «Welt» bruchlos einfügen ließe, es sei denn, man machte sie zur Sache. «Welt» steht außerhalb von Sprache, weil sie ihr Grund ist – und das Sprechen über Gründe des Sprechens ist allemal problematisch, weil in logische Zirkel zwingend. Welt steht jenseits von Sprache, ist der sie urgründende Entgegenstand von Sprache, nicht aber ihr Behältnis. Welt hebt Sprache nicht auf, sondern bringt sie zu sich, als ihren Grund.

Dennoch ist Welt alles, was der Fall ist, wenn man nur den Fall als Grund von allem versteht. So muß sich denn der Mensch nicht als *geworfen in,* sondern als *Fall in* Welt verstehen. Das In-Welt-Fallen, als «Menschwerdung» verstanden und als Grund von Menschwerdung zugleich, setzt das transzendentale In an seinen gehörigen Platz.

Nicht das «Geworfensein», sondern das der «Fallsein» ist der

Grund für die Erfahrung des Ausgeliefertseins an Welt. Es ist das durchaus vergleichbar mit der Erfahrung des Ausgeliefertseins an Wahrheit, verstanden als den «Inbegriff aller wahren Sätze». Vor Wahrheit stellt sich Ohnmacht ein, denn sie ist «an sich» und «für sich» kein bloßes menschlicher Willkür Ausgeliefertes, wennschon sie in der relativen Willkür menschlichen Sprechens erst «zu sich» kommt. Relativ aber ist die Willkür, als sie nicht in bloße Beliebigkeit gestellt ist, sondern orientiert sein will an ihrem Grund. Ihr Grund aber ist Welt. Wahrheit ist zwingend, weil orientiert an ihrem Grund, und aller Zwang erzeugt das Gefühl des wehrlos Ausgeliefertseins. Ein Aufbegehren gegen dieses Ausgeliefertsein führt in die Unwahrheit, in die Lüge, führt zur Herrschaft abstrakter Ideen, zum Verfall von Menschsein. In seinem Anspruch der Freiheit auch gegenüber Welt erlebt sich der Mensch als potentiellen Lügner gegen den Urgrund der Wahrheit und damit als potentiellen «Ideologen» gegen den Anspruch von Welt. Das «In» macht der Freiheit ein Ende, wenn Freiheit in irgendeine Form der Beliebigkeit gesetzt wird. Ein Aufbegehren gegen Welt wird zum Aufbegehren gegen Wahrheit und läßt das Menschliche verkümmern bis hin zur Selbstvernichtung. Das ist die Tragik der Freiheit: der Widerspruch von Freiheit und Welt. Dem Menschen bleibt «nur» die relative Freiheit des Annehmens und Verwerfens von Welt und seiner Situation in Welt, und so wird Freiheit nur möglich vor der Akzeptation des Sich-Fügens ins Notwendige. Freiheit ist nicht, wie Fr. Engels meinte, Einsicht ins Notwendige (vgl. MEW 20, 106), sondern Akzeptation des Notwendigen. Die Welt aber ist das Notwendige, das die Not Wendende. Wohin sich jedoch Not wendet, wissen wir nicht zu *sagen,* es bleibt im Raum des Unsagbaren, des Heiligen, des Welttranszendenten. Nicht die Kultur befreit vom Naturnotwendigen, wie Engels meinte, sondern die Akzeptation des Naturnotwendigen.

Dennoch hat die Freiheit ihren Spielraum, es ist das der Raum der *kategorialen* Welt, der Welt als Sache. Würde man die Welt (als transzendentale) zum Spielraum der Freiheit machen wollen, bliebe nur die Verwerfung von Welt, die Auflehnung gegen das In-Welt-Fallen, es wäre der Raum zur Unfreiheit, zur Unmenschlichkeit, der Unwirklichkeit, der Unweltlichkeit. Sicher kann der Weg in die Unwelt gegangen werden (und er ist oft genug gegangen worden: zahlreiche Ideologien zeugen davon), doch er endet in der Unwahrheit, der Unfreiheit des Verworfenwerdens von Welt. Theologisch wäre das die Situation der divinisierten gottlosen Welt, die Situation der Sünde schlechthin. Der Spielraum der sich nicht selbst vernichtenden Freiheit ist die Inweltlichkeit, wie sie sich kategorial ausspricht. Nicht schon aus der Tatsache des Sich-entscheiden-Könnens folgt Freiheit, nicht ist Freiheit der Grund von Entscheidung, sondern nur das kategoriale Entscheiden, das zunächst einmal den Anspruch der Wahrheit und damit der Welt akzeptiert, verweist auf Freiheit, spielt im Spielraum der Freiheit.

c) Ontologischer Grund

«Welt» bezeichnet durch einen Inbegriff eine transzendentallogische Entität und nicht eine real-ontologische. Wenn schon die kategoriale Ontologisierung von Welt verboten erscheint, wie steht es dann mit einer transzendentalen? Sicherlich führt die Frage nach der «Bedingung von Möglichkeit» des realen Menschen zur transzendentallogischen arché «Welt». Wenn schon Gründe nicht ontologisiert werden dürfen (indem man sie etwa mit Ursachen verwechselt), so doch vielleicht Urgründe? Ich möchte die Frage bejahen. Doch gilt es hier einen Begriff einzuführen, der als wissenschaftlicher Begriff (empirischer, theoretischer, transzendentallogischer, ontologischer) nicht legitim eingeführt werden kann: der des Sinns. Gemeint ist hier «Sinn» nicht als Inhalt der Sinnantwort (also determinierter Sinn), auch nicht (in positivistischer Manier) als Ergebnis eines Besinnens

(eine Sinnbegabung eines an sich sinnlosen Sachverhalts), sondern als objektiv vorgegebene Orientierungs- und Ortungsinstanz, die es dem konkreten Menschen ermöglicht, die Sinnantwort zu geben, derart daß sie zur Orientierung und Ortung in Welt (Gesellschaft und Geschichte) führt. Insofern also Sinn hier bezogen ist auf einen wesentlich singulären Satz (lautet doch die konkrete Sinnantwort, ihrem Inhalt wenn auch nicht ihrer Form nach, für jeden Menschen anders, insofern sie sich an den subjektiven Bedingungen des konkreten Menschen orientieren muß), der weder auf Gesetzesform zu bringen ist noch aus Gesetzen deduziert werden kann, ist die Sinnantwort eine grundsätzliche unwissenschaftliche Aussage (Wissenschaften haben es mit Sätzen vom Gesetzestyp zu tun). Dennoch kann sie überprüft werden auf ihre Brauchbarkeit im existentiellen Vollzug des menschlichen, an Sinnantwort orientierten Lebens. In unserem Zusammenhang wird jedoch nur vorausgesetzt, daß grundsätzlich eine Sinnantwort durch *Nach*sinnen möglich ist. Das bedeutet nicht unbedingt, daß ein objektiver Sinn allem konkreten Menschsein vorgegeben ist, wohl aber, daß es konkrete Vorgaben gibt, die durch die Sinnantwort erklärt werden und die eine Überprüfung auf deren Brauchbarkeit durch die existentielle individuelle Praxis erlauben.
Nehmen wir also einmal an, daß das transzendentallogische «In» sinnvoll sei, das heißt, daß grundsätzlich eine objektiv orientierte Sinnantwort möglich ist. Das ist zweifelfrei, bezogen auf den Raum der philosophischen Lehre von Welt («Kosmologie»), eine nicht im Rahmen und mit den Methoden dieser Wissenschaft auszumachende Sache, somit also eine außerwissenschaftlich eingeführte Instanz. Das Einbringen solcher Instanzen macht nun keineswegs die Kosmologie zur Unwissenschaft, denn alle Wissenschaften benötigen in der für sie wesentlichen Theorienbildung solche «Instanzen», etwa in der Einführung theoretischer Begriffe und der Formulierung von Theorien, die

nicht «wahr» oder «falsch», sondern nur «brauchbar» oder «unbrauchbar» sein können, je nachdem sie das Beobachtete (oder allgemein: das Erfahrene) vollständig erklären und – im naturwissenschaftlichen Bereich – überprüfbare Prognosen über zukünftige Beobachtungsergebnisse zu erstellen erlauben.

Nun aber wäre das transzendentallogische «In» sinnlos (d. h. es verwiese auf Ungründe), wenn es nicht einen ontologischen Grund hätte. Diesen ontologischen Grund, der den transzendentallogischen Urgrund zum ontologischen Urgrund (und nicht zu einem ontologischen Ungrund) macht, nennen wir «In-Sein» oder «In-Welt-Sein». Die Akzeptation des transzendentallogischen Urgrundes als ontologischen erlaubt eine grundsätzliche andere Orientierung in Welt als das Sich-Versagen des ontologischen Schrittes aus dem transzendentallogischen Bereich hinaus. Hier unterscheiden sich «religiöse» und «positivistische» Weltbilder und Haltungen (etwa zur Sinnfrage und Sinnantwort) voneinander.

Zusammenfassend erhalten wir also folgendes Schema:

Mensch (als konkreter und singulärer)

Empirischer Begriff

(die transzendentallogische Frage führt u.a. zum Urgrund:)

Welt (als Bild) — Transzendentallogischer Begriff

(die transzendentallogische Frage führt zum Begriff:)

In — Transzendentallogischer Begriff

(die Annahme der Sinnhaftigkeit dieser arché führt zum Begriff:)

In-Sein (oder In-Welt-Sein) — Ontologischer Begriff

Nicht jeder ontologische Grund ist schon «Ursache». So wäre es unrichtig, zu behaupten, daß die Welt Ursache des Menschen sei, ebenso unrichtig – zumindest aber voreilig – wäre es, das In-sein als Ursache des In zu bezeichnen. Vielmehr ist das In-sein ontologischer Grund des In. Der Bezug auf den konkreten Menschen (und nicht eine transzendentallogische Entität «Mensch») fordert es zur Erklärung des Menschseins diesen Schritt ins Ontologische – obschon durch Einführung einer unwissenschaftlichen Prämisse erhalten – an, denn ein Ontologicum (realer Mensch) kann nicht adäquat durch ein transzendentallogisches Fragen *erklärt* werden. Nur eine ontologische arché erfüllt also die Erwartungen der Kosmologie.

[1] M. Heidegger sieht das Verhältnis von Welt und Weltbild so: «Was ist das – ein Weltbild? Offenbar ein Bild von der Welt? Was meint da Bild? Welt steht hier als Benennung des Seienden im Ganzen. Der Name ist nicht eingeschränkt auf den Kosmos, die Natur. Zur Welt gehört auch die Geschichte. Doch selbst Natur und Geschichte und beide in ihrer sich unterlaufenden und sich überhöhenden Wechseldurchdringung erschöpfen nicht die Welt. In dieser Beziehung ist mitgemeint der Weltgrund, gleichviel wie seine Beziehung zur Welt gedacht wird.
Bei dem Wort Bild denkt man zunächst an das Abbild von etwas. Demnach wäre das Weltbild gleichsam ein Gemälde vom Seienden als Ganzem. Doch Weltbild besagt mehr. Wir meinen damit die Welt selbst, sie, das Seiende im Ganzen, so wie es für uns maßgebend und verbindlich ist ...
Wo die Welt zum Bilde wird, ist das Seiende im Ganzen angesetzt als jenes, worauf der Mensch sich einrichtet, was er deshalb entsprechend vor sich bringen und vor sich haben und somit in einem entscheidenden Sinne vor sich stellen will. Weltbild wesentlich verstanden, meint daher nicht ein Bild von der Welt, sondern die Welt als Bild begriffen.» (Die Zeit des Weltbildes, in: Holzwege, Frankfurt 1957, 83 f.)

Vortragsdaten

Furcht und Hoffnung
Vortragsreihe in München im Januar 1970

Der Glaube der Ketzer
Vortragsreihe in Frankfurt im Oktober 1972

Die Entfremdungstheorie von Paulus bis zur Gegenwart
Vortragsreihe in Berlin im März 1971

Manipulation: Herrschaft des Menschen über den Menschen
Vortragsreihe in Köln im Januar 1971

Schöpfung als Offenbarung
Vortragsreihe in Köln im November 1973